Antonio de Beatis, Ludwig Pastor

Die Reise des Kardinals Luigi d´Aragona durch Deutschland, die Niederlande, Frankreich und Oberitalien 1517-1518

EHV
HISTORY

Antonio de Beatis, Ludwig Pastor

Die Reise des Kardinals Luigi d´Aragona durch Deutschland, die Niederlande, Frankreich und Oberitalien 1517-1518

ISBN/EAN: 9783955643294

Auflage: 1

Erscheinungsjahr: 2013

Erscheinungsort: Bremen, Deutschland

EHV
HISTORY

Die Reise

des

Kardinals Luigi d'Aragona

durch Deutschland, die Niederlande, Frankreich
und Oberitalien, 1517—1518,

beschrieben von

Antonio de Beatis.

Als Beitrag zur Kulturgeschichte des ausgehenden Mittelalters veröffentlicht
und erläutert

von

Ludwig Pastor.

Vorwort.

Als ich im April des Jahres 1893 auf der Nationalbibliothek zu Neapel arbeitete, war mir das Finderglück außerordentlich hold. Es gelang mir damals, nicht nur die von andern Forschern vergeblich gesuchten deutschen Nuntiaturberichte der Zeit Sixtus' V. zu finden (vgl. meinen Reisebericht im Historischen Jahrbuch 1894, 712), sondern ich machte zu gleicher Zeit auch noch eine zweite kostbare Entdeckung, indem ich auf die von Antonio de Beatis verfaßte Beschreibung der großen Reise stieß, welche der Kardinal Luigi d' Aragona in den Jahren 1517—1518 durch Tirol, die Schweiz, Süd= und Westdeutschland, Belgien, Holland, Frankreich und Oberitalien gemacht hat. Ich erkannte sehr bald, daß es sich hier nicht um einen jener gewöhnlichen Reiseberichte handelte, welche die italienischen Bibliotheken zu Dutzenden enthalten. Die Aufzeichnungen des Antonio de Beatis erwiesen sich vielmehr als eine sehr wichtige Quelle zur Landes= und Volkskunde, über= haupt zur Kulturgeschichte der von dem reiselustigen Kardinal durchzogenen Länder. Ein hochinteressantes Bild der wichtigsten Kulturgebiete Europas zu Ausgang des Mittelalters und zu Beginn der Neuzeit entrollt sich mit einer Fülle von neuen Einzelheiten vor dem geistigen Auge des Lesers. Auch das Zusammentreffen des Kardinals mit hervorragenden Persönlichkeiten wie Karl V., Jakob Fugger, Franz I. von Frankreich verleiht dem Berichte ein besonderes Interesse. Von nicht geringer Bedeutung sind auch die zahlreichen Notizen zur Kunstgeschichte; hatte doch Luigi d' Aragona das Glück, in Mühlau bei Innsbruck einen Teil der eben vollendeten Statuen zum Grabmal Kaiser Maximilians, in Brüssel den ersten der für die Sixtinische Kapelle bestimmten Teppiche Raffaels zu erblicken und in Amboise mit dem greisen Leonardo da Vinci über dessen anatomische und naturwissenschaftliche Studien sich zu unterhalten.

Daß eine so wichtige Quellenschrift noch ungedruckt sein sollte, erschien mir anfangs unglaublich; trotzdem verhielt es sich so. Darauf reifte der Ent= schluß einer vollständigen Publikation. Nachdem ich durch die Güte meines hochverehrten Freundes, des Marchese Emilio Nunziante, eine genaue Abschrift erhalten hatte, ging ich an die Arbeit. Wiederholt habe ich den Bericht auch zu Übungen im historischen Seminar benutzt. Ein günstiger Zufall wollte es dann, daß ich im Jahre 1901 noch eine andere, teilweise bessere Handschrift der Reisebeschreibung in Rom aus dem Nachlasse von Corvisieri erwerben konnte. Um den Inhalt der Aufzeichnungen des Antonio de Beatis weiteren Kreisen bekannt zu machen, wurde neben dem vollständig mitgeteilten italie=nischen Originalwortlaut von dem Deutschland, die Schweiz und die Nieder=lande behandelnden Teil ein Auszug auch in deutscher Bearbeitung gegeben.

Meinem verehrten Kollegen Hofrat Professor v. Wieser, welcher die Güte hatte, die Druckbogen zu lesen, verdanke ich mehrere wertvolle Notizen zur Er=läuterung der vorliegenden Quelle. Derselbe urteilt: „Der Reisebericht des Antonio de Beatis ist hervorragend interessant. Er gehört entschieden zu den gehaltvollsten und lehrreichsten, die wir aus jener Zeit besitzen; er rangiert ganz obenan."

Das vorteilhafte Bild, welches der Verfasser der Reisebeschreibung von Deutschland an der Wende des Mittelalters entwirft, bestätigt viele Dar=legungen Janssens, weshalb sich die Aufnahme in die vorliegende Sammlung empfahl. Jeder Deutsche wird noch heute mit Interesse die Schilderungen des Antonio de Beatis darüber lesen, wie es damals im eigenen Lande aussah, mit Freude das Lob vernehmen, welches der südiitalienische Berichterstatter an einem der wichtigsten Wendepunkte der Geschichte den guten Eigenschaften unserer Nation gespendet hat.

Innsbruck, 31. Mai 1904.

Ludwig Pastor.

Inhalt.

Vollständige Titel der öfter angeführten Werke.

Burchardi, J., Diarium. Ed. L. Thuasne. 3 voll. Parisiis 1883—1885.

Burckhardt J., Die Kultur der Renaissance. Siebente Auflage, herausgeg. von Geiger. 2 Bde. Leipzig 1899.

Butzbach J., Wanderbüchlein (Chronica eines fahrenden Schülers). Herausgeg. von J. Becker. Regensburg 1869.

Cardella L., Memorie storiche de' cardinali. Tomo III. Roma 1793.

Ciaconius Alph., Vitae et res gestae Pontificum Romanorum et S. R. E. Cardinalium ..., ab Augustino Oldoino recognitae. Tom. III. Romae 1677.

Crescimbeni, Istoria di S. Maria in Cosmedin. Roma 1715.

Eubel Conr., Hierarchia catholica medii aevi. [Tom. II:] Ab anno 1431 usque ad annum 1503. Monasterii 1901.

Gams P. B., Series episcoporum Ecclesiae catholicae. Ratisbonae 1873.

Garampi G., Viaggio in Germania, Baviera, Svizzera, Olanda e Francia. Ed. G. Palmieri. Roma 1889.

Giustinian A., Dispacci pubbl. da P. Villari. 3 voll. Firenze 1876.

Gregorovius F., Geschichte der Stadt Rom. Bd VIII. Stuttgart 1880.

Häbler K., P. Tafurs Reisen im Deutschen Reiche in den Jahren 1438—1439: Zwiebineck-Südenhorsts Zeitschr. für allgem. Gesch. IV (1887) 502 f.

Harff A. v., Pilgerfahrt von Köln durch Italien, Syrien usw. in den Jahren 1496 bis 1497. Herausgeg. von E. v. Groote. Köln 1860.

Hergenroether Ios., Leonis X Pontificis Maximi Regesta. Friburgi 1884—1891.

Heyne M., Fünf Bücher deutscher Hausaltertümer. Bd I—III. Leipzig 1899—1903.

Janssen J., Geschichte des deutschen Volkes seit dem Ausgang des Mittelalters. Bd I [17—18], herausgeg. von L. Pastor. Freiburg 1897.

Keyßler J. G., Neuste Reisen. Neueste Auflage von G. Schütze. Hannover 1751.

Krones, Land und Leute Westeuropas am Schlusse des Mittelalters nach gleichzeitigen Nachrichten: Zwiebineck-Südenhorsts Zeitschr. für allgem. Gesch. IV 678 f 737 f.

Nunziante E., Un divorzio ai tempi di Leone X. Roma 1887.

Pastor L., Geschichte der Päpste. Bd III[3—4]. Freiburg 1899.

Reumont A., Geschichte der Stadt Rom. Bd III. Berlin 1870.

Rozmital, Leo von, Reise durch die Abendlande in den Jahren 1465, 1466 und 1467. Herausgeg. von J. A. Schmeller in der Bibl. des literar. Vereins in Stuttgart VII. Stuttgart 1844.

Sanuto M. J., Diarii. Vol. I ff. Venezia 1879.

Schmidt E., Deutsche Volkskunde im Zeitalter des Humanismus und der Reformation. Dissertation. Berlin 1904 (vollständig erst nach Beendigung des Druckes in den Histor. Studien XLVII erschienen).

Schultz A., Das häusliche Leben der europäischen Kulturvölker vom Mittelalter bis zur zweiten Hälfte des 18. Jahrhunderts. München 1903.

Schultz A., Deutsches Leben im 14. und 15. Jahrhundert. Große Ausgabe. Prag 1892.

Simonsfeld H., Ein venetianischer Reisebericht über Süddeutschland, die Ostschweiz und Oberitalien aus dem Jahre 1492: Zeitschrift für Kulturgeschichte von G. Steinhausen II, Weimar 1895, 241 f.

Ughelli, Italia sacra. Ed. 2. 10 voll. Venetiis 1717—1722.

Varrentrapp, Seb. Brants Beschreibung von Deutschland: Zeitschr. für Gesch. des Oberrheins, Neue Folge XI 288 f.

Vettori F., Viaggio in Alemagna. Parigi 1837.

Einleitung.

Kardinal Luigi d'Aragona gehörte zu den hervorragendſten Mitgliedern des glänzenden Hofes Leos X.[1] Er war ein Sproß des aragoniſchen Königs= hauſes, und dieſes fand auch äußerlich ſeinen Ausdruck darin, daß er ſeinem Großvater, dem neapolitaniſchen Könige Ferrante I., ſehr ähnlich ſah[2]. Der Eintritt in den geiſtlichen Stand lag urſprünglich nicht in ſeiner Abſicht. Mit dem römiſchen Hofe kam er ſehr früh in Verbindung. Nachdem Ferrante I. im Jahre 1492 aus Furcht vor Frankreich ſeine Streitigkeiten mit Papſt Innozenz VIII. beigelegt hatte, ſollte die Freundſchaft mit Rom durch Ver= mählung des Luigi d'Aragona mit Battiſtina Uſodimare Cibo beſiegelt werden. Am 3. Juni des genannten Jahres wurde im Beiſein des Papſtes zu Rom das Hochzeitsfeſt gefeiert[3].

---

[1] Was die einſchlägigen Werke über Luigi d'Aragona bieten, iſt ſehr ungenügend. Migne (Dictionnaire des cardinaux, Paris 1857) widmet ihm nur ſechs Zeilen, Cia= conius (III 187) kaum eine halbe Folioſeite. Das meiſte, jedoch mit mehrfachen Irrtümern, gibt noch Carbella (III 274—275), woher Moroni faſt alle ſeine Notizen nahm.

[2] Sanuto VI 530. Hier wird Luigi richtig bezeichnet als fiol legitimo di uno fiol natural dil re Ferrando vechio. Die gewöhnliche Angabe, Luigi ſei ein Baſtard des genannten Königs geweſen (ſo auch Sanuto VII 640), iſt irrig (vgl. neben Ughelli I 1051 namentlich die höchſt ſeltene Schrift von N. Caputo: Des- cendenza d. Real Casa d'Aragona nel regno di Napoli della stipe del re Al- fonso I, Napoli 1667, 73). Luigis Vater, Enrico d'Aragona, Marcheſe von Gerace, war ein natürlicher Sohn Ferrantes; er heiratete 1473 Poliſena Centeglia, Tochter des Antonio, Marcheſe von Cotrone; der erſte Sohn dieſer Ehe war Luigi, der mit dem Marcheſat Gerace inveſtiert und gran protonotario del regno ward; ſ. auch Crescim- beni, Istoria di S. Maria in Cosmedin, Roma 1715, 227 f, und die *Leichenrede, welche auf Luigi d'Aragona vor den Kardinälen gehalten ward (Cod. Vatic. 8106, f. 40 bis 46). Neben dem Vater Henricus Ferdinandi nepos wird hier (f. 42) auch die Mutter Polixena Sanctilia Rufaque familiis primarii nominis oriunda erwähnt. Dement= ſprechend wird Luigi in ſeiner Grabſchrift als reg. Neapolit. Ferdinandi nepos Alfonsi- que primi pronepos bezeichnet (Forcella, Iscriz. di Roma I 442). Aus derſelben ergibt ſich als Geburtszeit Luigis der September 1474. Thuasne (in der Note zu Burchardi Diarium II 130) verwechſelt Luigi d'Aragona mit Alfonſo d'Aragona.

[3] Burchardi Diarium I 487—488 und Passero, Storie (Napoli 1785) 55. Vgl. Paſtor, Geſch. der Päpſte III³⁻⁴ 215 f, wo der Druckfehler Onkel in Enkel zu verbeſſern iſt.

Dieser Ehebund ward jedoch durch den frühen Tod der Battistina bald wieder aufgelöst. Hierauf trat der junge Witwer, der im März 1494 als Mitglied der neapolitanischen Gesandtschaft nach Rom gekommen war, am 6. Mai des genannten Jahres in den geistlichen Stand; er verzichtete vorher zu Gunsten seines Bruders Carlo auf das Marchesat Gerace. Bald vernahm man, daß Papst Alexander VI. Luigi b' Aragona die Würde eines Kardinals verliehen, jedoch die Publikation dieser Ernennung verschoben habe[1]. Zwei Jahre, nach andern sogar drei, verflossen, bis dieser Akt vorgenommen wurde[2]. Als Titelkirche erhielt der neue Kardinal Sta Maria in Cosmedin angewiesen. Es folgte bald die Verleihung des Erzbistums Otranto[3].

An den Kämpfen, welche das Haus Aragon mit den Franzosen um den Besitz Neapels zu führen hatte, nahm der Kardinal persönlich Anteil. Die Nachrichten, welche hierüber die auf ihn vor den Kardinälen gehaltene Leichenrede enthält[4], sind jedoch so allgemein gehalten, daß ein klares Bild daraus nicht entnommen werden kann. Im September des Jahres 1499 fiel dem Kardinal die Aufgabe zu, Juana, die Witwe des Königs Ferrante von Neapel[5], nach Spanien zu begleiten und bei den katholischen Majestäten die Interessen des neapolitanischen Königshauses zu vertreten. Die Reise Juanas, welche ihre Heimat am 1. September 1499 verließ, erfolgte zur See über Majorka. In Spanien verweilte der Kardinal längere Zeit; noch im November 1500 war er in Granada. Er besuchte auf dieser Reise auch die äußerste Westküste der Pyrenäischen Halbinsel. Auf den politischen Zweck seiner Fahrt fällt Licht durch die Nachricht des benetianischen Gesandten, die Königin wie der Kar-

---

[1] Burchardi Diarium II 97 f 102 104 130 148—150. Als Tag der Ernennung nennt Moroni (II 269) den 21. September 1493, jedoch ohne eine Quelle anzugeben. Patroni (Serie dei Cardinali d. basilica di S. Maria in Cosmedin, Napoli 1899, 21) verlegt die Kreation ebenfalls in das Jahr 1493. Diese Angaben sind sicher falsch. In Burchardi Diarium 148 heißt es nur: nuper in S. R. ecclesiae Cardinalem fuit assumptus et creatus. Eubel (II 24) verlegt die Ernennung in den Mai 1494. Diese Angabe ist richtig. Den Tag 20. Mai nennt Passero 59.

[2] Panvinius verlegt die Publikation in das Jahr 1496, Contelori, Crescimbeni (a. a. O.) und Carbella in das Jahr 1497 (f. Pastor, Gesch. der Päpste III³⁻⁴ 374). Obwohl der Herausgeber des Ciaconius III 187 sich für 1497 auf „vatikanische Diarien" beruft, dürfte die Publikation doch in das Jahr 1496 fallen, denn in Burchardi Diarium II 348 erscheint Luigi am 1. Januar 1497 als Mitglied des heiligen Kollegiums. Damit stimmt, daß er bei Sanuto (I 272—278) im August 1496 Kardinal genannt wird.

[3] Sanuto I 484.　　[4] *Cod. Vatic. 8106, f. 42ᵇ. Vatikan. Bibliothek.

[5] Gestorben 9. Januar 1517; f. Hoefer, Nouvelle biographie générale XVII, Paris 1856, 401. Über ihren Aufenthalt in Spanien vgl. Nunziante, Un divorzio ai tempi di Leone X, Roma 1887, 31 f.

dinal seien sehr ungehalten über die spanischen Majestäten, weil dieselben sich nicht darum kümmerten, daß Frankreich die Eroberung von Neapel betreibe[1]. Daß Spanien und Frankreich bereits am 11. November 1500 einen Vertrag über die Teilung Neapels geschlossen hatten, erfuhren beide erst später. Noch im März 1501 erhielt der Karbinal das Bistum Averſa[2], im Sommer erfolgte der Sturz König Feberigos und die Teilung Neapels zwischen Frankreich und Spanien[3]. Nach dem Scheitern seiner Mission bei den katholischen Majestäten begab sich der Karbinal nach Frankreich, wo auch der entthronte König Feberigo eine Zuflucht fand[4].

Aus den folgenden Lebensjahren des Karbinals ist nur sehr wenig bekannt. Nach dem Tode Alexanders VI. eilte er nach Rom, um in das Konklave einzutreten, in welchem Pius III. gewählt wurde[5]. Als dieser ausgezeichnete Papſt bereits am 18. Oktober 1503 ſtarb, nahm Luigi d'Aragona auch an der Wahl Julius' II. teil[6]. Sein Verhältnis zu demselben war von Anfang an ein sehr gutes. Am 17. Juni 1504 erhielt Luigi d'Aragona, der bisher nur Subbiakon gewesen war, die Diakonatsweihe[7]. In demselben Jahre traf ihn ein schmerzlicher Verluſt durch den Tod des in Frankreich im Exil lebenden Königs Feberigo von Neapel[8].

Zu Beginn des Jahres 1507 machte der Karbinal von Ferrara aus, wo er als Gaſt des ihm nahe verwandten Herzogs verweilt hatte, inkognito eine Reise nach Venedig. Die herrliche Königin der Abria mit ihren Sehenswürdigkeiten wurde eingehend in Augenschein genommen. Der Doge wie die Patrizier erwiesen ihm alle gebührende Ehre. Ob mit diesem Besuch der Lagunenſtadt ein politiſcher Zweck verbunden war, ist nicht aufgehellt. Der Karbinal hatte damals 8000 Dukaten jährlicher Einkünfte, von welchen er einen sehr freigebigen Gebrauch machte[9]. Seine finanzielle Lage besserte sich noch außerordentlich durch den Tod einer nahen Verwandten; im September

---

[1] Über die spaniſche Reise des Karbinals f. Sanuto II 1202 1268; III 1182 bis 1183; Raccolta di varie croniche del regno di Napoli I, Napoli 1780, 235, und die Vorrede des Antonio de Beatis zu seiner Reisebeschreibung.

[2] Neben Sanuto III 1474 1601 vgl. Eubel II 113.

[3] S. Paſtor a. a. O. III[3-4] 460.

[4] Vgl. die *Leichenrede auf den Karbinal in Cod. Vatic. 8106, f. 42, Vatikan. Bibliothek.

[5] Siehe Burchardi Diarium III 262 f 274 f; Sanuto V 81; Dispacci di A. Giuſtinian II 172 181 188, und die in der Anmerkung 4 zitierte *Leichenrede.

[6] Burchardi Diarium III 292 294 299.   [7] Ebd. 360.

[6] Dispacci di A. Giuſtinian III 313—314; vgl. Burchardi Diarium III 371.

[9] Sanuto VI 530. Gegen Ende der Regierung Alexanders VI. hatte das Einkommen des Karbinals nur 2000 Dukaten betragen; f. Paſtor a. a. O. Am 30. Mai 1507 kam der Karbinal nach Neapel. Sanuto VII 96.

1*

1508 starb zu Neapel die Tochter Ferrantes, Beatrice d' Aragona, die Witwe des Matthias Corvinus; sie vermachte dem Kardinal 40 000 Dukaten[1]. Auch in der Folgezeit gehört Luigi d' Aragona zu denjenigen Mitgliedern des obersten Senates der Kirche, welche Julius II. nahe standen. So befand er sich im Februar 1509 und im Mai 1510 unter denjenigen Kardinälen, welche den Papst nach Ostia begleiteten[2]. Das gute Verhältnis beider bestand die Probe, als Julius II. am 9. August 1510 den mit Luigi d' Aragona verwandten und befreundeten Herzog Alfonso von Ferrara exkommunizierte[3]. Der Kardinal blieb auch jetzt im engsten Einvernehmen mit dem Papste: das Unternehmen gegen Bologna erfolgte hauptsächlich auf den Rat und mit der Unterstützung des Kardinals d' Aragona[4]. Dies fand auch darin seinen Ausdruck, daß, als Julius II. beschloß, persönlich in den Krieg zu ziehen, und im September 1510 gegen Bologna aufbrach, Luigi d' Aragona ihm dorthin folgte; als der greise Papst im Januar 1511 seinen Winterfeldzug gegen Mirandola unternahm, war Luigi eines der drei Mitglieder des Kardinalskollegiums, welche sich ihm anschlossen und alle Mühseligkeiten des Lagerlebens mit ihm teilten. Auch die weiteren Züge Julius' II. machte er mit. Durch Verleihung von reichen Benefizien ward die bewiesene Treue belohnt. In dem Konflikt mit den schismatischen Kardinälen stand Luigi d' Aragona auf seiten des rechtmäßigen Oberhauptes der Kirche und wohnte dem Laterankonzil bei[5]. Auf das angelegentlichste beschäftigte in jenen Tagen den Kardinal das Schicksal des Herzogs von Ferrara, der durch den völligen Zusammenbruch der französischen Macht dem schwer gereizten Papste ganz machtlos gegenüberstand und sich deshalb persönlich nach Rom begab. Es war natürlich, daß sich Luigi d' Aragona für die Aussöhnung des Herzogs von Ferrara mit Julius II. eifrig bemühte. Da er Mitglied der hierfür eingesetzten Kom-

---

[1] Sanuto VII 640. Über Beatrice f. Frakói, Matthias Corvinus, König von Ungarn, Freiburg 1891, 181 f.

[2] Sanuto VII 748 756; X 242.

[3] S. Pastor, Gesch. der Päpste III³⁻⁴ 650.

[4] Cui (Iulio II.) tam charus ac periucundus Aloisius semper fuit, ut vel solus ad rerum maximarum ac consiliorum suorum arcana admitteretur, idque cum saepe aliis tum precipue in bello ad Bononiam gesto patuit, quod maxima ex parte Aloisii consilio, artibus ductuque gestum ne ipse quidem Iulius dissimulavit. *Leichenrede in Cod. Vatic. 8106, f. 43.

[5] Vgl. Sanuto XI 543 549 551 f 713 722 741 771 773 776 838 843; XII 94; XIII 77; XIV 229. Vgl. Pastor a. a. O. III³⁻⁴ 659. Die *Bulle, woburch Julius II. dem Kardinal von Aragon den decanatus ecclesiae Syracusae verleiht, dat. Romae 1512 Cal. Aprilis A° 9°, nebst einem entsprechenden Breve an den Erzbischof von Neapel (d. ut supra) in Cod. Qq. H. 116 Nr 7 der Bibl. comunale zu Palermo.

miſſion war, fehlte es ihm nicht an Gelegenheit, ſein Intereſſe für dieſes ihm ſo teure Fürſtenhaus an den Tag zu legen [1]. Als dann der Ausſöhnung des Herzogs ein neuer Konflikt mit dem Papſte auf dem Fuße folgte, blieb dennoch das Verhältnis des aragoneſiſchen Karbinals zum Papſte ungetrübt. Wie hoch Julius II. denſelben geſchätzt haben muß, zeigt die freilich etwas abenteuerlich klingende Nachricht, der Papſt habe im Auguſt 1512 beabſichtigt, nach der Vertreibung der Spanier aus Neapel Luigi d'Aragona zum König dieſes Reiches zu erheben [2].

Es folgte der Tod des Roverepapſtes und die Wahl Leos X. An der Erhebung desſelben hatte der Karbinal von Aragon im Verein mit ſeinen jüngeren Kollegen mit Eifer und Erfolg gearbeitet [3]. Anfangs gehörte er deshalb zu den Vertrauten des Mediceerpapſtes. Nach dem Zeugnis des venetianiſchen Geſandten nahm er neben Soderini die erſte Stelle am Hofe ein [4]. Im Mai und Oktober 1513 begleitete er den Papſt auf desſen Jagd= ſchloß Magliana, dann nach Corneto [5]. Schon bei dieſen Ausflügen und mehr noch in den folgenden Jahren leitete der Karbinal die Jagden des dem Weid= werk eifrig huldigenden Mediceers [6]. Allem Anſchein nach hat der Karbinal damals die Abſichten des Giuliano de' Medici auf Neapel unterſtützt [7]. Im September 1514 warb Luigi Legat der Mark [8]. Im Juli 1515 machte er eine Reiſe an den Hof der Eſte zu Ferrara; man gab zwar an, es ſei eine Ver= gnügungsfahrt [9]; ein politiſcher Zweck war aber wohl ſicher damit verbunden.

In den nächſten Jahren ſcheint ſich das gute Verhältnis des Karbinals zu Leo X. mehr und mehr gelockert zu haben. Der venetianiſche Botſchafter Marino Giorgi erzählt in ſeinem Schlußbericht vom März 1517, der Papſt habe ſich gegenüber Luigi d'Aragona, der doch einer ſeiner Hauptwähler geweſen ſei, nicht dankbar erwieſen, denn er habe demſelben bis jetzt nur die 4000 Dukaten

---

[1] Sanuto XIV 482—510; vgl. XV 10. Über die Reiſe des Herzogs nach Rom im Juli 1512 ſ. Paſtor a. a. O. 718.

[2] Il Papa fa quello pol contra Spagna, questo perchè vol cazarla de Italia e far re di Napoli il cardinal di Ragona, el qual è andato a Napoli. Sanuto XV 10. Vgl. Paſtor a. a. O. 725 f.

[3] Vgl. *Leichenrede in Cod. Vatic. 8106, f. 43.

[4] Sanuto XVI 58; vgl. 49 54. Als der Herzog von Ferrara den neuen Papſt beſuchte, wohnte derſelbe bei dem Karbinal von Aragon (ebb. 148).

[5] Sanuto XVI 295; XVII 217 512.

[6] S. Gnoli, Le cacce di Leon X, Roma 1893, 15.

[7] Der venetianiſche Konſul in Neapel Bionardo Anſelmi meldet am 22. Oktober 1513: Come de li era fama si aspetava 10 milia Siciliani, perchè il re di Spagna avia saputo el cardinal di Ragona e il magnifico Zulian di Medici voleano far certa composition tra loro e tuorli il reame. Sanuto XVII 272.

[8] Ebb. XIX 28. Vgl. Hergenroether, Regest. Leonis X. nr. 11 319.

[9] Sanuto XX 407; vgl. 549.

eintragende Abtei Chiaraballe verliehen[1]. Der neue venetianische Botschafter
Minio berichtet am 23. März desselben Jahres, der Kardinal habe Rom
verlassen, was zu dem Gerede Anlaß gegeben habe, derselbe grolle dem Papste,
weil dieser ihm die versprochene Stelle eines Vicecamerlengo nicht erteilt habe.
Bald darauf mußte der Botschafter übrigens das Gerücht dementieren, der
Kardinal werde überhaupt nicht mehr nach Rom zurückkehren[2].

Unter diesen Umständen kann es nicht überraschen, daß die Nachricht
von einem ernsten Zerwürfnisse zwischen dem Papste und dem Kardinal sich
in verstärktem Maße wiederholte, als Mitte April 1517 in Rom bekannt
wurde, Luigi b' Aragona werde eine große Reise nach Flandern zum katho=
lischen Könige Karl V. antreten[3]. In der letzten Woche des April verließ
der Kardinal in der Tat die ewige Stadt und begab sich zunächst nach Ferrara.
Man sagt, meldet Minio am 23. April, daß er wirklich zu Karl V. gehen
will und von Unzufriedenheit erfüllt abreist. In Übereinstimmung damit
berichtet der venetianische Konsul in Neapel, daß Luigi b' Aragona sich gegen
den Willen Leos X. von der Kurie entfernt habe[4].

Welches war die Ursache der Abreise und der weiten Fahrt überhaupt?

Eine Reise nach Flandern war in jenen Tagen ein großes Unternehmen
auch für einen Mann wie Luigi b' Aragona, der bereits eine Fahrt nach
Spanien gemacht hatte. In Rom vermutete man zunächst rein private, per=
sönliche Zwecke. Minio meldet, es verlautet, der Kardinal gehe zu Karl V.,
um von demselben Vorteile für seinen Neffen zu erlangen. Später schrieb
der venetianische Gesandte in Frankreich, der Kardinal beabsichtige bei dem
katholischen Könige die Befreiung des in einem spanischen Schloß gefangen
gehaltenen, unglücklichen Herzogs von Kalabrien zu erwirken[5].

Daneben tauchte auch die Nachricht auf, es handle sich darum, dem am
1. April 1517 ernannten Kardinal von Croy den roten Hut zu überbringen.
Offiziell wurde angegeben, Luigi b' Aragona gehe nach Flandern zum Be=
suche des ihm verwandten katholischen Königs. Daß dies nur ein Vorwand
war, hat später Antonio de Beatis, der Sekretär des Kardinals, selbst zu=
gegeben[6]. Antonio de Beatis versichert, es sei Reiselust gewesen, welche seinen
Herrn zum Antritt einer so weiten und beschwerlichen Fahrt veranlaßt habe:
„Der hochwürdigste Herr war nicht damit zufrieden, daß er den größten Teil

---

[1] Sanuto XXIV 93—94; vgl. 13 51—52 57. Ganz zutreffend ist die Angabe
M. Giorgis nicht; vgl. Hergenröther, Regest. Leonis X. Nr 17 849.

[2] Sanuto XX 144 151.   [3] Ebd. 182.

[4] Ebd. XXIV 195 276.   [5] Ebd. 195 582; vgl. auch 228 u. 271.

[6] Vgl. unten. Daß Luigi b' Aragona als päpstlicher Legat nach Deutschland
gezogen sei, wie Carbella (III 275), Moroni (II 267) und Gnoli (a. a. O.)
sagen, ist natürlich völlig falsch.

Italiens und ganz Spanien besucht hatte. Er wollte nun auch Deutschland, Frankreich und alle am nördlichen Ozean gelegenen Länder kennen lernen." Eine solche Reiselust erwachte in den übrigen Ländern Europas erst im Laufe des 16. Jahrhunderts [1]; auch in Italien war sie zu Beginn desselben im wesentlichen auf die unruhigen Humanisten und die ihnen nahestehenden Kreise beschränkt. Daneben machten dann die Kaufleute aus sehr materiellen Gründen weite Fahrten [2]. Die Absicht endlich, die Welt kennen zu lernen, ist völlig modern und nur bei einem Italiener möglich. In ähnlicher Weise und mit derselben Absicht hatte Karbinal Giovanni de' Medici, der spätere Leo X., bereits im Jahre 1500 eine große Reise durch Deutschland, Flandern und Frankreich gemacht [3]. Burchard in seinem Diarium Alexanders VI. sagt allerdings, Karbinal Medici habe die Welt sehen wollen, allein tatsächlich waren für seine längere Entfernung von Rom in erster Linie politische Gründe maßgebend [4]. Da dies feststeht, so ist die Vermutung nicht abzuweisen, daß es mit der Reise, welche Karbinal d'Aragona im Jahre 1517 antrat, eine ähnliche Bewandtnis gehabt hat.

Nun wurde gerade zu jener Zeit, als Luigi d'Aragona Rom verließ, die bekannte Verschwörung des Karbinals Petrucci gegen Leo X. entdeckt. Petrucci, dessen Schuld zweifellos schien, wurde hingerichtet. Mit andern Karbinälen, welche mehr oder minder in das Komplott verwickelt waren, wurde schonender verfahren, was freilich die Karbinäle Soderini und Adrian von Corneto nicht abhielt, von Rom zu flüchten [5]. Die Vermutung liegt

---

[1] S. hierüber die reichen Literaturangaben bei Röhricht, Deutsche Pilgerreisen nach dem Heiligen Lande, Innsbruck 1900, 37. Vgl. Burckhardt, Kultur I³ 130. Hier S. 49 über die Studienreise Alfonsos I.

[2] Über die große Reise des Bankbeamten und Chronisten Benedetto Dei durch Frankreich, die Niederlande, Deutschland und die Schweiz im Jahre 1476 f. Frati in Intermezzo: Riv. lett. di Alessandria I 1890.

[3] Ausführliches über diese merkwürdige Reise gibt Jovius, Vita Leonis X. l. 1 (Basler Ausgabe der Vitae von 1577 II 23 f); vgl. auch Burchardi Diarium III 41—42: 1500 19 dicti mensis maii D. Card. Medices, qui ante plures menses recessit ex urbe, iturus ad Alamaniam cum paucis ex suis octo vel circa in habitu monachorum, visurus mundum et plura passus est per viam, rediit ad urbem salvus. S. ferner Roscoe-Bossi, Leone X II 107 ff.

[4] At Ioannes ter improspere tentata reditus fortuna excedere tantisper Italia et per externos populos, ut tempori serviret, perigrinari constituit. Cum dignitate enim Romae esse non poterat, nam Alexandrum pontificem et Venetos adscitis in societatem Florentinis execrabile illud ac Italiae funestum foedus cum Gallis percussisse cognoverat indeque Italiam omnem subito arsuram bello non sine foeda rerum omnium confusione providebat. Jovius a. a. O.

[5] Über die Karbinalsverschwörung vgl. Reumont III, 2, 96 f; Gregorovius VIII 209 ff.

nahe, daß auch Luigi b'Aragonas Abreise mit der Verschwörung in Ver=
bindung stand. In den bei Sanuto mitgeteilten Depeschen des venetiani=
schen Gesandten findet sich freilich hierüber nichts. Auch der Zeremonien=
meister des Papstes, Paris de Grassis, der sonst so redselig ist, läßt den
Forscher bei dieser Frage im Stich. Aufklärung bietet jedoch das ungedruckte
Tagebuch des damals in Rom lebenden Niederländers Cornelius be Fine. Der=
selbe berichtet anläßlich des 1519 erfolgten Todes des Karbinals von Aragon,
daß derselbe neben dem Karbinal Cornaro als der Teilnahme an der Ver=
schwörung gegen Leo X. verdächtig betrachtet wurde. Wegen seiner Verwandt=
schaft mit dem neapolitanischen Königshause, erzählt Cornelius be Fine weiter,
warb ihm der mit öffentlicher Schande verbundene Verlust seiner Ehre erspart
und ihm ein sanfter Zwang angetan, so daß er freiwillig ins Exil nach
Deutschland zu Karl V. ging. Als er nach Jahresfrist zurückkehrte, hatte
seine Versöhnung mit dem Papste stattgefunden [1]. Letztere Nachricht wird be=
stätigt durch die Tatsache, daß Luigi b'Aragona, als er am 16. März 1518
von seiner Reise nach Rom zurückkehrte, vom Papste zur Tafel gezogen wurde [2].

Luigi b'Aragona lebte nun wieder mit gewohntem Glanze in seinem in
der Leostadt gelegenen Palaste, der einst dem Karbinal Domenico della Rovere
gehört hatte [3]. Die Aussöhnung mit dem Papste muß eine vollständige ge=
wesen sein; denn schon im Mai 1518 erscheint Luigi unter den Vertrauten,
welche Leo X. auf das Jagdschloß Magliana begleiteten. Ende des Monats er=
hielt der Karbinal Erlaubnis, den Sommer auf einer seiner Abteien im Nea=
politanischen zuzubringen [4]. Im Dezember gehört er zu den Mitgliedern der
Karbinalskommission, welche die Frage der Übersendung der Kaiserkrone an
Maximilian prüfen sollte [5]; auch ein Bistum erhielt er damals noch von seiten
des Papstes versprochen [6].

---

[1] *Hic (cardinalis de Aragona) etiam accusabatur tamquam de coniuratione
conscius, et quia vir illustris erat, non fuit publica infamia notatus, sed accessit
quaedam violenta coniectura, quod sponte in exilium abiit ad partes Germaniae
inferioris apud Caesarem Carolum V, qui ad urbem non rediit usque ad annum
Domini 1519 [sic], et sic compositis rebus rediit ad urbem, ubi solito splendore
vixit aliquot diebus et postea morte obiit in Burgo veteri in palatio suo 22. [sic] Ianuarii 1519, qui magna funerali pompa sepultus fuit apud divam Minervam. Tage=
buch des Cornelius be Fine f. 109ᵇ in der Nationalbibliothek zu Paris.
[2] Sanuto XXV 305. Über das Datum der Rückkehr s. unten Antonio be Beatis.
[3] Vgl. Reumont III, 1, 460. Über den Palast s. Pastor, Gesch. der Päpste
II²⁻⁴ 637 f.   [4] Sanuto XXV 385 438.
[5] *Acta consistorialia zum 1. Dezember 1518 im Konsistorialarchiv des
Batikans. Vgl. Sanuto XXVI 250 und Voltelini in den Mitteil. des öster=
reich. Instituts XI 599.
[6] Sanuto XXVII 412.

Im Januar 1519 erkrankte der Kardinal von Aragon an einem bös=
artigen Fieber, das bereits am 21. des genannten Monats seinen Tod herbei=
führte. Man veranstaltete ihm eine glänzende Leichenfeier. Die Gedächtnis=
rede rühmte seine Milde, seine unerhörte Güte und Freigebigkeit. Die
sterblichen Reste wurden in S. Maria sopra Minerva beigesetzt[1]. Den höchst
einfachen Grabstein ließ im Jahre 1533 sein Testamentsvollstrecker Franciotto
Orsini setzen. Die gerade unter dem Grabmal des Fra Angelico da Fiesole
angebrachte Inschrift meldet in kurzen Worten die Abstammung des Kardinals
vom neapolitanischen Königshause und sein Lebensalter: 44 Jahre, 4 Monate,
15 Tage; dann folgen melancholische Verse in lateinischer Sprache über die
Kürze der ihm auf Erden beschiedenen Laufbahn[2].

Das sehr gute Verhältnis, in welchem Luigi d'Aragona zuletzt wieder
mit dem Papste stand, scheint darauf hinzudeuten, daß es ihm gelang, sich
von dem Verdachte einer Teilnahme an der Verschwörung vollständig zu
reinigen. Auch Cornelius de Fine muß den Kardinal für unschuldig ge=
halten haben, denn er bezeichnet ihn in seinem Nachrufe nicht bloß als einen
bedeutenden, sondern auch unbescholtenen Mann[3]. Er rühmt ferner seine
auch von anderer Seite bezeugte außerordentliche Freigebigkeit und sein
Mäcenatentum gegenüber Gelehrten und Tugendhaften.

Nicht bloß Giulio de' Medici[4], auch der venetianische Gesandte bezeugt,
daß Luigi d'Aragona in Rom allgemein beliebt gewesen sei; seine große Frei=
gebigkeit habe ihn freilich in Schulden gestürzt, obwohl seine Einkünfte jähr=
lich 15 000 Dukaten betragen hätten[5]. In dem Bericht des Marino Giorgi

---

[1] Ebb. XXVI 359 372 380 395 397 460 509. Passero, Storie 281 gibt
als Todestag irrig den 19. Januar an. Das richtige Datum in der *Oratio funebris
pro Card. Aloysio Aragonio in Cod. Vatic. 8106, f. 40—46, und auch im Cod. Ottob.
865, f. 53 ff der Batikan. Bibliothek. In den *Acta consistorialia des Vize=
kanzlers Giulio de' Medici ist eingetragen: Die lunae 24. Ianuarii 1519. Secundo
[S. D. N.] fecit verbum de obitu rev. d. card^lis de Aragonia dicendo, quod, dum
erat in arce S. Angeli, admiserat cessionem ecclesiae Neritonensis (s. unten S. 10
A. 2) et illi providerat de persona rev. d. card^lis Cornelii, non aliter repetendo
istam provisionem in arce factam. Konsistorialarchiv des Batikans.

[2] Die Grabschrift bei Ciaconius III 187; Crescimbeni 227 und am
korrektesten bei Forcella I 442, n. 1711. In der oben zitierten Schrift von Ca=
puto wird (S. 74) das Alter des Kardinals irrig mit 46 Jahren, bei Passero
(a. a. O.) gar nur mit 35 Jahren angegeben.

[3] *Erat hic cardinalis vir integer, gravis, splendidus, regio splendore dignus,
qui doctos et virtute praeditos libenter alebat atque largitionibus compluribus ho-
nestabat. Vorher wird der Kardinal als vir potens opere et sermone bezeichnet. Nationalbibliothek zu Paris.

[4] S. Arch. stor. Ital. 3. Serie, XXV 18.

[5] Sanuto XXVI 359 397.

wird sein Jahreseinkommen sogar auf 24 000 Dukaten angegeben[1]. Letztere Angabe ist nicht unwahrscheinlich, denn der Unsitte der Zeit gemäß besaß der Kardinal sehr zahlreiche Benefizien, namentlich in Unteritalien[2].

Blickt man nun auf das glanzvolle Leben des Kardinals und seine rege Teilnahme an den Jagden und andern sehr weltlichen Vergnügungen[3], denen sich leider im Zeitalter Leos X. viele hohe Kirchenfürsten hingaben, so möchte man geneigt sein, in Bezug auf seinen kirchlichen Sinn ein ungünstiges Urteil zu fällen. Daß jedoch in ihm das Bewußtsein seiner Standespflichten keineswegs erloschen war, bezeugt die Tatsache, daß er selbst auf seiner weiten Reise durch Deutschland und Frankreich sein Brevier betete und fast täglich die Messe zelebrierte[4]. Auch von den Stiftungen, die er machte, und von einem Kirchenbau in seinem Bistum Leon wird berichtet[5].

Der Kardinal war ein besonderer Gönner des berühmten Petrus Martyr Anglerius, der ihn nicht bloß durch Gedichte erfreute, sondern auch durch die Widmung eines Teiles seiner Dekaden über die Neue Welt. Die Entstehung dieses Werkes ist mit dem Namen Luigi b' Aragona eng verknüpft, denn Petrus Martyr Anglerius sagt ausdrücklich, daß der Kardinal es gewesen sei, der ihn zur Herausgabe so unablässig gedrängt habe, daß er mehrmals in einem Tage ein Buch verfaßt habe[6].

Wie außerordentlich vielseitig die Interessen des Kardinals waren, dessen lebhafter Geist neben seiner Klugheit gerühmt werden[7], zeigt am besten die Beschreibung seiner Reise durch Deutschland und Frankreich, welche sein Sekretär

---

[1] Sanuto XXIV 93.

[2] Vgl. Hergenroether, Regest. Leonis X. nr. 26 125 603 1822 1857 1867 bis 1869 1871—1872 1881—1882 2039 2049—2050 2112 2148 2782 2917 3506 6409 6434 6712—6713 7309 7368 7485 8413—8414 8499 10 096 10443 11 145 11 373. Luigi b'Aragona war u. a. Administrator der Bistümer Otranto (s. oben S. 2), Lecce 1498—1502 (Eubel II 195), Averfa 1501—1515 (ebb. 113), Policaftro 1501—1504 (ebb. 240), Capaccio 1503 (ebb. 132), Leon 1512—1519 (Gams 41), Cave 1514—1515 (ebb. 875), Narbo 1517—1519 (Ughelli I 1051—1052) und Gerace (vgl. Ciaconius III 187; f. auch Sanuto XI 771).

[3] Vgl. Gnoli, Le cacce di Leon X a. a. O. und Luzio im Arch. d. Soc. Rom. 1886, 550. S. auch Graf, Attraverso il Cinquecento, Torino 1888, 387.

[4] Vgl. unten das Zeugnis des Antonio de Beatis. S. auch das Urteil des Paolo Capello bei Sanuto X 74.   [5] S. Ciaconius III 187.

[6] Vgl. Bernays, Petrus Martyr Anglerius, Straßburg 1891, 209; siehe auch Ciaconius III 187. Der Kardinal stand auch mit M. A. Flaminio und mit Triffino in Verbindung; vgl. Morsolin, Trissino (2. ediz.) Doc. 26. Dem Aulo Giano Partasio verlieh er einen Jahrgehalt; f. Giorn. d. lett. Ital. XXXV 133. Diese Beispiele mögen genügen. Näher auf die literarischen Verbindungen des Kardinals einzugehen, geht hier aus räumlichen Gründen nicht an.

[7] Vgl. Sanuto XXIV 93.

Antonio de Beatis verfaßt hat. Dieser geistig sehr angeregte Mann[1] hatte den überaus glücklichen Gedanken, auf der ganzen weiten Fahrt Tag für Tag alles Interessante, was er sah und vernahm, in sein Tagebuch einzutragen. Nach dem Tode des Karbinals nahm er von diesem Diarium verschiedene Abschriften, um dieselben an Freunde und Gönner zu versenden. Zwei solcher Abschriften, die in gleicher Weise auf das Original zurückgehen, sind erhalten[2]. Die eine, ohne besondere Widmung, ist datiert: Melfi, 20. Juli 1521; die andere, dem Sekretär des Karbinals Antonio Seripando[3] zugeeignet, hat das Datum 31. August 1521. Der Verfasser entschuldigt sich in der Widmungs= schrift, daß er seine Aufzeichnungen weder stilistisch feilte noch entsprechend verarbeitete. Lateinisch habe er nicht schreiben wollen, weil diese Sprache nicht jedermann verständlich sei und er sie nicht hinreichend beherrsche; auch Toslanisch beherrsche er nicht genügend, weshalb er seinen heimischen, apulischen Dialekt gewählt habe. Dann folgt die Versicherung, daß er nur solche Dinge aufgezeichnet habe, die er selbst gesehen oder von zuverlässigen Personen ver= nommen habe; was Wunderbares in seinen Berichten vorkomme, möge der

---

[1] Von A. de Beatis war bisher nur ein Brief an Isabella d'Este bekannt; s. Luzio-Renier im Giorn. d. lett. Ital. XXXIX 205.

[2] Vgl. die Beschreibung derselben unten. Hier auch das Nähere über eine britte, gekürzte Rebaltion der Reisebeschreibung.

[3] Gestorben 1539, 45 Jahre alt. Vgl. über ihn Nunziante, Un divorzio 93 ff. Seine nicht mehr vorhandene Grabschrift ist erhalten bei D'Engenio, Na- poli sacra, Napoli 1623, 164:

Antonio Seripando,
Sacerdotiis commodioribus honeste functo,
Cuius fide atque doctrina scribendis epistolis
Elysius Cardinalis Aragonius usus fuerat,
Uni mortalium maxime amicorum causa nato,
Qui vixit ann. XXV, mens. XI, d. XV.
Iacobus fratri opt. F. C. ann. Sal. MDXXXIX.

A. Seripando wird erwähnt in einem *Schreiben des Karbinals Luigi d'Aragona an Gabriel Merino, Erzbischof von Neapel, das ich Cod. 1888, f. 6ᵇ der Bibl. Angelica zu Rom fand. Da bisher kein Brief des Karbinals bekannt war, teile ich das Schreiben mit:

Rev. in Christo pater, amice noster carᵐᵉ. M. Antonio Seripando, nostro se- cretario, fara intendere ad V. R. Pᵗᵃ da nostra parte la expeditione de un certo negocio, quale vi è molto a core. Quella per amore nostro le voglia prestare ampla fede, come si noi ne li parlassimo presentalmente, et per lo efecto affanarse et travagiare, come de la afectione che essa ne porta indubitatamente confidamo, di che ne li restaremo in summa obligatione offerendoce ad ogni honore et com- modo de V. R. Pᵗᵃ promptissimo; et bene ea valeat.

Dat. Nepiti XI Iulii MDXVI.

Al piacer di V. R. Pᵗᵃ
el Carᵃˡ de Aragonia.

Leser nicht dem Schreiber zurechnen. Antonio de Beatis erzählt dann noch,
wie schwer ihm die Niederschrift seiner Aufzeichnungen geworden sei wegen
seiner vielen Beschäftigungen, da er mit dem Kardinal das Brevier zu beten
und ihm täglich bei Darbringung der heiligen Messe zur Seite zu stehen ge=
habt habe; außerdem habe er noch öfters selbst zelebrieren und häufig, selbst
in der Nacht, Briefe für seinen Herrn schreiben müssen.

Daß die Aufzeichnungen im wesentlichen auf dem Originaltagebuch be=
ruhen, ist unzweifelhaft. Aus einigen Stellen ergibt sich indessen deutlich,
daß nachträglich bei der Abschrift der ursprünglichen Niederschrift eine Bearbei=
tung vorgenommen wurde, die jedoch nicht tiefer ging. Bei der verhältnismäßig
schnellen, anstrengenden und weiten Reise[1] war, ganz abgesehen von den
übrigen Beschäftigungen des Verfassers, die Aufzeichnung aller Einzelheiten
keine kleine Aufgabe; jeder Leser wird zugestehen, daß dieselbe mit ebensoviel
Fleiß wie Treue gelöst wurde. Welche Seite man auch aufschlägt, überall
begegnet man interessanten und lehrreichen Stoffes genug. Sachliche Irrtümer
finden sich nur sehr wenige, häufiger Wiederholungen. Die Schreibweise des
Verfassers ist die denkbar einfachste: ganz kunstlos, oft naiv erzählt Antonio
de Beatis seine Beobachtungen und Eindrücke[2]. Streng hält er an seinem
Reiseweg. Alle auf der Fahrt berührten Orte von irgendwelcher Bedeutung,
aber auch viele kleinere Stationen werden mit genauer Angabe des Tages
und der Entfernungen gewissenhaft aufgezählt. Von einer Beschreibung der
Gegenden finden sich nur Ansätze, dagegen werden die größeren Städte, welche
auf der Reise berührt wurden, dem damaligen Standpunkte entsprechend in
der Weise geschildert, daß die hauptsächlichsten Gebäude und hervorragendsten
Merkwürdigkeiten aufgezählt und vielfach auch sehr zutreffend gekennzeichnet
werden. Eine Fülle interessanter Bilder, wie sie unmittelbarer kaum gedacht
werden können, entrollt sich vor den Augen des Lesers.

Bemerkenswert ist, daß der Kardinal und seine Begleitung sich vielfach
nicht auf die Besichtigung der gewöhnlichen Sehenswürdigkeiten beschränkten
und allenthalben ein hohes Interesse für die Schöpfungen der Kunst an den
Tag legten. So ward z. B. in Innsbruck nicht bloß die Kunstkammer der

---

[1] Über die Reisegeschwindigkeit zu Ausgang des Mittelalters können die inter=
essanten Untersuchungen von F. Ludwig, Über die Reise= und Marschgeschwindigkeit
im 12. und 13. Jahrhundert (Berlin 1897), verglichen werden. Aus denselben ergibt
sich für die Reisen zu Land von hochgestellten Persönlichkeiten, namentlich Kirchen=
fürsten, die immerhin mit einem gewissen Gefolge gereist, meist geritten sind, als
normale Leistung die tägliche Zurücklegung einer Strecke bis 40 und 45 km. Ludwigs
Untersuchungen beziehen sich allerdings auf eine frühere Zeit, allein zu Anfang des
16. Jahrhunderts dürften die Verhältnisse sich kaum wesentlich geändert haben.

[2] Bei der Übersetzung wurde versucht, diesen einfach naiven Ton der Original=
erzählung möglichst getreu wiederzugeben.

Hofburg besucht, sondern man zog auch hinaus zur kaiserlichen Erzgießerei in Mühlau, wo die Statuen für das Maximiliansdenkmal hergestellt wurden. In Augsburg besichtigte man neben dem Palast und der Grabkapelle der Fugger ein großes Wasserwerk, in Nürnberg neben den Reichskleinodien die großen Kornhäuser. In Lauingen fesselte die Aufmerksamkeit der Reisenden ein Bild des Albertus Magnus, in Köln neben den bekannten Reliquien die Gräber des Duns Scotus und des Albertus Magnus. Bei der Schilderung Aachens und seiner Heiligtümer gibt Antonio de Beatis die älteste bisher bekannte Beschreibung des Proserpinasarkophages. In Gent verweilte man lange vor dem herrlichen Altarbilde des Hubert van Eyck. In Brüssel ward die Werk= stätte besucht, in der Leo X. nach den Entwürfen Raffaels die weltberühmten Tapeten für die Sixtinische Kapelle herstellen ließ. In Amboise zeigte Leonardo da Vinci den Reisenden drei seiner Gemälde und unterhielt sich mit denselben über seine anatomischen und naturwissenschaftlichen Schriften. Daß Frankreich auch sonst den kunstsinnigen Wanderern vieles Herrliche an Kirchen und Schlössern bot, braucht wohl kaum hervorgehoben zu werden. Besonders interessierten sich dieselben für die zahlreichen Grabmäler, von denen nicht wenige mit der Geschichte Neapels in Beziehung standen. In Mailand ward Leonardos Letztes Abendmahl bewundert; bemerkenswert ist, daß nach der Beobachtung des Antonio de Beatis schon damals der Zerfall des herrlichen Werkes begonnen hatte. Daß überall die bedeutendsten Reliquien in Augen= schein genommen wurden, verstand sich bei einem Reisenden jener Zeit von selbst. Sehr merkwürdig sind dagegen die kritischen Bemerkungen über jene Reliquien, die doppelt oder mehrfach an verschiedenen Orten gezeigt wurden. Was hier über die Pflicht der kirchlichen Autorität gesagt ist, wird die Zu= stimmung jedes Einsichtsvollen finden.

Eine Folge der literarischen Neigungen des Kardinals war es wohl, daß er hervorragende Büchersammlungen aufsuchte: so u. a. die Dombibliotheken von Konstanz, Speier und Köln, die Palastbibliotheken zu Mecheln und in Frankreich besonders die kostbaren Bücher= und Handschriftensammlungen zu Blois und Gaillon, die so viele Schätze enthielten, die einst dem aragonischen Königshause gehört hatten. Von den Handschriften zu Blois hebt Antonio de Beatis einige der wertvollsten hervor, wie er auch eines eigenhändigen Manuskriptes Alberts des Großen gedenkt, welches den Reisenden in der Kölner Dominikanerbibliothek gezeigt wurde. Hier und da, z. B. bei der Be= schreibung von Nürnberg und Paris, wird auch berühmter zeitgenössischer Ge= lehrter gedacht, welche in den betreffenden Städten lebten. Die hervorragenden Persönlichkeiten, mit welchen der Kardinal zusammentraf, vor allen der jugend= liche Karl V. und Franz I., sowie eine Anzahl anderer Mitglieder des habs= burgischen und französischen Hofes werden anschaulich in ihrem Äußern und zum Teil auch in ihren Lebensgewohnheiten geschildert. In Frankreich pflog der Kardinal auch mit sehr vielen Kirchenfürsten persönlichen Verkehr; merkwürdig ist es, daß von keinem Besuch eines deutschen Bischofs berichtet wird. Näher verkehrte Luigi d'Aragona dagegen in Augsburg mit Jakob Fugger, über den wertvolle Mitteilungen gegeben werden.

An der besondern Vorliebe, mit welcher der Kardinal an vielen Orten Deutschlands wie Frankreichs die kunstvollen Orgeln bewunderte, erkennt man, daß er ein Mitglied des Hofes des musikliebenden Leo X. war. Für seinen eigenen Gebrauch bestellte der reiche Kirchenfürst in Brixen eine Orgel; zu Nürnberg wurden Uhren, Messing- und Eisenarbeiten, in Mecheln Armbrüste angekauft, aus Frankreich eine Anzahl von Musikern mit nach Rom genommen.

Die politischen Verhältnisse werden in der Reisebeschreibung fast gar nicht berührt. Auch mit historischen Angaben ist der Verfasser sparsam. Von sonstigen Reiseberichten unterscheidet sich derjenige des Antonio de Beatis auch dadurch, daß nur selten Legenden berichtet werden. Es ist eine Ausnahme, daß der Verfasser sich in Mont St Michel die Gründungsgeschichte der Wallfahrtskirche abschrieb; daß zwei Gedichte von Petrarca und eines von Equicola der Erzählung einverleibt wurden, ist ebenfalls eine Ausnahme. Die Fabeln, dann die Exzerpte aus alten Schriftstellern, die in der damaligen Literatur vielfach eine so große Rolle spielen, fehlen ganz. Von dieser toten Gelehrsamkeit scheint Antonio de Beatis wenig gehalten zu haben; sein ganzes Interesse gilt den Lebendigen, dem Leben und Treiben des Volkes, den kulturgeschichtlichen Erscheinungen im weitesten Umfange.

Nicht bloß bei Beschreibung der einzelnen Städte kommt dies Interesse, das damals noch so selten war, zum Ausdruck, sondern mehr noch bei den zusammenfassenden Abschnitten, in welchen der Verfasser versucht, eine allgemeine Beschreibung der Verhältnisse in den von ihm durchzogenen Gegenden zu geben. Er tut dies dreimal: nach dem Bericht über den Aufenthalt in Köln wird ein solcher allgemeiner Abschnitt über das obere Deutschland eingeschoben, beim Verlassen der Niederlande folgt ein solcher über jene Landstriche und ebenso wird vor dem Betreten der geliebten italienischen Heimat ein Rückblick auf die Verhältnisse der französischen Provinzen geworfen.

In diesen Abschnitten, in welchen die Reisebeschreibung einen ganz andern Charakter annimmt, beruht nicht der geringste Wert der eigenartigen Quellenschrift. Eine solch eingehende kulturgeschichtliche Schilderung aus so früher Zeit existiert weder für Deutschland und die Niederlande noch für Frankreich. Selbst noch lange Zeit später schenkte man vielen kulturgeschichtlich höchst wichtigen Dingen, von denen hier berichtet wird, keine genügende Aufmerksamkeit. Fast niemand nahm sich damals die Mühe, Dinge aufzuzeichnen, deren Kenntnis man als allgemein verbreitet ansah.

Schrieb doch noch viele Jahre später Sebastian Münster in seiner Kosmo=
graphie: „Es weißt fast jedermann, was und welche kleider und speis im
Teutschen Land jetzt im brauch seind, darüber nit von nöten ist davon etwas
zu schreiben." [1] Zur Ausfüllung dieser Lücken bieten die mit dem Interesse
des Fremden gemachten Beobachtungen und Aufzeichnungen unseres fleißigen
und aufmerksamen Süditalieners die wertvollsten Materialien. Seine Rück=
blicke enthalten eine fast erdrückende Fülle kulturgeschichtlicher Einzelheiten, die
man sonst vergeblich sucht: sie zeugen von einer außerordentlich scharfen Gabe
der Beobachtung und einer seltenen Vielseitigkeit der Interessen [2]. Der Verfasser
besitzt ein offenes Auge und einen für alles Wissenswerte empfänglichen Sinn.

Die verschiedensten Dinge, von denen man sonst nichts oder nur sehr
wenig weiß, werden hier von ihm eingehend, oft bis in das kleinste Detail, ge=
schildert; so für das obere Deutschland die Form der Wagen, die Wirtshäuser,
die Weinsorten, das Bier, die Fleischsorten, die Fleischpreise, die Öfen und
Kamine, die Waschgefäße, die Vogelkäfige, die Federbetten, die Matratzen, die
Art der Schlafzimmer, die Wälder, die Getreidesorten, die Art des Viehs,
die Käse= und Obstsorten, Kleidung und Sitten der Frauen, der Kirchenbesuch,
die Bäume, die Mühlen, die Fischkasten vor den Wirtshäusern, die Kreuze
und Marterln an den Wegen, die Häuser mit ihren Erkern, Türen und
Dächern, die Form der Kirchtürme, die Kirchhöfe mit ihren Denkmälern und
Weihwasserkesselchen, die Frömmigkeit der Bewohner, das Aussehen und die
Wehrhaftigkeit der Männer, die Galgen an der Straße, die Rechtspflege, das
Straßenpflaster usw. Nichts entgeht dem scharfen Blick des Verfassers, der
schon damals die Vorliebe der deutschen Künstler für Darstellungen aus der
Passion des Herrn erkannte. Daneben finden sich vereinzelte Notizen über
die Waffen, die Art der Brücken, den Fischfang, den Handel, über den Italienern
fremde Bäume, den Reichtum der Fugger, das Leben der Kölner Stifts=
damen, die Einwohnerzahl der genannten Stadt.

[1] Siehe Münster, Kosmographie, Basel 1544, 381. Vgl. Schultheiß,
Deutsche Landeskunde im Zeitalter des Humanismus und der Reformation, in der Beilage
zur Allgem. Zeitung 1897 Nr 119. Wie lange es noch währte, bis der Sinn für jene
Dinge, die Antonio de Beatis bereits so fleißig beobachtete, erwachte, zeigt ein Vergleich
mit den hundert Jahre später erschienenen analogen Werken, z. B. dem 1624 gedruckten
Itinerarium des Joh. Jakob Graffer. Hassel (in der Zeitschr. für Kulturgesch. Neue
Folge, I 412) bemerkt hierüber: „Die Darstellung ist durchaus von historisch-antiqua-
rischen Interessen beherrscht; der Sinn für die Gegenwart bleibt ziemlich unentwickelt.
Lebensart und Treiben der Menschen, Handel und Gewerbe, praktische und künstlerische
Schöpfungen der jüngeren Geschlechter, Kultur des Landes und Bauart der Städte,
alles dies beschäftigt die Autoren nicht. Die Betrachtung der herrlichsten Denkmäler
aller Zeiten entlockt ihnen kein Wort: sie beschreiben die Kathedralen unserer großen
deutschen Städte an der Hand des Äneas Sylvius oder anderer Quellen."

[2] Die stilistische Verarbeitung fehlt freilich auch hier fast ganz.

In den Niederlanden beobachtete der Verfasser das ihm noch unbekannte Phänomen der Ebbe und Flut. Auch hier finden sich wertvolle Angaben über die Einwohnerzahl der Städte. Bei Brügge wird der Hutindustrie, bei Antwerpen der großen Messen näher gedacht. Die allgemeinen Bemerkungen über die Niederlande beschäftigen sich u. a. mit den Ziehbrunnen, den Blumen der Gärten, den Gemüsearten (selbst das Sauerkraut ist nicht vergessen), den Arten des Viehes, den Fischen und Austern. Bei der Besprechung der Zubereitung der Speisen rühmt der Verfasser die schon damals geschätzte französische Küche. Der Verschiedenheit des Baues der Häuser mit ihren Schieferdächern, Wendeltreppen und ihrem kunstvollen Täfelwerk ist gleiche Aufmerksamkeit geschenkt wie der Herstellung der berühmten holländischen Leinwand und den eigentümlichen Gebräuchen beim Flachsreuten. Die Heizung mit Torf, die Glockenspiele, die Windmühlen, die peinliche Reinlichkeit der Holländer ist dem Verfasser ebensowenig entgangen wie gewisse seltsame Sitten. Er schildert auch die von der italienischen Weise abweichende Art der Kircheneinrichtung und die freie Stellung der Frauen. Rühmlichst gedacht wird auch hier der großen Frömmigkeit der Einwohner und ihrer seltenen Ehrlichkeit. Selbst einige Bemerkungen über die Witterungsverhältnisse fehlen nicht. Naiv sind hier wie auch sonst die Bemerkungen über die Schönheit der Frauen. Im Gegensatz zu andern italienischen Reiseschilderungen jener Zeit — man denke an Vettori — fehlt jede laszive Bemerkung.

Auf der ganzen langen Fahrt zeigt Antonio de Beatis eine nie ermüdende Aufmerksamkeit für alles, was eine Reise dem Beobachter darbieten konnte. Ein besonderes Interesse für bestimmte Sehenswürdigkeiten oder Verhältnisse gibt sich — abgesehen von den oben erwähnten musikalischen Neigungen, die wohl mehr dem Kardinal eigen waren — nicht zu erkennen. Den Antonio de Beatis interessiert so ziemlich alles: gerade in dieser Vielseitigkeit beruht ein besonderer Wert der vorliegenden Quellenschrift, bei deren Würdigung man wohl behaupten kann, daß für die merkwürdige Übergangszeit vom Mittelalter zur Neuzeit keine andere Reisebeschreibung existiert, welche so viele, mannigfaltige und genaue kulturhistorische Einzelheiten bietet wie der Bericht unseres Süditalieners.

Den Anblick von Paris genossen der Kardinal und seine Begleitung von der Höhe des Turmes von Notre-Dame — so hatten sie auch Straßburg von der Spitze des Münsterturms, Gent vom Beffroy aus betrachtet. Lyon erschien den Reisenden weit schöner als die französische Hauptstadt. In Südfrankreich fesseln die Italiener die römischen Ruinen, in Avignon und Savona die päpstlichen Paläste. In Genua erregte die Stellung der großen Familien ihre Aufmerksamkeit.

Was man über die Zustände des französischen Volkes erfährt, ist keineswegs erfreulich. Auch über den Charakter der Einwohner wird ein ungünstiges

Urteil gefällt. Bei den allgemeinen Bemerkungen fehlt es auch hier nicht an einer Fülle von interessanten Einzelheiten zur Landes= und Volkskunde, zur Kultur= geschichte im weitesten Umfange. Die große Seltenheit persönlicher Beob= achtungen und Aufzeichnungen gerade über solche Dinge verleiht diesen aus so früher Zeit stammenden allgemeinen Abschnitten einen sehr hohen Wert.

Wie scharf und sorgfältig der Verfasser beobachtete, zeigt die Unter= scheidung, die er zwischen den Verhältnissen in den einzelnen französischen Pro= vinzen macht, wie er auch ein feines Verständnis für die kulturgeschichtliche Ver= schiedenheit der Dinge im oberen Deutschland und den Niederlanden an den Tag legt[1].

Der volle Wert der mannigfaltigen Mitteilungen des Antonio de Beatis über die wichtigsten Kulturländer Europas am Ausgange des Mittelalters und zu Beginn der Neuzeit erhellt aus einem Vergleich mit einigen andern analogen einheimischen wie fremden Quellenschriften[2].

Wenn man z. B. die Schilderungen deutscher Reisenden jener Zeit liest, so erstaunt man, wie wenige Einzelheiten dieselben über ihre Fahrten durch die eigene Heimat zu berichten wissen. Es sind freilich meist Palästinafahrer, deren Aufmerksamkeit von Anfang mehr auf das Heilige Land gerichtet war und denen gar nicht der Gedanke kam, daß auch die Schilderung der Reise durch deutsches Land ein Interesse habe. So bemerkt der Graf Johann zu Solms, der 1483 nach dem Heiligen Lande zog, ausdrücklich, er zeichne des=

[1] Wie früh bei den Italienern der Sinn für das Herausfinden der charakteri= stischen Unterschiede zwischen verschiedenen Völkern entwickelt war, darüber vgl. Burck= hardt, Kultur der Renaissance II⁷ 59.

[2] Die sehr erwünschte Zusammenstellung aller über Deutschland vorhandenen Reise= berichte wird von Steinhausen, dem hochverdienten Herausgeber der Zeitschrift und des Archivs für Kulturgeschichte, vorbereitet. Für Spanien und Portugal lieferte eine solche, ungemein inhaltreiche Arbeit Farinelli: Apuntes sobre viajes y viajeros por España y Portugal, Oviedo 1899, und Más apuntes y divagaciones biblio= gráficos sobre viajes y viajeros por España y Portugal, Madrid 1903. Gute biblio= graphische Angaben über die Italienreisenden gibt b'Ancona im Anhang seiner Schrift L'Italia alla fine del secolo XVI. Giornale di viaggio di Michel de Mon= taigne in Italia nel 1580 e 1581, Città di Castello 1889. Vgl. auch den geistvollen Aufsatz von Friedländer: Reisen nach Italien in den letzten drei Jahrhunderten, in der Deutschen Rundschau 1876 und Histor.=polit. Blätter 1878, I 732 f, sowie Dumesnil, Voyageurs français en Italie depuis le seizième siècle jusqu'à nos jours, Paris 1865, und Gior. d. lett. ital. XLIII 378 f. Für die Schweiz f. Brand= stetter, Repertorium 309 f und v. Liebenau, Gasthof= und Wirtshauswesen 269 f. Für Frankreich vgl. Babeau, Les voyageurs en France depuis la Renaissance, Paris 1885. Vgl. auch Steinhausen in der Zeitschr. für vergleich. Literatur= geschichte, Neue Folge VII 354 f, und Bonaffé, Études sur la Renaissance. Voyages et voyageurs, in der Gaz. des Beaux Arts 1894, XI 299—311 490—503; XII 126—144.

halb nichts über die Fahrt von zu Hauſe nach Venedig auf, weil dieſelbe be=
kannt ſei [1]. Eine ehrenvolle Ausnahme macht der Dominikaner Felix Fabri
(aus dem altadeligen Geſchlechte der Schmid in Zürich), der zweimal (1480
und 1483) nach dem Orient zog. Wenn auch ſeine Aufzeichnungen [2] ſich natur=
gemäß mehr mit den Wundern des Orients beſchäftigen, ſo liefern ſie doch
auch für die Kenntnis des Abendlandes eine nicht zu unterſchätzende Aus=
beute. Seine Beſchreibung Venedigs iſt mit Recht geſchätzt, nicht minder ſeine
Tagebuchnotizen über Tirol, das Fabri viermal durchzog und über das er
ſehr beachtenswerte Angaben macht. Auch die Aufzeichnungen dieſes echt
deutſchen Mannes über Schwaben, beſonders über Ulm, ſind namentlich durch
viele volkskundliche Angaben ſehr beachtenswert [3]; er übertrifft in dieſer Hin=
ſicht weit den Weſtfalen Werner Rolevinck, deſſen Laus Saxoniae als älteſte
volkskundliche Monographie gelten kann [4].

Neben Felix Fabri muß unter den deutſchen Pilgerreiſenden des aus=
gehenden Mittelalters noch der Ritter Arnold von Harff genannt werden,
der am 7. November 1496 von Köln aus eine große Fahrt nach dem Orient
antrat, auf der er auch einen Teil von Deutſchland, Italien und Frankreich
durchwanderte. Für dieſe Länder liefern die Aufzeichnungen Harffs zahlreiche
Städtebeſchreibungen und nicht wenige kulturgeſchichtlich wertvolle Angaben.
Leider fehlt die chronologiſche Ordnung; es begegnen auch arge Widerſprüche
und Unwahrſcheinlichkeiten, ja manche Erzählungen unterliegen gerechten
Zweifeln und beſitzen keine tatſächliche Grundlage. Trotz dieſer Mängel bleiben
die Aufzeichnungen des rheiniſchen Ritters auch für das Abendland eines der
wertvollſten deutſchen Wanderbücher älterer Zeit [5].

Manche intereſſante Angaben, z. B. über den Zuſtand der deutſchen
Landwirtſchaft, enthält das bis zum Jahre 1500 reichende „Wanderbüchlein"
des Johannes Butzbach, eines tüchtigen Schülers des Trithemius [6]. Sehr
wichtig iſt die eingehende Schilderung Nürnbergs durch Konrad Celtes. Nicht
auf die geographiſche Beſchreibung, ſondern auf die kulturhiſtoriſche Entwick=

---

[1] Siehe Simonsfeld 242. Vgl. Röhricht, Deutſche Pilgerreiſen nach dem
Heiligen Lande, Gotha 1889. Neue Ausgabe Innsbruck 1900.

[2] Fratris Felicis Fabri Evagatorium in Terrae sanctae, Arabiae et Aegypti
peregrinationem, ed. C. D. Hassler, 3 Bde, Stuttgardiae 1843—1849. Vgl.
Krones 683 f. Röhricht a. a. O. 161 f. A. Birlinger, Bruder F. Fabers
gereimtes Pilgerbüchlein, München 1864.

[3] Vgl. Quellen zur Schweiz. Geſch. VI, Baſel 1884, 205 f.

[4] E. Schmidt, Deutſche Volkskunde 6.

[5] Die Pilgerfahrt des Ritters A. v. Harff, herausgeg. von Groote, Köln 1860.
Vgl. Reumont im Arch. Veneto XI 124 f 393 f und Korth in der Zeitſchr. des
Aachener Geſchichtsvereins V 191 f; VI 339.

[6] Vgl. Janſſen-Paſtor, Geſch. des deutſchen Volkes I [17—18] 364 f.

lung ist hier der Nachdruck gelegt. Nach diesen Gesichtspunkten schrieben später gleichfalls lateinisch, aber in Versen Wimpina über Leipzig, Busche über Köln und Roermund, Ribius über Deventer, Gnaphäus über Emden [1].

Je mehr man die Werke des Celtes liest, desto aufrichtiger bedauert man, daß derselbe seinen Lieblingsgedanken, eine geographisch-historische Beschreibung von Deutschland (Germania illustrata) zu schreiben, nicht ausgeführt hat. Die im patriotischen Geiste geschriebenen Arbeiten von Johannes Cochläus [2], Franz Friedlieb, genannt Irenikus [3], endlich namentlich die Schrift des Johannes Boëmus Aubanus [4] enthalten eine Anzahl von kulturgeschichtlich recht wertvollen Notizen; weniger bietet in dieser Hinsicht die Beschreibung Deutschlands von Sebastian Brant [5]. In der Weltchronik (Liber chronicarum, 1493) des bekannten Nürnberger Humanisten Schedel sind vor allem die von den Kunsthistorikern mit Recht geschätzten, in trefflichen Holzschnitten ausgeführten Städtebilder, denen eine Aufnahme nach der Natur zu Grunde liegt, höchst beachtenswert [6]. In den zu den einzelnen Städten beigefügten Abschnitten werden die hauptsächlichsten Gebäude und Merkwürdigkeiten, vor allem die Reliquien kurz und trocken aufgezählt [7]. Nicht bloß die rein historischen Notizen sind aus den verschiedensten Büchern zusammengetragen, auch für die Schilderung von Wien wie für diejenige der übrigen Städte schöpft der Verfasser nicht aus eigener Kenntnis, sondern aus den Schriften des Enea Silvio Piccolomini. Kulturgeschichtliches von selbständigem Werte findet sich nur an wenigen Stellen.

Etwas anders verhält es sich mit den Berichten von nichtdeutscher Seite. Wenn auch wohl keiner derselben den Bericht des Antonio de Beatis an Reichtum kulturhistorischer Angaben übertrifft, so finden sich doch einige, welche

---

[1] Vgl. Neff, Helius Eobanus Hessus' Norimberga illustrata und andere Städtegedichte, Berlin 1896, xiv f, wo auch über andere einschlägige Arbeiten deutscher Humanisten gut gehandelt wird. S. auch Th. Geiger, K. Celtis in seinen Beziehungen zur Geographie, München 1896, und Schmidt a. a. O. 7.

[2] Über des Cochläus Brevis Germanie descriptio s. die vortreffliche Monographie von Otto, Cochläus als Humanist, Berlin 1874, 41 f.

[3] Germaniae exegeseos volumina duodecim a Franc. Irenico, Hagenau 1518. Vgl. Horawitz in der Histor. Zeitschr. XXV 90 f und Schmidt a. a. O. 8.

[4] Ioh. Boëmus Aubanus, Omnium gentium mores, leges et ritus, Memmingae 1520. Vgl. Schultheiß in der Beilage zur Allgem. Zeitung 1897, Nr 119, S. 4 und Schmidt a. a. O. 8 u. 22 f.

[5] Vgl. Varrentrapp, S. Brants Beschreibung von Deutschland, in der Zeitschrift für Gesch. des Oberrheins, Neue Folge XI 288 f.

[6] Über die Städteansichten in H. Schedels Weltchronik s. Jahrb. der preuß. Kunstsamml. IX 93 f 184 f.

[7] Schultheiß, Das Geographische in H. Schedels Liber chronicarum, in der Zeitschrift „Globus" LXV 28 ff.

demfelben nahe kommen. Dies gilt namentlich von der höchft intereffanten
Schilderung der Reife, welche der kaftilianifche Edelmann Peter Tafur in
den Jahren 1438—1439 durch die Schweiz, einen großen Teil von Deutfch=
land und die Niederlande machte. Tafurs Erzählung enthält eine ganze An=
zahl von höchft wertvollen Notizen, welche die deutfche Forfchung aus heimat=
lichen Quellen bis heute noch nicht überflüffig gemacht hat [1].

Dasfelbe gilt von den Reifen, welche der böhmifche Freiherr Leo von
Rozmital, ein Schwager des Böhmenkönigs Georg Pobiebrad, in den Jahren
1465—1467 durch Deutfchland, England, Frankreich, Spanien, Portugal
und Italien machte, wobei wohl auch politifche Zwecke verfolgt wurden. Die
Befchreibungen feiner Reifen liegen in deutfchen, tfchechifchen, lateinifchen und
fpanifchen Ausgaben vor und find feit langem bekannt [2]. Sie ftammen übrigens
nicht von dem Freiherrn felbft, fondern von zweien feiner Begleiter. Für das
eigentliche Deutfchland finden fich hier allerdings nur Einzelheiten von geringer
Menge; um fo reicher find die Angaben über die Niederlande.

Unter den Italienern [3] ftehen die eigentlichen Humaniften voran. Ihre
Reifeluft ift bekannt und ihr Verdienft um die Darftellung des Gefehenen ein
bleibendes. Das eigentliche Mittelalter hatte im wefentlichen nur Intereffe
für die Schilderung von Reifen in ganz fremde Gegenden; um die be=
kannten Länder kümmerte man fich nur fehr wenig. Dies wird mit dem
Auffommen der Humaniften anders. Schon bei Petrarca, „dem erften Menfchen,
der reifte, um zu reifen", zeigt fich dies. Er entdeckt die Schönheit der
Riviera, genießt die Rundficht von der Höhe des Mont Ventoux und fchildert
die merkwürdigen Gebräuche der Kölner Frauen am St Johannisabend. Die
fpäteren Humaniften, deren Blick durch vielfache Beobachtung und Lektüre
gefchärft war, berichten mit Vorliebe von ihren Wanderfahrten. Leonardo
Bruni befchreibt feine Alpen= und Rheinreife, Ambrogio Traverfari preift die

---

[1] Urteil von K. Häbler 529 (vgl. 502). Der Originaltext erfchien als Bd VIII
der Colección de libros españoles raros e curiosos: Tafur (Pero), Andanças é
viajes   por diversas partes del mundo (1435—1439), ed. Jimédez de la
Espada, Madrid 1874. Über P. Tafur f. auch Desimoni in Atti d. Soc.
ligure XV und R. Ramírez de Arellano in Bol. d. r. acad. de la hist.
XLI (1902).

[2] Vgl. Schmeller in Bd VII der Bibl. des Stuttgarter literar. Vereins,
Stuttgart 1844. S. auch Krones in der Zeitfchr. für allgem. Gefch. IV 681 f 765 f,
und Farinelli, Apuntes (f. oben S. 17 A. 2) 12.

[3] Vgl. P. Amat di S Filippo, Biografia dei viaggiatori italiani colla
bibliografia delle loro opere. Ed. seconda, Roma 1882. S. auch Branca, Storia
dei viaggiatori italiani, Roma 1873; Carloni, Gli Italiani all'estero, Città di
Castello 1890; Benvenuti, Dizionario degli Italiani all'estero, Firenze 1890,
und Ciampi, Viaggiatori romani men noti, in Nuova Antologia, Agosto e Set-
tembre 1874.

Schönheit deutscher Städte, Poggio Bracciolini erzählt von dem, was ihm an dem Leben der deutschen „Barbaren“ pikant erschien. Alle aber übertrifft Enea Silvio Piccolomini; „als Reisender hat er eine Verbindung historischen und geographischen Interesses an den Tag gelegt wie kein Zweiter seiner Zeit, und als Schilderer landschaftlicher Schönheit hat er ein Auge, wie es keinem andern Schriftsteller besser zur Verfügung steht“. Auch der Sinn für die kulturgeschichtlichen Details fehlt ihm nicht [1]. Seine Germania ist seit Jahrhunderten berühmt und geschätzt. Zahlreiche deutsche Patrioten haben diesen „Panegyrikus“ auf Deutschland mit seinen fünfzig reichen Bistümern und über hundert freien Städten mit Entzücken gelesen. Noch in neuerer Zeit interessierte sich kein Geringerer als Johann Friedrich Böhmer für die von dem geistvollen Sienesen gegebene, bezaubernde Schilderung der deutschen Städte im 15. Jahrhundert so lebhaft, daß er sich mit dem Plane einer Übersetzung derselben ins Deutsche trug [2]. Stilistisch ist die Germania des Enea Silvio Piccolomini sicher ein Meisterwerk, an das in dieser Hinsicht keine andere Schilderung des ausgehenden Mittelalters heranreicht. Inhaltlich ist die Abhandlung nicht so bedeutend. Zur richtigen Beurteilung derselben muß man freilich im Auge behalten, daß dieselbe nur ein Stück aus dem an den Kanzler Martin Mayr gerichteten großen Briefe ist, dem man später den Sondertitel „Über den Zustand, die Lage und die Sitten Deutschlands“ gegeben hat. Der Brief sollte zur Verteidigung des römischen Hofes gegen die deutsche Opposition dienen und darlegen, daß Deutschland niemals reicher, mächtiger, geschmückter als damals gewesen sei [3]. Dementsprechend wird oft in über=

---

[1] Siehe Voigt, Die Wiederbelebung des klassischen Altertums, 3. Aufl. von Lehnerdt, Berlin 1893, I 155 237 f 242 f 247 270 309; II 505 f; Pius II. Bd II 303 f; Kraus, Gesch. der christl. Kunst II, 2, 1, 59—60; Burckhardt, Kultur II⁷ 5 f 17 f 21 f; Pastor, Gesch. der Päpste II³⁻⁴ 27 f. Über Petrarca vgl. Levati, I viaggi de Fr. Petrarca in Francia, in Germania e Italia, Milano 1820. Petrarca viaggiatore, in Nuova Antologia, 16 Agosto 1884; Bonard, Petrarca Alpinista, in Fanfulla della Domenica XI 3; Pirandello, Petrarca a Colonia, in Vita Nuova I 47; Geiger in der Zeitschr. für deutsche Kulturgesch., Neue Folge III 207 f; Korth in den Annalen des histor. Vereins für den Niederrhein L 78 f; F. X. Kraus in der Deutschen Rundschau 1896, 66 ff. Die von L. Bruni, Poggio und Enea Silvio Piccolomini in der Schweiz gewonnenen Reiseeindrücke schildert Monnier in Pages d'histoire dediées à Pierre Vaucher, Genève 1895.

[2] Siehe Janssen, Böhmers Leben I 66 122; II 85.

[3] Vgl. Voigt, Enea Silvio Piccolomini als Papst Pius II. Bd II 239 f; Gengler, Äneas Sylvius und seine Bedeutung für die deutsche Rechtsgesch., Erlangen 1860, 6 f 28 f 78 f; Joachimsohn, Meisterlein 167 f, und Pastor, Gesch. der Päpste I³⁻⁴ 714 f. S. auch Grauert, Der katholische Wettbewerb um die höhere Bildung, Freiburg 1904, 11 f. Es ist möglich, daß der Kardinal b'Aragona und sein Sekretär die Germania kannten; an zwei Stellen der Reisebeschreibung findet sich eine auffällige Übereinstimmung; s. unten S. 43 und S. 45.

treibender Weise[1] die Größe und Fruchtbarkeit des Landes betont; hieran knüpft sich eine kurze Schilderung der merkwürdigsten deutschen Städte, aus welcher am besten die Herrlichkeit des Volkes und der Schmuck und Reichtum dieses Landes dem Beschauer entgegenleuchte. Die deutschen Städte hatten den italienischen Schöngeist bezaubert. In zum Teil überschwenglichen Wendungen werden von ihm besonders Köln, Mainz, Worms, Speier, Straßburg mit seinem Münster, Aachen, Basel, Konstanz, Bern, Zürich, Augsburg, Regensburg, Salzburg, München, Passau, Wien, Breslau, Brünn, Danzig, Prag, Lübeck, Erfurt, Frankfurt, Bamberg, Nürnberg, Ulm in großen Zügen geschildert. Dann folgt eine stark aufgetragene Erzählung von dem deutschen Reichtum, der sich allenthalben dem Fremden zeige, ferner Bemerkungen über die deutschen Prälaten, Fürsten, Bürger und das Militärwesen. Der Schlußpassus über die Sitten und die Geistesbildung ist sehr kurz ausgefallen.

Welche Fülle von Nachrichten der mit einer ganz eigentümlichen Gabe feiner Beobachtung ausgestattete Italiener hier hätte geben können, zeigen zahlreiche andere Stellen seiner Werke, z. B. seine bewunderungswerte, ins kleinste Detail eingehende Beschreibung Schottlands, seine berühmte, farbenprächtige Schilderung von Wien, sowie seine Schrift „Europa", die Enea Silvio Piccolomini für alle Zeiten einen ehrenvollen Platz in der Geschichte der geographischen, landschaft= lichen und kulturgeschichtlichen Darstellung sichern[2]. Mit Recht sagt der Geschicht= schreiber der Kultur der Renaissance in Italien: „Wo hätte sich um die Mitte des 15. Jahrhunderts außerhalb Italiens eine solche Verbindung des geogra= phischen, statistischen und historischen Interesses gefunden wie bei Enea Silvio? wo eine so gleichmäßig ausgebildete Darstellung? Nicht nur in seiner eigent=

---

[1] Freilich betonen auch andere Italiener, wie z. B. August. Patritius (De comitiis imperii sub Frederico III. imp. apud Ratisbonam celebratis 1471 bei Freher-Struve, Script. II 288), und selbst der Franzose Pierre Froissard (Janssen-Pastor, Gesch. des deutschen Volkes I[17—18] 435) die kulturelle Blüte des damaligen Deutschland in sehr starken Worten.

[2] Vgl. neben Voigt, Pius II. Bb II 304 f auch Pastor, Gesch. der Päpste II[3—4] 34 f 801, wo die weitere Literatur angegeben ist. Die historisch=geographische Schrift „Europa", sagt Schultheiß in einem interessanten Aufsatze „Deutsche Landes= kunde im Zeitalter des Humanismus und der Reformation" in der Beilage zur Allg. Zeitung 1897, Nr 119, „ist ein kanonisches Buch geworden für seine Nachfolger auf dem Felde der Welt- und Völkerkunde, für Hartmann Schedel und Johannes Boemus Aubanus, für Sebastian Frank und Sebastian Münster; als das Werk eines Gelehrten, der sogar auf den päpstlichen Thron gestiegen ist, galt es so ein Jahrhundert hindurch als Quelle unfehlbarer Belehrung, aus der zu schöpfen man um so weniger Anstand zu nehmen brauchte, als der Vorwurf des Plagiats kaum noch zu fürchten war. Tat= sächlich enthält das Buch die Elemente einer deutschen Landes= und Volkskunde in so überraschender Fülle, daß Äneas Sylvius wohl oder übel als deren Vater anerkannt werden muß".

lich kosmographischen Hauptarbeit, sondern auch in seinen Briefen und
Kommentaren schilderte er mit gleicher Virtuosität Landschaften, Städte,
Sitten, Gewerbe und Erträgnisse, politische Zustände und Verfassungen, sobald
ihm die eigene Wahrnehmung oder lebendige Kunde zu Gebote steht, wenn
er auch nicht immer richtig beobachtet und wie z. B. bei der Schilderung
Basels das Gesehene willkürlich ergänzt; was er nur nach Büchern beschreibt,
ist natürlich geringer. Schon die kurze Skizze jenes tirolischen Alpentales,
wo er durch Friedrich III. eine Pfründe bekommen hatte, besonders aber seine
Schilderung Schottlands berührte alle wesentlichen Lebensbeziehungen und zeigte
eine Gabe und Methode des objektiven Beobachtens und Vergleichens, wie sie
nur ein durch die Alten gebildeter Landsmann des Kolumbus besitzen konnte.
Tausende sahen und wußten wenigstens stückweise, was er wußte, aber sie
hatten keinen Drang, ein Bild davon zu entwerfen, und kein Bewußtsein, daß
die Welt solche Bilder verlange." [1]

Dieses Urteil gilt leider auch im großen und ganzen von den venetianischen Gesandten, deren Relationen in politischer Hinsicht eine so hohe Bedeutung besitzen. Von denselben kommen hier nur die Berichte des Zaccaria
Contarini über Frankreich von 1492 und diejenigen des Vincenzo Quirini über
die Niederlande (1506) und Deutschland (1507) in Betracht. In denselben
findet man wohl kostbare Nachrichten über politische Verhältnisse, über die
Hilfsquellen des Landes, den Hof und die hervorragendsten Persönlichkeiten,
aber nichts Näheres über die Sehenswürdigkeiten und sehr wenige eigentlich
kulturgeschichtliche Angaben.

Für das Leben und Treiben des Volkes haben diese Diplomaten nur
sehr geringen Sinn. Die Gesamtheit des Volkes war ihnen offenbar im
wesentlichen nur die Folie, auf der sich die diplomatischen, legislatorischen und
militärischen Bewegungen vollzogen; für sich allein ist sie nie im stande, ihre
Aufmerksamkeit zu fesseln [2]. Nur die Hauptstadt wird meist etwas mehr geschildert. Dies tut z. B. Zaccaria Contarini; aber die Sehenswürdigkeiten von Paris zählt derselbe trocken, ohne jede Bemerkung auf. Einkünfte
und Kriegswesen werden dagegen sehr im einzelnen gewürdigt [3]. Auch bei
dem Berichte Quirinis über Deutschland aus dem Jahre 1507 liegt hierauf der Nachdruck, obwohl sich hier schon mehr kulturgeschichtliche Notizen

---

[1] Burckhardt, Kultur II[7] 5.

[2] Vgl. Erdmannsdörffer in den Abhandl. der sächs. Gesellsch. der Wissensch.
IX (1857) 51 f. Das „Itinerario per la Terraferma Venez." 1488 des Marino
Sanudo (herausgeg. von Rawdon Brown, Padua 1847) ist reich an historischen,
antiquarischen und literargeschichtlichen Details, läßt aber Natursinn und Interesse am
Volksleben seiner Zeit fast ganz vermissen.

[3] Albèri, Relazioni degli Ambasciatori Veneti, 1. Serie, IV 14 17 1.

finden[1]. In der Relation desselben Gesandten über die Niederlande vom Jahre 1506 begegnen interessante Angaben über die Einwohnerzahl der Städte und über die Produkte des Landes; daneben fehlt es nicht an Bemerkungen über die Tracht der Frauen und über den Charakter und die Sitten des Volkes überhaupt[2], bei denen man nur bedauert, daß der Verfasser nicht mitteilsamer gewesen ist[3].

Ungleich bedeutender ist der Reisebericht eines andern Diplomaten, der eine ehrenvolle Ausnahme unter den Venetianern bildet. Es ist dies die erst neuerdings bekannt gewordene Erzählung des Andrea be' Franceschi, des Reisebegleiters von Giorgio Contarini und Polo Pisani, die sich im Jahre 1492 im Auftrage der Republik zu Kaiser Friedrich III. und seinem Sohne Maximilian begaben, um denselben zur Wiederherstellung des Friedens im Reiche die Glückwünsche der Signoria zu überbringen. Das Tagebuch des Andrea be' Franceschi hat große Ähnlichkeit mit demjenigen des Antonio be Beatis. Tag für Tag wird verzeichnet, wo die Gesandten sich aufhielten, was sie taten, was sie sahen und erlebten. Manche Gegenden, z. B. das Schwabenland mit seinen schönen Weinbergen und lieblichen Tälern, werden näher geschildert; besondere Aufmerksamkeit wird auch hier den Städten, die man berührte, zugewandt. Das Leben in den süddeutschen Städten ist hier durch einen scharfen Beobachter mit einer Ausführlichkeit geschildert wie sonst wohl in keiner Quelle. Über Sitten und Gebräuche, Mahlzeiten, Trachten, musikalische Aufführungen wird mit Vorliebe berichtet. Öfters sind hier die Mitteilungen noch weit eingehender als bei Antonio be Beatis; überhaupt gibt es wohl keine Schilderung, welche derjenigen unseres Süditalieners an kulturgeschichtlicher Bedeutung so nahe kommt wie dieser venetianische Bericht. Leider erstreckt sich die Reise des genannten venetianischen Gesandten nicht über ein so großes Gebiet, wie dasjenige war, welches der Kardinal von Aragon durchreiste; ihre Reise ging von Venedig über den Brenner, dem Inn entlang bis Passau, von dort nach Linz, dann nach Salzburg, München, Ulm, Eßlingen und Straßburg, von wo aus Konstanz und Bregenz besucht wurden. Die Rückreise wurde über Chur und Mailand gemacht. Neben zahlreichen kulturgeschichtlich höchst wertvollen Stellen enthält

---

[1] Albèri, Relazioni etc. VI 5 f; vgl. Rösemeier, N. Machiabellis erste Legation zum Kaiser Maximilian und seine drei Schriften über Deutschland, Bückeburg 1894, 43 f.   [2] Albèri a. a. O. I 10—14.

[3] Von späteren venetianischen Berichten über Deutschland, die eine Anzahl wichtiger kulturgeschichtlicher Angaben bieten, seien hervorgehoben die Relation des Alois Mocenigo von 1548 und der Bericht des J. Michele und L. Donato über ihren Aufenthalt bei Rudolf II., veröffentlicht von Fiebler in den Relationen venetianischer Gesandter über Deutschland und Österreich, Wien 1870.

der Bericht auch eine sehr beachtenswerte Angabe zur Verfassungsgeschichte der deutschen Städte[1].

Fast ganz auf die politischen Zustände Deutschlands im Anfang des 16. Jahrhunderts beschränkt sich Machiavelli in den bekannten drei Abhandlungen, welche die Frucht seiner ersten Sendung an den Hof Kaiser Maximilians I. (Dezember 1507 bis Juni 1508) waren. Das Urteil über diese so oft und so verschieden beurteilten Arbeiten des berühmten Politikers dürfte nach den neuesten Forschungen feststehen. Zunächst ist unzweifelhaft, daß Machiavelli ein vollständiges Bild von den deutschen Zuständen schon deshalb nicht entwerfen konnte, weil er nur einen kleinen Teil des deutschen Gebietes in Tirol, Südschwaben und der Schweiz gesehen hat. Seine Darstellung ist aber auch vielfach nicht richtig. Trotzdem hat sie einen hohen Wert. Über gewisse Einrichtungen der deutschen Städte, namentlich über das Kriegswesen erhalten wir ausführliche und interessante Nachrichten. Und ferner: trotz aller Unrichtigkeiten im einzelnen wird die Gesamtlage des Reiches ganz zutreffend charakterisiert: die einzelnen leben in Freiheit und Wohlstand, die Städte sind blühend und mächtig, aber weil die einzelnen Teile allzu mächtig sind, vermag der Fürst sie nicht mehr zusammenzuhalten. Vorwiegend politischer Art ist auch das Gemälde, welches Machiavelli von Frankreich entworfen hat. Wertvoll sind hier vor allem zahlreiche statistische Angaben. Die Schilderung der Lage des französischen Volkes ist ebenso ungünstig wie bei Antonio de Beatis; auch hinsichtlich des französischen Charakters stimmen beide in ihrem Urteil überein[2].

Von den italienischen Diplomaten, welche einen Reisebericht über Deutschland am Ende des Mittelalters hinterlassen haben, ist endlich noch Francesco Vettori, der Gefährte Machiavellis auf der deutschen Legation, zu nennen[3]. Den Reisebericht dieses Florentiners kann man mit der Schrift Machiavellis

---

[1] Dem ausgezeichneten Kenner venetianischer Geschichte, Prof. Simonsfeld, gebührt das Verdienst, den Bericht des Andrea be' Franceschi der Vergessenheit entrissen zu haben. Er teilte denselben zuerst auszugsweise in deutscher Bearbeitung unter dem Titel „Ein venetianischer Reisebericht über Süddeutschland, die Ostschweiz und Oberitalien aus dem Jahre 1492" in Steinhausens Zeitschr. für Kulturgesch. 1895, 241—283 mit und veröffentlichte dann den italienischen Wortlaut in den Miscellanea della R. Deputaz. Veneta di storia patria, 2. Serie, Bd IX, Venezia 1903. Siehe auch Zeitschr. für Gesch. des Oberrheins, Neue Folge XVIII 158 f.

[2] Für obiges vgl. die tüchtige Arbeit von Rösemeier, M. Machiavellis erste Legation usw. S. auch Burckhardt, Kultur II⁷ 60, und Sillib, Machiavellis Stellung zu Deutschland, Heidelberg 1893.

[3] Viaggio in Alemagna di Francesco Vettori, Parigi 1837. Vgl. Rösemeier a. a. O. 39 f. S. auch Passy in der Revue d'hist. diplomatique XI 1, wo eine Bemerkung über die Herkunft des Berichtes fehlt. Die Pariser Ausgabe ist leider sehr inkorrekt; vgl. Amat di S. Filippo a. a. O. 244.

nicht vergleichen; trotzdem enthält derselbe eine Reihe von wertvollen Beobach=
tungen, die man bei seinem Genossen vergeblich sucht. Vettori beschreibt die
Häuser, die Herbergen, Trachten, Gerätschaften, die Speisen und Getränke,
die Sitten und Gewohnheiten; er schenkt den Schnitzereien Ammergaus wie
der deutschen Feuerwehr Beachtung. Diese sehr schätzenswerten kulturgeschicht=
lichen Nachrichten zeigen, daß Vettori die Fähigkeit gehabt hätte, ein lebensvolles
Bild des damaligen Deutschland zu entwerfen. Leider interessierte sich der
Florentiner Lebemann mehr für frivole, unsaubere Anekdoten, die in seiner
Schrift einen ganz ungebührlichen Raum einnehmen. Um so bemerkenswerter
ist das Zeugnis, welches dieser Epikureer ablegt für die tiefe Frömmigkeit der
Bevölkerung in Ulm[1]. Vettori bestätigt hierdurch gleich andern Bericht=
erstattern[2] das überaus günstige Urteil des Antonio de Beatis über den echt
kirchlichen Sinn, welcher der Mehrheit des deutschen Volkes noch am Vorabend
seiner beklagenswerten religiösen Spaltung eigen war. Die Bewunderung, mit
welcher dieser Süditaliener wiederholt über die deutsche Frömmigkeit, über die
große Ehrlichkeit der Bewohner der Niederlande spricht, ist um so höher an=
zuschlagen, wenn man berücksichtigt, daß damals nicht wenige Italiener aus
nationalem Chauvinismus nur die Schattenseiten, an denen es in dem da=
maligen Deutschland keineswegs fehlte, hervorkehren und gegen die deutschen
„Barbaren" eine bis zur Verachtung gesteigerte Abneigung bekunden[3].

---

[1] Gli uomini sono molto religiosi e mi fu affermato da un frate da bene
che più che la decima parte ogni domenica pigliava la comunione divotamente.
Vettori 107.

[2] Vgl. unten S. 51 u. 73 die Urteile von Glaßberger, Quirini und
Butzbach.

[3] Vgl. Steinhausens Zeitschr. für Kulturgesch. 1896, 40 f. und Schlecht
im Histor. Jahrb. XIX 353 f.

Beschreibung der Reise des Kardinals Luigi d'Aragona.

Am 9. Mai 1517 brach der Kardinal Luigi d'Aragona von Ferrara auf. Er zog über Melara und Isola della Scala nach Verona, wo er am 10. Mai eintraf[1]. „Diese Stadt", so berichtet Antonio de Beatis, „ist in einer Ebene gelegen, lehnt sich aber auf der einen Seite an die Berge; sie hat schöne Straßen, Plätze und Paläste, ist sehr freundlich und es befindet sich in ihr ein fast ganz erhaltenes Amphitheater; mitten durch die sehr bevölkerte[2] Stadt fließt die Etsch." Auffallend ist, daß hier der in andern Reisebeschreibungen[3] als größte Merkwürdigkeit hervorgehobene sog. Palast Theodorichs nicht erwähnt wird.

„Von Verona", fährt die Reisebeschreibung fort, „kamen wir zum Mittag- und Abendessen nach Borghetto, 24 Miglien. In der Mitte des Weges liegt die Berner Klause. Dieser Paß ist nur ein Steinwurf breit; die Etsch fließt hindurch. An beiden Seiten befinden sich die wildesten Felsen, welche unmittelbar zum Himmel aufsteigen. Nach der deutschen Seite hin ist die Klause sehr stark befestigt und uneinnehmbar, besonders da die Venetianer dort gute Wacht halten; sie haben auf halber Höhe des Berges in kleinen Forts, die im Felsen selbst angelegt sind, eine zahlreiche Artillerie. Von der Veroneser Seite ist der Paß nicht schwer einzunehmen. Der Weg für den nach Deutschland Ziehenden führt auf der rechten Seite. Ein Tor schließt den Felsenpfad, der so eng ist, daß sich darauf nur ein Pferd bewegen kann und dies nicht ohne Gefahr. Auf der linken Seite führt kein Weg, weil die Etsch am Fuße des Berges entlang fließt, der sich gerade dort sehr steil erhebt[4]. Auf diese wilden Berge folgt eine angenehme Ebene. Von Borghetto ab beginnt die Landeshoheit Seiner kaiserlichen Majestät, obgleich dort Italiener wohnen."

Am 12. Mai ging die Reise von Borghetto, das eigentlich „nur aus einer Anzahl von Wirtshäusern bestand", über das befestigte Rovereto nach der wichtigsten Stadt des südlichen Tirol.

---

[1] Vgl. Sanuto XXIV 271.   [2] Vgl. Vettori, Viaggio 36.
[3] Z. B. von Rozmital 122 (vgl. Krones 753 f) und Harff 9.
[4] Vgl. die Beschreibung der Chiusa in L. Bruni, Epist. (ed. Mehus, Florentiae 1741, 103) und bei Vettori 39—40.

„Trient ist eine recht hübsche, in einer Ebene gelegene Stadt[1]. Sie ist reich an Wasser, das durch die Straßen fließt. Wir speisten dort im Kastell beim Bischof[2]. Wir sahen in Trient den Körper des sel. Simon[3] und die Artillerie des Kaisers, die sehr schön und zahlreich ist, darunter viele große Geschütze. Am 13. Mai zogen wir nach Salurn, drei deutsche Meilen entfernt, wobei zu bemerken ist, daß jede deutsche Meile, wonach in folgendem gerechnet wird, fünf italienischen entspricht. Eine Meile von Trient entfernt tritt man in Deutschland ein, nachdem man eine Brücke überschritten hat, welche über ein in die Etsch mündendes Gewässer führt[4]; in der Nähe liegt eine Kirche des hl. Ulrich."[5] In Salurn ward der Karbinal von dem Herzog von Bari[6], dem Bruder des Herzogs Maximilian Sforza und Sohn des Lodovico il Moro, besucht. Derselbe wird als ein Mann von großer Literaturkenntnis, als tapfer und sehr klug charakterisiert.

Am 14. Mai zog der Karbinal von Salurn nach Bozen, „einer befestigten Stadt des Bischofs von Trient mit mehr als 700 Häusern und gut gebaut. Es stehen dort zwei schöne Kirchen[7]. Bei Bozen mündet der Eisack in die Etsch". Den Namen Eisack erklärt Antonio de Beatis als sacco di neve, „und so ist es in der Tat; der Fluß wird nur groß, wenn die Schneeschmelze eintritt". Am 15. Mai wurde die Strecke von Klausen bis zu dem bereits damals bestehenden, einsamen, unweit der Mündung des Gaisalpenbaches liegenden Wirtshause „im Sack", so genannt wegen der Enge des Tales[8], zurückgelegt. „In der Mitte dieses Weges liegt Brixen; letzterer

---

[1] Vgl. Fabris Bericht bei Krones 750.

[2] Bernhard II. von Cles, Bischof von Trient 1514—1539, von Klemens VII. 1530 zum Karbinal ernannt, gestorben 28. Juli 1539. Vgl. Ciaconius 516 f. Wetzer und Weltes Kirchenlexikon XI² 2032.

[3] Schon Marino Sanudo 1483, dann Felix Fabri und 1492 die venetianischen Gesandten (s. oben S. 24) besuchten diese offenbar als eine Hauptsehenswürdigkeit betrachtete Reliquie des sel. Simon, über den man vergleiche Pastor, Gesch. der Päpste II³⁻⁴ 610 A. 3.

[4] Der Avisio. Dieselbe Grenzbestimmung bei Vettori 52—53 (wo indessen statt cinquanta zu lesen ist cinque) mit dem Zusatz: secundo dicono quelli del paese. Nach dem Bericht der venetianischen Gesandten von 1492, herausgegeben von Simonsfeld (243), begann das eigentliche Deutschland erst bei S. Michele.

[5] Dieselbe Legende des hl. Ulrich, welche unsere Beschreibung gibt (f. den italienischen Text), erzählt Fabri (I 75).

[6] Francesco II. Sforza, Herzog von Bari, Sohn des Lodovico il Moro, nach dem Tode seines Bruders Massimiliano (1530) dessen Nachfolger als Herzog von Mailand, gestorben 1535. Vgl. Ratti, Della famiglia Sforza I 107 ff.

[7] Die Pfarr- und die unmittelbar benachbarte, jetzt profanen Zwecken dienende Dominikanerkirche.

[8] Vgl. B. Weber, Das Land Tirol II, Innsbruck 1838, 33—34.

Ort ist nicht sehr groß, aber gut gebaut und bevölkert." In Brixen be=
stellte der Kardinal bei einem ausgezeichneten Meister eine Orgel. Deutsch=
land war ja damals das Land, welches die geschicktesten Orgelbauer Eu=
ropas besaß [1].

Der weitere Weg führte die Reisenden über Sterzing, „das nur aus
einer langen Straße besteht" [2], nach dem Brenner, „wo sich am Fuße der
Berge zwei Seen befinden. Aus dem einen entspringt der Eisack, aus dem
andern die Sill, welche nach Innsbruck fließt [3]. Man begreift, daß der Weg
nun abwärts führt. Die beiden Gewässer sind in ihren Anfängen sehr klein".
Mehr erwähnt der Berichterstatter nicht; über die großartige Gebirgsnatur
sagt er kein Wort. Der Sinn für diese erhabene Schönheit war ihm wie
den meisten andern Zeitgenossen noch nicht aufgegangen [4]. Noch Montesquieu
beklagt sich sehr über die Einförmigkeit dieses Weges [5], dessen Schrecken bei
ungünstiger Jahreszeit die Reisenden entsetzte [6].

Tirol war damals das Eldorado eines der größten Jäger, den die
Geschichte kennt [7]. Dies erfuhren die Reisenden auf ihrer nächsten Station.
Antonio de Beatis berichtet: „In Steinach hat der Kaiser Maximilian ein

---

[1] Vgl. Janssen=Pastor, Gesch. des deutschen Volkes I [17—18] 258 f.

[2] Vgl. Simonsfeld 246.

[3] Der erste dieser Seen ist jetzt ausgetrocknet; seine Stelle südlich von dem Gast=
hause „Brenner Post" ist jedoch noch heute kenntlich. Auf alten Karten, z. B. von
W. Pgl 1605, M. Burglechner 1608 und 1611 und J. M. Probst, finden sich noch
beide Brennerseen verzeichnet; vgl. Prem, Goethes Fahrt durch Tirol, München 1888, 26.

[4] Vgl. Simonsfeld 247. S. auch L. Bruni, Epist. I 106; Leo von Roz=
mital 185 und Fabri III 455. Der erste Abendländer, der aus wissenschaftlicher
und ästhetischer Begeisterung in die Gletscherregion der Alpen drang, war Lionardo
da Vinci; f. Jacobi, Lionardo da Vinci als Alpinist, in der Beilage zur Allgem.
Zeitung 1904, Nr 155.

[5] Vgl. Rodocanachi, Aventures d'un grand Seigneur italien à travers
l'Europe 1606 51. Auch Garampi (Viaggio in Germania ecc., ed. Palmieri,
Roma 1889), der 1761 den Brenner passierte, bemerkt über seine Reise nur (S. 20):
La strada sale, ma è buona. Über die einzige Schilderung eines Alpenüberganges,
die wir von einem deutschen Reisenden des 16. Jahrhunderts besitzen, f. Hantsch,
Deutsche Reisende des 16. Jahrhunderts, Leipzig 1895, 99. Vgl. auch v. Liebenau,
Gasthof= und Wirtshauswesen der Schweiz 278.

[6] Vgl. Viaggio di Luca Olgiati all' imperatore Carlo V (Nozze Publ., Vicenza
1878) 13. Über den Verkehr auf dem Brenner im 15. Jahrhundert f. O. W. v. Rod=
low, Die Brennerstraße im Altertum und Mittelalter, Prag 1900, 144 f.

[7] Vgl. Kaiser Maximilians geheimes Jagdbuch und von den Zeichen des Hirsches,
herausgeg. von Karajan, Wien 1858. Kirchlechner, Über Maximilian als
Jäger und im besondern über das Abenteuer des Kaisers auf der Martinswand, Progr.,
Linz 1884—1885. Jahrb. der kunsthistor. Sammlungen des österreich. Kaiserhauses
Bd XVIII. M. Mayr, Das Jagdbuch Kaiser Maximilians I., Innsbruck 1901.

Schlößchen[1], auf welchem er verweilt, wenn er zur Jagd auf Gemſen und Hirſche geht. Man treibt dieſe Tiere von den Bergen herab in einen Fluß, der an dem Schlößchen vorbeifließt, und erlegt ſie dort mit Armbrüſten und kleinen Flinten. Zur Erinnerung hieran ſind an dem Schlößchen ſechs Paar Geweihe von den ſchönſten Hirſchen angebracht, die Stirnplatten vergoldet und mit dem Wappen der Herren, die ſie erlegt haben, verziert. In ähn= licher Weiſe ſind auch dort die Krideln von Gemſen angebracht."

Von Steinach zogen die Reiſenden über Matrei, deſſen treffliche Wirts= häuſer gerühmt werden, nach der Hauptſtadt von Tirol. „Innsbruck, in einem nicht ſehr ausgedehnten Tale gelegen, iſt keineswegs groß[2], aber wohl bewohnt, feſt, ſchön und freundlich. Der Kaiſer Maximilian nimmt hier gern Aufenthalt[3], und man ſagt, daß er wiederholt mit 6000 Pferden in der Stadt geweilt habe. Man verfertigt in Innsbruck vortreffliche Rüſtungen, an denen nicht nur die Pfeile der Armbrüſte abprallen (wie wir an denjenigen geſehen haben, welche der Karbinal dort anfertigen ließ), ſondern auch Flinten= kugeln. Ich weiß nicht, ob dies mehr an der Arbeit liegt oder am Eiſen und der Härtungsart desſelben. Die Häuſer von Innsbruck ſind ſehr ſchön und mit Dächern, Fenſtern und Faſſaden verſehen, jedoch nach einheimiſcher Weiſe. Die Straßen ſind breit und in denſelben viele Waſſerrinnen und Brunnen. Vor den Mauern fließt der Inn vorbei, daher wird die Stadt, die zur Diözeſe Brixen gehört, Innsbruck genannt."

„Sehenswert iſt in Innsbruck die Artillerie, die größer als diejenige von Trient iſt. Außerdem bewahrt man dort eine ſo große Maſſe von Flinten, Armbrüſten, Lanzen und Rüſtungen, daß man damit leicht 30000 Fuß= gänger bewaffnen könnte."

„Die Pfarrkirche[4] beſitzt eine ſehr ſchöne Orgel[5], nicht übermäßig groß, aber mit vielen Regiſtern und vorzüglichen Stimmen. Pfeifen ahmen den Klang von Trompeten, Flöten, Hörnern, Bäſſen, Schalmeien, Trommeln und das Singen verſchiedener Vögel mit ſolcher Naturtreue nach, daß kein Unter=

---

[1] Näheres über dieſes Schlößchen iſt nicht bekannt; indeſſen ſpricht eine Urkunde von 1534 (Archiv.-Urk. Nr 8659 des Innsbrucker Statthalterei=Archivs) vom „kaiſerlichen Sitz" zu Steinach.

[2] Die geringe Größe Innsbrucks hebt auch Luther, der die Stadt 1512 auf ſeiner Romreiſe beſuchte, hervor (Colloquia III 102). Vgl. auch Sanuto LIII 210. Über das alte Innsbruck ſ. Schönherr, Geſammelte Schriften, herausgeg. von Mahr I 125 f; II 543 f, und Hirn, Innsbrucks hiſtoriſcher Boden, Wien 1896.

[3] Vgl. Vettori 121.

[4] Über die alte gotiſche St Jakobskirche ſ. Zoller, Geſch. der Stadt Inns= bruck II 107.

[5] Dieſe Orgel wurde 1497 reſtauriert, nachdem ſie einige Jahre vorher auf= geſtellt worden war; ſ. Walbner, H. Iſaac, Innsbruck 1895, 50.

schied gegenüber der Natur wahrgenommen werden kann. Es ist in der Tat ein so ergötzliches und sinnreiches Werk, daß wir es als das Vollkommenste befunden haben von allen Orgeln, welche wir während der ganzen Reise gesehen haben."

„Der Kardinal besuchte die beiden Königinnen in der Hofburg, welch letztere reich geschmückt ist und aus vielen nach deutscher Art erbauten Behausungen besteht. Im Empfangssaal der beiden Königinnen befanden sich an der einen Seite mehr als fünfzig Hofdamen, sorgfältig nach deutscher Mode gekleidet und schön von Angesicht. Die eine der Königinnen mit Namen Anna, die Schwester des Königs Ludwig von Ungarn und 14 oder 15 Jahre alt, soll Ferdinand, den Bruder des katholischen Königs, heiraten[1]; sie ist sehr schön und heiter, hat feurige Augen und so frische Gesichtsfarbe, daß sie ganz von Milch und Blut zu sein scheint. Sie trug ein schwarzes Samtkleid und auf dem Kopf ein Samtbarett von gleicher Farbe. Die andere Königin, die Schwester des katholischen Königs, Maria mit Namen, ist dem König von Ungarn versprochen. Sie mag 10—11 Jahre alt sein, hat brünette Hautfarbe und ist nach meinem Geschmack nicht sehr graziös. Sie war auf gleiche Art gekleidet, aber in heller Seide und trug ein Männerbarett von schwarzem Samt." An den Besuch der hohen Herrschaften reihte sich die Besichtigung der „Kunstkammer" der neuerbauten Hofburg. „Es befindet sich dort", so erzählt unser Berichterstatter, „eine Kammer mit tausenderlei Schmucksachen und Eisenarbeiten von oft wunderlicher Art. Man bewahrt dort feine und schöne Rüstungen auf, unter andern auch diejenige des Königs von Schottland. Es befindet sich daselbst auch ein Hase mit sechs Hörnern auf dem Kopf und die Bilder eines sechs Palmen hohen Schweines[2] und eines gewaltigen Hirsches, welcher von einem dortigen Herrn erlegt wurde. Der ganze Saal und einige andere Gemächer sind mit Geweihen von sehr großen Hirschen geschmückt in der Art, wie dies bei dem Jagdschlößchen zu Steinach beschrieben wurde. Eines ist das Geweih eines Sechsunddreißigenders, so schön, wie ich noch nie etwas derartiges gesehen habe."

Offenbar mit Empfehlungen von seiten des Hofes versehen, machte der Kardinal von Innsbruck aus einen Ausflug nach der 1506—1508 eingerichteten großen kaiserlichen Kunsterzgießerei zu Mühlau, der als Hauptaufgabe die Ausführung des Gusses der Erzfiguren für das Grabmal Maximilians I. in der Innsbrucker Hofkirche gestellt war.

„Am linken Ufer des Inn, eine italienische Meile flußabwärts", berichtet Antonio de Beatis, „läßt der Kaiser 28 Metallstatuen seiner Vorgänger und

---

[1] Vgl. Bucholtz, Ferdinand I. I 149 f 152 f.

[2] Später in der Sammlung des Schlosses Ambras; s. Keyßler, Neueste Reisen, Hannover 1751, 35.

Verwandten aus dem Hause Habsburg gießen[1]. Von denselben sahen wir an dem genannten Orte 11 Statuen vollendet, die ungefähr neun Fuß hoch waren. Außerdem werden noch 128 Metallstatuen von je 3 Fuß Höhe angefertigt, von welchen wir einige in der Werkstätte vollendet erblickten; sie stellen verschiedene Heilige dar. Die Künstler und die Hofleute von Innsbruck sagten uns, der Kaiser wolle diese Statuen in einer Kapelle aufstellen lassen, an der er baut. Wenn dieses Werk einmal fertig ist, wird es in Wahrheit wunderbar schön werden und würdig des hochgesinnten Kaisers. Der Kardinal verweilte in Innsbruck mit dem größten Vergnügen bis zum Himmelfahrtsfest."

„Am 21. Mai zogen wir nach dem Mittagessen nach dem drei Meilen entfernten Seefeld, um dort zu Nacht zu speisen. Eine Meile von Innsbruck entfernt befindet sich in einer Felsenwand, 50—60 Schritte hoch, eine Höhle; zu derselben ist der Kaiser Max heraufgestiegen und hat dort mit eigener Hand ein Kreuz gesetzt, welches man von der Straße aus sieht[2]. Weiterhin liegt der Ort Zirl, der gut bewohnt ist."

---

[1] Die folgenden Angaben sind auch neben der urkundlichen Arbeit von Schönherr über die Geschichte des Grabmals Kaiser Maximilians (Jahrb. der kunsthistor. Sammlungen des österreich. Kaiserhauses XI 140 f und Gesammelte Schriften, herausgeg. von Mayr I 149 f [vgl. besonders 194 f]) von großem Interesse.

[2] Diese Stelle ist von Bedeutung für die neuerdings vielfach behandelte Frage von dem Abenteuer Kaiser Maximilians auf der Martinswand. Sie löst den Zweifel von Buffon (Die Sage von Max auf der Martinswand und ihre Entstehung, Wien 1888), ob die Angabe des Jakob Spiegel, Maximilian I. selbst habe das Kreuz in die Höhle hineingetragen, nicht vielleicht ein Einfall Spiegels gewesen ist. Da Georg Benigni in einem dem Kaiser 1508 gewidmeten Werke genau dasselbe berichtet (s. Gottlieb, Die Ambraser Handschriften I 128 f), kann an der Tatsache, daß Maximilian das Kreuz mit eigener Hand gesetzt hat, nicht mehr gezweifelt werden. Der Bericht des Antonio de Beatis läßt es unentschieden, ob es sich bei dem Setzen des Kreuzes um ein Zeichen des frommen Sinnes des Kaisers oder um ein Bravourstück desselben, wie sich aus Spiegel schließen läßt, gehandelt hat. Es könnte also immerhin der Errichtung des Zeichens ein Jagdabenteuer Maximilians zu Grunde liegen, wofür M. Mayr in seinem wertvollen Aufsatze „Die geschichtliche Grundlage der Sage von Kaiser Max auf der Martinswand" (Forschungen und Mitteil. zur Gesch. Tirols und Vorarlbergs I [1904] 74) gewichtige Gründe geltend macht. Übrigens hat bereits Mayr richtig die auffallende Tatsache bemerkt, daß Benigni mit der Aufrichtung des Kreuzes keinen Jagdunfall in Verbindung bringt. Nicht minder bedeutungsvoll erscheint das Schweigen des Antonio de Beatis. Sonst berichtet derselbe über Tirol, speziell über Innsbruck, sehr ausführlich, erzählt auch das Wunder von Seefeld; ferner trat der Herr des Antonio de Beatis, der Kardinal von Aragon, in Innsbruck mit dem dortigen Hofe in nähere Verbindung. Die Annahme ist nicht ganz abzuweisen, daß, wenn dort etwas von einem solchen Abenteuer des Kaisers bekannt *gewesen wäre*, man es dem Kardinal erzählt hätte. Dies ist freilich nur ein argu-

„Zu Seefeld, einem gutbevölkerten Flecken, wird in der Pfarrkirche eine wunderbare Hostie aufbewahrt, welche Fleisch und Blut zu sein scheint[1]. Sie ist seit dem Jahre 1384 in einem Ostensorium eingeschlossen. Damals verlangte ein gewisser Oswald Mülser, Ritter und Amtmann, im Glauben, daß zwischen einer großen und kleinen konsekrierten Hostie ein Unterschied sei, am Grünbonnerstag bei der Kommunion von dem Pfarrer der Kirche, ihn nicht wie die gewöhnlichen Leute mit einer kleinen, sondern mit einer großen Hostie, wie sie die Priester nehmen, zu speisen. Trotz der Vorstellungen des Pfarrers, daß zwischen großen und kleinen konsekrierten Hostien absolut kein Unterschied sei, beharrte Mülser auf seiner Forderung. Der Pfarrer willfahrte ihm aus Furcht. Kaum war der Leib Christi im Munde Mülsers, als die Hostie auch zu Fleisch und Blut wurde, und die Erde öffnete sich an der Seite des Altars, wo der Ritter kniete, und drohte denselben zu verschlingen. Erschreckt durch die Größe des Wunders, hielt sich der Hinsinkende mit der rechten Hand an der Seite des Altars; durch die Kraft Gottes prägten sich seine Finger in den überaus harten Stein so ein, als ob derselbe von Wachs gewesen wäre, wie man dies noch heute deutlich sieht. Der Pfarrer nahm dem Ritter den Leib des Herrn aus dem Munde und legte denselben mit gebührender Ehrfurcht in ein mit Silber verziertes Kristall-Ostensorium, welches der Kardinal und wir alle gesehen haben. Der Ritter bekehrte sich und führte bis zu seinem Tode ein vortreffliches und strenges Leben. Die genannte Reliquie hat, wie man erzählt, viele Wunder getan und tut dies noch heute. In Seefeld ist die Grenze der Grafschaft Tirol, welche dem Kaiser gehört und, wie sehr alte Schriften zeigen, stets (sic!) dem Hause Österreich gehört hat."

Von Seefeld aus trafen die Reisenden gegen Mittag zu Mittenwald ein und zogen von dort über Partenkirchen nach Rottenbuch; daß das dortige Augustinerkloster ein geräumiges Wirtshaus besaß, erregte die Aufmerksamkeit der Italiener und nicht minder die eigenartige Klosterkirche zu Ettal[2]. Von

---

mentum ex silentio, bei welchem große Vorsicht geboten ist. Vgl. jetzt auch die wertvollen Bemerkungen von Dr Dengel in den Forschungen u. Mitteil. zur Geschichte Tirols I 270 f.

[1] Über die Oswaldskirche zu Seefeld vgl. Mitteil. der kaiserl. Zentralkommission VII 306 f; Tinkhauser, Beschreibung der Diöcese Brixen III 127 f. Vgl. ferner Zeitschr. des Ferdinandeums 1886, 34 f. Die Legende entnahm Antonio de Beatis offenbar der Inschrift des Gemäldes, das an dem Eingang der Kapelle aufgehängt ist und das nach dem Kostüm der dort abgebildeten Personen aus der letzten Hälfte des 15. Jahrhunderts stammt.

[2] Vgl. über dieselbe Holland, Ludwig der Bayer und sein Stift zu Ettal, München 1860; Wetzer und Weltes Kirchenlexikon IV² 943 f; Lindner, Schriftsteller des Benediktinerordens in Bayern II, Regensburg 1880, 7 f, und Hager in der Beilage zur Allgem. Zeitung 1899, Nr 72 u. 73, wo die weitere Literatur angegeben ist.

Rottenburg ging die Fahrt über Schongau nach Landsberg[1], woselbst An=
tonio de Beatis der schönen Brücke über den Lech gedenkt, betonend, daß in
Deutschland alle Brücken von Holz seien. „Von Landsberg am Lech ließen
wir die Berge und Wälder hinter uns und ritten durch eine weite, öde, der
apulischen ähnliche Ebene.“

Von Augsburg, wo die Reisenden am 25. Mai eintrafen, wird
folgende Schilderung entworfen: „Die Stadt ist groß[2], bevölkert, ganz in
einer Ebene gelegen, heiter, reich an schönen Plätzen, Straßen, Häusern und
Kirchen, von sehr elegantem Aussehen; man findet dortselbst allenthalben un=
zählige Brunnen[3], welche von einem am Ende der Stadt befindlichen Wasser=
werk gespeist werden[4]. Der Kardinal besichtigte dies Wasserwerk und be=
zeichnet es als sehr kunstvoll und kostspielig.“

Es kann nicht überraschen, daß den italienischen Reisenden vor allem
der Palast der Fugger gefiel. Antonio de Beatis rechnet ihn „zu den schönsten
Gebäuden Deutschlands“; „er ist mit buntfarbigen Marmorsteinen verziert;
die Fassade an der Straße zeigt Geschichtsbilder mit vielem Gold und vor=
trefflichen Farben. Das Dach ist ganz von Kupfer. Außer den Behausungen,
die nach deutscher Art eingerichtet sind, erblickt man auch einige Räume nach
italienischem Geschmack, sehr schön und mit gutem Verständnis hergestellt“[5].
Der Kardinal verkehrte in Augsburg besonders mit Jakob Fugger. Dieser
geniale Begründer der finanziellen Großmachtstellung seines Hauses hatte seine
kaufmännische Ausbildung in Venedig, das damals als die hohe Schule für
die süddeutschen Großkaufleute galt, genossen und stand mit Italien in leb=
haftem Geschäftsverkehr. Der reiche Kaufherr, der weniger wegen seiner rein
merkantilen Tätigkeit als wegen seiner gewaltigen Geldgeschäfte mit welt=
lichen und geistlichen Fürsten als Geldkönig (numorum rex) seiner Zeit galt,
führte die Reisenden natürlich auch zu der prächtigen Grabkapelle seiner Fa=
milie bei St Anna. Unsere Reisebeschreibung berichtet hierüber: „Im Kar=
melitenkloster bemerkt man am Ende des Schiffes der Kirche eine von den

---

[1] Vgl. Simonsfeld 258 f.   [2] Vgl. Vettori 171.

[3] Über die öffentlichen Brunnen Augsburgs und die Sorge des Rates für dieselben vgl. Buff, Augsburg in der Renaissancezeit, Bamberg 1893, 17 f. S. auch
Schultz, Häusliches Leben 77 f.

[4] Vgl. Herberger, Augsburg und seine frühere Industrie, Augsburg 1852, 44;
Rollmann, Die Wasserwerke von Augsburg, Augsburg 1850. S. auch H. G.
Ernstingers Reisbuch, Tübingen 1877, 119; Keyßler, Reisen 66, und Garampi,
Viaggio 276.

[5] Über die palastartigen Bauten, welche Jakob Fugger 1512—1515 am Wein-
markt aufführen ließ, vgl. Buff a. a. O. 32 f 79 f, und Riehl, Augsburg, Leipzig
1903, 68 f. Die früheste bisher bekannte Schilderung derselben ist diejenige des
Beatus Rhenanus, 1531.

Fuggern gestiftete Kapelle; sie hat Marmor- und Mosaikfußboden, ist reich mit Gold, blauen und andern höchst feinen Farben und mit Gemälden verziert. Der Altar, welcher beinahe die Breite der Fassade hat, ist mit den vollendetsten Marmorstatuen geschmückt, die sehr den antiken gleichen. Längs der Wände stehen eichene Chorstühle, die mit kunstvollen Relieffiguren von Propheten und Sibyllen versehen sind. Die Orgel ist dem Verhältnis nach groß und schön. Die genannte Kapelle mit ihren Kunstschätzen kostete nach der Angabe ihres Erbauers, des Jakob Fugger, welcher das Haupt der Familie ist, 23 000 Gulden." [1]

Antonio de Beatis knüpft hieran einige Bemerkungen über die Familie der Fugger, deren Haus die glanzvollste Erscheinung unter den damaligen Handelsfürsten Deutschlands ist. „Die Fugger", schreibt er, „gehören zu den größten Kaufleuten der ganzen Christenheit [2], denn sie haben ohne ihre sonstigen, keineswegs geringen Hilfsquellen jederzeit 300 000 Dukaten zur Verfügung. Diesen Reichtum erwerben sie zunächst durch Leihen von Geld an diejenigen, welche Abgaben nach Rom bei Besetzung von Bistümern, Abteien und großen Benefizien zu zahlen haben. Jakob Fugger rühmte sich, daß er zu seiner Zeit, da er doch nicht über 70 Jahre alt ist [3], bei der Besetzung sämtlicher deutschen Bistümer, und bei vielen zwei- oder dreimal, mitgewirkt habe.

„Eine weitere Quelle des Reichtums der Fugger sind die seit vielen Jahren vom Kaiser und König von Ungarn billig gepachteten Gold- und Silberminen [4]; und wenn auch die Pacht für diese Gruben erhöht worden ist, so gewinnen sie doch durch die in Deutschland und Ungarn nach ihrer Mitteilung beschäftigten 10 000 Knappen noch immer ziemlich viel.

„In Augsburg leben ferner die Welser [5], die ebenfalls zum städtischen Patriziat gehören, wohlbekannt in Italien, gute Kaufleute, aber nicht im

---

[1] Über die prächtige, 1510—1512 durch Jakob Fugger erbaute Grabkapelle bei St Anna, eines der ältesten Architekturdenkmale der Renaissance auf deutschem Boden, s. Buff a. a. O. 37 f 132 f und die dort verzeichnete Literatur. Abbildungen bei O. Wiegand, Adolf Dauer, Straßburg 1903. Die von unserem Reisenden erwähnte Orgel ist noch heute vorhanden. Vgl. auch Geiger, Jakob Fugger, Regensburg 1895. Das Porträt des Jakob Fugger, Silberstiftzeichnung von Hans Holbein dem älteren, jetzt im Berliner Museum, nachgebildet bei Mühlbrecht, Bücherliebhaber [2], Leipzig 1898, 287. Vgl. Woltmann, Holbein I 70; II 74.

[2] Vgl. Buff a. a. O. 4; Ehrenberg, Das Zeitalter der Fugger, Jena 1896; Stauber, Das Haus Fugger, Augsburg 1900. S. ferner den Aufsatz von Schulte in der Allgem. Zeitung 1900, Beilage Nr 118, und namentlich dessen „Die Fugger in Rom". 2 Bde, Leipzig 1904.

[3] Er war viel jünger, geboren 1459; s. Städtechroniken XXIII 166.

[4] Die Richtigkeit dieser Darlegung ergibt sich aus den Nachweisungen von Geiger a. a. O.

[5] Vgl. K. Haebler, Die überseeischen Unternehmungen der Welser, Leipzig 1903.

minbesten mit ben Fuggern zu vergleichen. Auch ber Karbinal Matthäus Lang [1] stammt aus Augsburg; seitdem er ben Purpur trägt, hat er sich bort ein bequemes und schönes Haus gebaut [2].

„Die Fugger besitzen einen Garten, ber in einer Vorstabt nahe an ber Ringmauer liegt. Hier befinden sich Brunnen, aus welchen vermittelst eines Räderwerkes bas Wasser bis in die Zimmer hinauf beförbert wirb [3]. An biesem Ort veranstalteten die Fugger zu Ehren des Karbinals einen Ball von schönen Frauen." [4]

Außer ber „großen und prächtigen bischöflichen Pfalz" [5] erwähnt unser Bericht noch die „reiche, überaus gut gebaute Kirche bes hl. Dominikus" [6] und einen in Augsburg lebenden Gelehrten, bessen Name „Paul Ruzo" wohl auf einem Mißverständnis beruht. Es heißt von bemselben: „Er ist Laie, sehr bewanbert im Hebräischen und Lateinischen, ein großer Philosoph und überaus geliebt von bem Kaiser und ben Hofleuten."

Am 27. Mai zog die Reisegesellschaft nach Donauwörth. „In bem kleinen Donauwörth steht ein ben Benebiktinern gehöriges Kloster zum heiligen Kreuz, wo ein Stück vom Kreuze Christi und Dornen von ber Krone bes Heilandes in einem sehr schön vergolbeten Silbertabernakel, ber mit großen Perlen und Ebelsteinen verziert ist, aufbewahrt werben. Dies in ber Form eines Baumes gebilbete Kunstwerk [7] mit seinen überaus fein gearbeiteten fünfzig Figuren gefiel bem Karbinal ganz besonbers."

Am 28. gelangte ber Karbinal mit seiner Begleitung nach Weißenburg. „Unterwegs, eine Meile von Donauwörth, befindet sich ein Kloster ber Cisterzienser, Kaisersheim [8] genannt, welches jährlich 30 000 Gulden Einkünfte hat. Die Klosterkirche ist groß und schön und von vielen guten Wohnungen umgeben. Sie warb von einem schwäbischen Grafen gebaut, und zum Abt bieses Stiftes kann nur ein Schwabe gewählt werben [9]. Zu bemerken ist, baß, sobald man

---

[1] Derselbe wurde 1469 zu Augsburg geboren, wurde 1505 Bischof von Gurk, 1511 von Julius II. zum Karbinal ernannt (vgl. Pastor, Gesch. ber Päpste III [3—4] 662 f). 1514 wurde er Koabjutor und 1519 Erzbischof von Salzburg, gestorben 1540.

[2] Über Langs Wohnung s. Chroniken ber beutschen Städte XXIII 114. Vgl. Buff, Augsburg in ber Renaissancezeit 13.

[3] Vgl. hierzu Buff a. a. O. 80 f.

[4] Über die Sitte, Festlichkeiten in Gärten abzuhalten, s. ebb. 85.

[5] Erhalten ist bavon nur noch ber 1507 gebaute große, vierecfige Turm; s. ebb. 14.

[6] Die höchst merkwürbige, zweischiffige Dominikanerkirche warb nach Buff (ebb. 13) in ben Jahren 1512—1517 erbaut. Vgl. Riehl. Augsburg 62 f.

[7] Vgl. Janssen=Pastor, Gesch. bes beutschen Volkes I [17—18] 197 f.

[8] Jetzt Kaisheim.

[9] Über die Geschichte bes Klosters unb bie 1352—1380 erbaute Kirche s. Steichele, Bistum Augsburg II 610 f.

die Grafschaft Tirol verlassen hat, Schwaben beginnt, das an die Schweiz und die Ufer des Rheins grenzt."

Am 29. Mai ward die Strecke von Weißenburg nach Nürnberg zurückgelegt. Von dieser, durch die damaligen Humanisten mit Recht gerühmten Stadt, die an der Wende des Mittelalters eine Kulturstätte ersten Ranges war [1], entwirft Antonio de Beatis folgendes Bild: „Nürnberg liegt in einer Ebene, ein kleiner Teil auf Hügeln. Die Stadt ist ausgezeichnet durch ihre Kirchen, Straßen, Häuser, Plätze und den Reichtum an Waren, besonders Metallarbeiten [2]. Wenn auch ein großer Strom fehlt, so fließt doch ein Wasser mitten hindurch, das viele Mühlen treibt, in welchen vermittelst Wasserräder eine unzählige Menge von groben und feinen Metalldrähten hergestellt werden." [3]

Auffallend ist, daß von den zahlreichen und mannigfaltigen Kunstdenk-mälern der Stadt, an deren Schöpfung Kirche, Kaisertum und Bürgertum zusammenwirkten [4], nur der damals noch vollständig erhaltene sog. schöne Brunnen besonders erwähnt wird, der durch seine Skulpturen und sein „aus mehr als 30 Röhren hervorsprühendes Wasser" die besondere Aufmerksamkeit des Antonio de Beatis erregte [5]. „Auch sonst", fährt derselbe fort, „gibt es viele Brunnen, jedoch nicht so schön wie dieser. Die Stadt, deren Straßen mit großen und starken Ketten abgesperrt werden können [6], beherbergt eine große Menge von Kaufleuten aller Nationen und ehrbaren Leuten. Sie be-sitzt eine wunderbare Artillerie. Dieselbe ist zwar nicht so zahlreich wie in Trient und Innsbruck, trotzdem fehlt es nicht an großen und kleinen Kanonen, Gewehren, unzähligen Armbrüsten usw." [7]

---

[1] Siehe Janssen-Pastor a. a. O. 146 f.

[2] Vgl. P. Tafurs Reisen 521 und Celtes, De origine, situ, moribus et in-stitutis Norimbergae (als Anhang zu seinen Amorum libri 4 [1502] c. 5). Celtes' Schrift wurde stark von Cochläus für seine Beschreibung Nürnbergs benutzt; s. Otto, Cochläus, Berlin 1874, 45 f. Über die Nürnberger Waffenschmiede s. Jahrb. der kunsthistor. Samml. des österreich. Kaiserhauses XVI 364 f.

[3] Näheres über die Nürnberger Mühlen und ihr Alter bei Walbau, Neue Beiträge zur Geschichte Nürnbergs II 73 f, und Ghillany, Nürnberg historisch und topographisch, München 1863, 107.

[4] Vgl. Reé, Wanderungen durch das alte Nürnberg, Nürnberg 1889, und „Be-rühmte Kunststätten" Bd V, Leipzig 1900.

[5] R. Bergau, Der schöne Brunnen zu Nürnberg. Geschichte und Beschreibung, Berlin 1871. S. auch Schultz, Deutsches Leben 55.

[6] Vgl. Celtes a. a. O. c. 5. Vgl. Mummenhoff in Mitteil. des Vereins für Geschichte Nürnbergs XIII 1 f. S. auch Bühler, Salzburg, Reichenhall 1895, 231; Schultz, Häusliches Leben 73, und Korrespondenzblatt der deutschen Geschichts-Vereine 1897, 45, 11 ff.

[7] Leo v. Rozmital 13. Vgl. Celtes a. a. O. c. 11 und Butzbach in seinem ca 1500 geschriebenen Wanderbüchlein 36 f.

Für das vielseitige Interesse des Karbinals bezeichnend ist, daß derselbe in Nürnberg auch den großen, in den deutschen Städten üblichen Vorrats= häusern, derer Machiavelli als einer eigentümlichen Einrichtung gedenkt [1], einen Besuch abstattete. Antonio de Beatis berichtet hierüber: „Ein langes und großes Lagerhaus enthält nur Kohlen, damit im Falle einer Belagerung aus Mangel an Brennmaterial die Eisenarbeiten nicht eingestellt zu werden brauchen. Die Gemeinde besitzt ferner 18 Magazine, angefüllt mit Nahrungs= mitteln, wie Hafer und Roggen [2]. Eines dieser Magazine hat der Karbinal angesehen; da die übrigen Magazine ebenso wohl versehen sind, so kann man sagen, die Stadt sei überreich an Vorräten. Es ward dort mehr als hundert Jahre alter Roggen gezeigt, den auch der Karbinal von Este [3] sah, als er zu Ende der Regierung Julius' II. in Nürnberg weilte."

Als eine besondere Sehenswürdigkeit muß damals die als Spielplatz dienende sog. Hallerwiese gegolten haben. Wie Celtes, Franz Jrenikus und Cochläus sowie später Eobanus Heffus in ihren Beschreibungen Nürnbergs [4], so erwähnt dieselbe auch Antonio de Beatis. „Hundert Schritte außerhalb der Stadt", berichtet derselbe, „stehen fünf Reihen von Bäumen, welche die Deutschen Linden nennen. Dieselben sind sehr groß; ihr Laub gleicht demjenigen der Maulbeerbäume; sie duften stark, tragen aber keine Früchte. Unter den Linden befindet sich eine Wiese mit einigen kleinen Beeten von dem angenehmsten Grün, sowie vier Brunnen, alles wohl eingeteilt, so daß der Anblick so an= genehm und genußreich ist, wie man sich nur erdenken kann. Die genannten Bäume, welche in Deutschland und Flandern überall, besonders an öffentlichen Plätzen, stehen, damit man unter denselben Schatten genieße, sind in Italien gänzlich unbekannt. Dasselbe ist mit einem andern Baum der Fall, der Lärche genannt wird und im Laub eine gewisse Ähnlichkeit mit der Tanne hat. Die Lärche wächst in den Wäldern an den Bergabhängen in großer Menge. In Nürnberg bestellte der Karbinal Uhren sowie Arbeiten von Eisen und Messing für eine beträchtliche Summe von Dukaten."

Wie so viele seiner Vorgänger [5], so nahmen der Karbinal und seine Be= gleitung auch die berühmten Nürnberger Reichskleinodien und Reliquien in

---

[1] Machiavelli, Ritratti della Allamagna und Principe c. 10. Vgl. Meiners, Vergleichung der Sitten II 35 f. Sillib, Machiavelli 39.

[2] Vgl. Celtes, De origine etc. Norimbergae c. 10. Über Kornmagazine deutscher Städte im allgemeinen f. Schultz, Häusliches Leben 91, über die Kohlenschuppen f. Reicke, Gesch. Nürnbergs (1896) 616 f.

[3] Jppolito d'Este, Karbinal seit 1493, † 3. September 1520. Vgl. Ciaconius III 176—178.

[4] Vgl. Fr. Irenici Germaniae exegeseos volumina duodecim, Hagenau 1518, CL; Otto, Cochläus 47 f, und Helius Eobanus Hessus, Norimberga illustrata, herausgeg. von J. Neff, Berlin 1896, 21 f.   [5] Vgl. Leo v. Rozmital 13.

Augenschein. Unsere Beschreibung berichtet darüber: „Man zeigt in Nürnberg [1] die Krone Karls des Großen (ganz von Gold, mit vielen, überaus kost=baren Edelsteinen) und sein Schwert mit einem Überzug aus rotem Samt, sowie das Schwert des hl. Mauritius; letzteres soll dem Heiligen von einem Engel gegeben worden sein [2]. Obgleich unzählige Waffenschmiede sich in der Stadt befinden, konnte doch noch keiner herausfinden, aus welchem Metall dieses Schwert sei. Man sagt, daß in Nürnberg auch der Reichsapfel Karls des Großen mit seinem Kreuz, ein Dorn von der Krone Christi und die Spitze der Lanze, womit die Seite des Erlösers durchbohrt wurde, aufbewahrt werden. Man versicherte uns, man habe die Spitze mit der heiligen Lanze verglichen, die in St Peter zu Rom im Altar bei dem Grabe Innozenz' VIII. [3] auf=bewahrt wird, und gefunden, daß dort die Spitze fehle." Die Beschreibung der Reichsstadt schließt dann mit folgenden Bemerkungen: „Nürnberg gehört zur Diözese Bamberg und ist eine freie Reichsstadt. Es wird dort ein aus=gedehnter Handel getrieben mit Fellen von weißen Füchsen und Luchsen, mit Hermelin und Zobel, die von Rußland und dem nördlichen Ozean kommen [4]. Die Stadt hat oft Krieg mit dem Markgrafen von Brandenburg, dessen Ge=biet angrenzt. Man erzählt, daß es hierbei wiederholt zu Feldschlachten kam, und obgleich der Markgraf ein mächtiger Fürst ist und die Stadt belagerte, so wurden doch alle seine Angriffe zurückgeschlagen."

Nach zweitägigem Aufenthalt in Nürnberg erfolgte am 1. Juni die Weiterreise zurück durch Schwaben nach Konstanz. Am 1. Juni wurde in Gunzenhausen, am 2. in Nördlingen, „einer befestigten, freien Stadt", am 3. in Lauingen Halt gemacht. „Lauingen ist die Heimat Alberts des Großen Man sieht dort sein Bildnis an der Vorderseite eines Turmes. An der Stelle seines Geburtshauses ließ Albert, nachdem er Bischof von Regensburg geworden war, eine Marienkirche erbauen, die man heute noch erblickt und in welcher aus Frömmigkeit oft das heilige Meßopfer dargebracht wird. In Lauingen lebt der Augustinereremit Kaspar Amonius [5], ein im Griechischen,

---

[1] Vgl. die ausführliche Beschreibung der Nürnberger Reichskleinodien bei Chr. G. v. Murr, Beschreibung der vornehmsten Merkwürdigkeiten in des H. R. Reichs freyen Stadt Nürnberg, Nürnberg 1778, 214 ff. S. auch Schulz, Deutsches Leben 447 f und Reicke a. a. O. 382—391.

[2] Dies behauptete die Tradition vielmehr von dem Schwerte Karls des Großen; v. Murr a. a. O. 226: „Dieses Schwert soll ihm ein Engel gebracht haben, gladius magnifici Caroli Imperatoris, ei angelica, ut dicitur, manu porrectus, wie sich Papst Martin V. in seiner Bulle 1424 ausdrückt."

[3] Vgl. Pastor, Gesch. der Päpste III³⁻⁴ 241.

[4] Vgl. Janssen-Pastor, Gesch. des deutschen Volkes I¹⁷⁻¹⁸ 432 und die dort angegebene Literatur über Nürnbergs Handel.

[5] Kaspar Amonius (Amman, † 1524), O. S. Aug., verfaßte eine deutsche Psalmen-übersetzung aus dem Hebräischen (gedruckt Augsburg 1523) und eine hebräische Gram

Lateinischen und Hebräischen sehr erfahrener Mann, der vieles aus der Hei=
ligen Schrift neu übersetzt.   Vor den Mauern der Stadt fließt die Donau,
welche fünf (sic!) deutsche Meilen davon entfernt entspringt.   Es liegen dort
viele kleine Orte; die Gegend ist eben, und wir zogen mit einiger Furcht dahin,
begleitet von augsburgischen Soldaten, weil die Nachricht gekommen war, daß
in den Wäldern 50 berittene Räuber sich herumtrieben.

"Von Lauingen kamen wir am 4. Juni über Günzburg und Leipheim
nach Ulm in Schwaben.   Wir hatten nicht die gewöhnliche Straße eingehalten
und machten einen Umweg durch die erwähnte Ebene."   Von dem Ulmer
Münster wird nicht nur seine Schönheit, sondern ganz zutreffend auch seine
Geräumigkeit gerühmt [1].

"Am 5. Juni ging es nach Biberach, einer freien Stadt, die zur
Konstanzer Diözese gehört.   Auf dem Wege passierten wir einige Orte von
geringerer Bedeutung."   Der Berichterstatter bemerkt an dieser Stelle, der Leser
möge hier beachten, daß alle diejenigen Orte, von welchen er nicht sage, daß
sie auf Bergen erbaut sind, in der Ebene liegen.

"Am 6. ging es von Biberach nach Ravensburg; halbwegs liegt Wald=
see, wo der Kardinal Pfeifen, Flöten und Blasinstrumente bestellte, die dort
in vortrefflicher Weise hergestellt werden.   Von Ravensburg zogen wir am
7. Juni nach Konstanz; die Hauptmahlzeit nahmen wir in Meersburg,
das am See liegt und bischöfliches Eigentum ist.   Wir schifften uns dort
nach Konstanz ein, wo wir zwei Tage verweilten.

"Konstanz macht einen sehr freundlichen Eindruck.   Man betritt die
Stadt, deren größter Teil vom See bespült wird, auf einer großen, schönen
Holzbrücke dort, wo der Rhein beginnt [2].   Es gibt in Konstanz sehr schöne,
gesellige und lustige Frauen [3].   Im Münster, welches in herrlicher und aus=
gedehnter Weise ausgebaut wird, zeigt man viele Reliquien und Schätze von
Gold und Silber, u. a. zwei fast 6 Fuß lange Kreuze von gediegenem
Guldengold, viele goldene Tabernakel und einen mit Gold und Edelsteinen reich
geschmückten Reliquienschrein mit den Gebeinen eines Märtyrers, dessen Deckel=
aufsatz nach den Angaben der Kanoniker von arabischem Golde und wunder=
barer Kunst ist, und dessen Herstellung allein 3000 Gulden kostete.   Die Kirche

---

matik, die aber nie im Druck erschien; vgl. H u r t e r, Nomenclator litterarius recen-
tioris theologiae catholicae IV (1899) 1111, und A. W a g n e r im VIII. Jahresbericht
des histor. Vereins Dillingen 1896, 42 f.
[1] Vgl. S i m o n s f e l d 260 f.
[2] Vgl. L. Bruni, Epist. I 107 f.   Ambrosius Traversari bei M e i n e r s,
Lebensbeschreibungen berühmter Männer II 255 und V e t t o r i 82.
[3] P. Tafur sah in Konstanz ein Weib von solcher Schönheit, daß er zweifelte,
ob ein menschliches Wesen so viel Schönheit fassen könne; s. T a f u r s Reisen 520.

besitzt auch zwei silberne Altaraufsätze, jeder 8 Fuß lang und 5 Fuß breit[1]. Beim Münster befindet sich eine geräumige und schöne Bibliothek, die u. a. ein herrliches Astrolabium enthält."

„Die genannten Kanoniker lassen aus Zinn eine 30 Fuß hohe Orgel herstellen, welche nach den Aussagen des Erbauers 13 Instrumente nachahmen soll, wovon man uns die Entwürfe zeigte. Die meisten Pfeifen, deren Zahl sich auf 3400 belaufen soll, waren fertig. Die größte Pfeife, welche der Kardinal von einem seiner Diener messen ließ, hat einen Umfang von 5 Fuß, so daß der Kardinal urteilte, es werde die größte aller bisherigen Orgeln werden. Das ganze Werk wird nach den Angaben des Erbauers nur 2000 Gulden kosten. In Italien würde sich der Preis auf 10000 Gulden belaufen."[2]

Von sonstigen Sehenswürdigkeiten werden in Konstanz noch hervorgehoben der „bei dem Haupttor liegende Saal, wo das Konzil abgehalten wurde; er dient jetzt als Zollhaus"[3], sowie ein nahe bei dem Seetor an der Mauer angebrachter Globus mit den Monatsnamen und den Bildern der Seefische, die in jedem Monat zu empfehlen sind.

„Von Konstanz ging es am 10. Juni nach der 4 Meilen entfernten schweizerischen Kantonshauptstadt Schaffhausen, auf dem rechten Ufer des Rheins, den wir auf einer schönen Holzbrücke, die zu einem Stadttor führt, passierten. Schaffhausen hat keinen großen Umfang, ist aber eng gebaut und volkreich[4]. Daselbst ist ein Benediktinerkloster, welches das größte Kruzifix

---

[1] Die erwähnten Kirchenschätze sind nicht mehr vorhanden, sie fielen der Bilderstürmerei der Zeit der Kirchenspaltung zum Opfer. Sie und der Reliquienschrein des heiligen Märtyrers Pelagius († 284) werden erwähnt von Ekkehard IV. (Casus S. Galli c. 12). Der Sarkophag des hl. Pelagius wurde 1441 im Mai ausgebessert und bei dieser Gelegenheit geöffnet. Der Leib des heiligen Märtyrers lag intakt samt dem blutbefleckten Hembe desselben darin. Die Konstanzer Chronik (Ausgabe von Ruppert 210; Mone I 342) bemerkt hierzu: „Der Sarg hat gewogen 40 Mark Silber und 60 Mark Gold und zehen hundert gulbin rechnet man das gestain, wol zwayhundert stain, und fünfundzwainzighundert gulbin darvon ze lon." Zum Reliquienschrein bemerkt Schober in „Alt-Konstanz": „1446 hat der Goldarbeiter Ochsenhorn den Sarg des hl. Pelagius gemacht (ausgebessert?), wofür er 60 Mark Goldes verwendet und dem Künstler für jede Mark dreißig Gulden, mithin im ganzen 1800 Gulden als Lohn bewilligt." Schober entnimmt diese Notiz dem Werke: „Denkmale deutscher Baukunst des Mittelalters am Oberrhein". Freiburg 1825, Herder. Offenbar ist hie von der Konstanzer Chronik ad 1441 erwähnte Herstellung des Reliquienschreines gemeint. Vgl. auch Ruppert im Freiburger Diözesan-Archiv Bd XXV.

[2] Über die Konstanzer Orgel s. Schober, Alt-Konstanz 49.

[3] In dem alten Kaufhaus, wo noch jetzt der fälschlich so genannte Konzilssaal gezeigt wird, wurde bekanntlich nur das Konklave abgehalten; mit dem Konzil hatte dasselbe sonst nichts zu tun.

[4] Vgl. P. Tafurs Reisen 519.

besitzt, das man je gesehen hat, und das in ganz Deutschland als der ‚große Herrgott von Schaffhausen' sprichwörtlich ist."[1] Der Berichterstatter macht hier darauf aufmerksam, daß die Meilen der Schweizer doppelt so lang sind als die andern deutschen Meilen.

Am 11. Juni, am Fronleichnamsfeste, wurde nach dem Mittagessen die Reise von Schaffhausen bis zu der auf beiden Seiten des Rheins gelegenen, zur Diözese Konstanz gehörigen Reichsstadt Laufenburg fortgesetzt. Unterwegs sah man den Rheinfall, ließ Neunkirch zur Seite liegen und passierte durch Thiengen und Waldshut. Bemerkenswert erschienen bei dem Städtchen Laufen = burg, dessen linksrheinischer Teil mit dem rechtsrheinischen durch eine steinerne Brücke verbunden ist, die Stromschnellen und der Rheinfall. „Von hier an ist der Rhein schiffbar bis zu seiner Mündung ins Meer. Von dieser Stelle an beginnt auch der Fang der Salme, deren wir hier zwei sehr große aßen."

„In Laufenburg wurde ein Tag Rast gemacht, um die Pferde ausruhen zu lassen; dann zog man am 13. Juni über Rheinfelden, wo eine lange und breite Holzbrücke über den Rhein führt, weiter nach Basel. Diese Haupt= stadt eines Kantons der Schweizer ist groß und sehr stark mit Mauern und Gräben befestigt, in der Ebene gelegen, und von der einen Seite, wo die Mauern fehlen, dient ihr der Rhein, an dem sie liegt, als Schutz. Über den Rhein führt eine ziemlich breite und lange, durch gemauerte Pfeiler gestützte Holzbrücke[2]. Auf dem rechten Ufer des Rheins, wohin man über besagte Brücke gelangt, sind zahlreiche Häuser und schöne Straßen, wiewohl man hier nicht so vornehm wohnt wie in der Stadt; dieser Teil heißt Klein=Basel und gehört zur Diözese Konstanz[3]. Basel ist gut mit Geschütz versehen; insbesondere sind 12 große, sehr kunstvoll gearbeitete Stücke vorhanden. Die Schweizer, welche die Stadt vom Reiche losgerissen haben, hüten sie eifersüchtig." Zum Schluß wird noch darauf aufmerksam gemacht, daß das Konzil von Basel im Münster abgehalten wurde.

„Von Basel brachen wir am 14. Juni mit Tagesanbruch auf und fuhren zu Wasser in zwei Schiffen rheinabwärts, in dem einen der Kardinal und seine Begleitung, in dem andern die Pferde und die Pferdeknechte, und kamen am Abend mit Sonnenuntergang in Straßburg an: eine Strecke, die zu

---

[1] Über Wallfahrten zum großen Gott von Schaffhausen s. Geiler von Kaisers- berg bei Scheible, Kloster I 414.

[2] Vgl. S. Brants Beschreibung von Deutschland bei Barrentrapp 292.

[3] Vgl. über Basel das Urteil des Ambrosius Traversari bei Meiners, Lebens- beschreibungen berühmter Männer II 255. Vgl. P. Tafurs Reisen 505 und Aeneas Sylvius, De ritu, situ, moribus et conditione Germaniae; in Aeneae Sylvii Opera, Basileae 1571, 1052. S. ferner Basler Zeitschr. für Gesch. und Altertums- kunde IV 1904.

Lande 14 Meilen beträgt, zu Wasser aber 20 bei den vielfachen Windungen des Stromes. Das Mittagessen nahmen wir im Schiffe ein mit den in Basel angeschafften Lebensmitteln."

„Nach Straßburg, das in der Ebene gelegen ist, eine halbe italienische Meile vom Rhein entfernt, gelangt man zu Schiff durch einen künstlich gemachten Kanal, der mit dem Rhein in Verbindung steht und so breit und wasserreich mitten durch die Stadt fließt, daß er einen dem Canale grande zu Venedig zu vergleichenden Anblick gewährt[1]. Doch fließt auch noch mehr Wasser durch die Stadt, besonders durch die Gräben. Straßburg ist eine große und volkreiche Stadt, mit sehr schönen Straßen und Plätzen[2], die Häuser größtenteils aus Stein erbaut; es ist eine Reichsstadt, hat eine schöne und große Artillerie und ist mit guten Vorräten von Getreide, Korn und Hafer versorgt. Vor allem aber ist das wunderschöne, gewaltige Münster zu nennen, das ganz mit Blei gedeckt ist; dasselbe hat auch eine große und vollkommene Orgel[3]. Der Turm ist beträchtlich höher als die Kuppel von Sta Liberata zu Florenz, der Turm der Asinelli in Bologna, der Campanile von San Marco in Venedig oder jedes andere Gebäude in Italien, das ich gesehen oder von dem ich gehört habe. Er ist höchst sinnreich erbaut, ganz mit eisernen Klammern gefügt und die Steine von innen mit Blei ausgegossen, so daß bei dem gesamten Bauwerk kein Körnchen Mörtel verwendet ist; das Ganze bietet einen überaus anmutigen und prächtigen Anblick[4]. Der Turm kann auf einer Wendeltreppe auf allen vier Seiten leicht erstiegen werden. Der Kardinal ging bis zur halben Höhe hinauf und einige von uns andern bis ganz oben, wobei wir mehr als 800 Stufen zählten, jede eine Spanne hoch. In Straßburg wurde ein zweitägiger Aufenthalt gemacht."

---

[1] Den Vergleich zwischen Straßburg und Venedig macht auch Äneas Sylvius in seiner 1458 verfaßten Schrift De ritu etc. 1052: Quae similitudinem Venetiarum exhibet, multiplicibus divisa canalibus, quae naves in omnes ferme plateas vehunt: eo salubrior atque amoenior quod Venetias salsae et grave olentes, Argentinam et dulces et perspicuae percurrunt aquae.

[2] Vgl. Tafurs Reisen 506 f und Simonsfeld 270, wo gleichfalls die Schönheit der Stadt sehr gerühmt wird.

[3] Vgl. Janssen-Pastor, Gesch. des deutschen Volkes I[17–18] 259, wo weitere Angaben über andere berühmte Orgeln des damaligen Deutschland.

[4] Vgl. Aeneas Sylvius a. a. O. 1058: Ecclesia pontificalis, cui monasterio nomen est, secto lapide magnifice constructa, in amplissimam fabricam assurrexit, duabus ornata turribus, quarum altera quae perfecta est, mirabile opus, caput inter nubila condit. S. auch Simonsfeld 270 und das Urteil von Wimpheling, Epitome rerum germanicarum (1505) c. 67. Vgl. Zeitschr. für bildende Kunst VIII 126 f. S. auch Kraus, Kunst und Altertum in Elsaß-Lothringen I 341 f.

Am 17. wurde die Reise von Straßburg auf der rechten Seite des Rheines, der auf einer hölzernen Brücke überschritten wurde, zu Lande fortgesetzt bis Rastatt; von da am 18. bis Speier; eine italienische Meile von der Stadt entfernt wurde in einem Boot wieder auf das linke Rheinufer übergesetzt.

„Speier ist eine zwar nicht sehr große, aber auch nicht kleine, wohl= bevölkerte Stadt, mit einem schönen, mit Blei gedeckten Dom, der eine prächtige Orgel mit vielen Registern[1] und im Chor einen herrlichen Kandelaber aus Messing besitzt. Im Kreuzgang des Domes befindet sich ein Ölberg[2] mit den Figuren unseres Herrn, der Jünger und der Schar der Juden, in Stein in erhabener Arbeit, die Bilder in natürlicher Größe, ein Werk von unüber= trefflicher Schönheit[3]. In der genannten Kirche sind auch acht Kaiser be= graben[4]. Speier ist eine Reichsstadt. Der gegenwärtige Bischof ist ein Bruder des Pfalzgrafen[5]. In der Sakristei sahen wir einen sehr schönen Kelch ganz von Achat und eine reichhaltige Büchersammlung. In Speier wurde fünf Tage Aufenthalt gemacht in Erwartung meiner Rückkehr vom Pfalz= grafen und von Franz von Sickingen, der sich auf seiner elf deutsche Meilen entfernten Ebernburg aufhielt, von denen ich Geleitsbriefe holte, damit wir sicher zu Land oder zu Wasser weiterreisen könnten."

„Von Speier reisten wir am 23. nach Worms, sechs Meilen. Auf halbem Wege ist eine dem Pfalzgrafen gehörige Stadt, bis wohin dem Kar= dinal die burgundischen Reisigen entgegengingen, die in Worms wegen der Fehde zwischen Worms und Franz von Sickingen lagen[6]. Worms ist Reichs= stadt, etwas vom Rhein entfernt, wie Speier, groß und schön. Hier blieben wir zwei Tage, um Nachrichten über den Verbleib des Kaisers abzuwarten, der sich um diese Zeit in Frankfurt befand. Da wir nun Kunde erhielten, daß Maximilian I. von dort nach Augsburg abgereist sei, so entschloß sich der Kardinal, so sehr er auch gewünscht hatte, den Kaiser zu sehen, um nicht den ganzen Weg nochmals zurückmachen zu müssen, zur Weiterreise nach

---

[1] Die neue Orgel war am 31. Mai 1505 aufgestellt worden. Vgl. Joh. Karb. v. Geissel, Der Kaiserdom zu Speier², Köln 1876, 254.

[2] Vgl. die ausführliche Beschreibung des Ölbergs bei Geissel a. a. O. 254 ff. Ferner A. Schwartzenberger, Der Ölberg zu Speier. Ein Beitrag zur Kunst= geschichte, Speier 1866.

[3] Franz Jrenikus (Germaniae exegeseos volumina duodecim, Hagenau 1518, cxxv) rechnet den Ölberg zu den Weltwundern.

[4] Tatsächlich vier Kaiser und vier Könige, drei Kaiserinnen und eine Kaisers= tochter; s. Grauert, Die Kaisergräber im Dome zu Speier, München 1901.

[5] Georg, Pfalzgraf bei Rhein, jüngerer Bruder der Kurfürsten Ludwig V. und Friedrich II. von der Pfalz, geb. 10. Februar 1486, 1513 Bischof von Speier, gest. 27. September 1529. Vgl. Geissel a. a. O. 267 ff.

[6] Vgl. Janssen=Pastor, Gesch. des deutschen Volkes I¹⁷⁻¹⁸ 647.

Flandern. Zudem stand zu befürchten, der König Karl möchte sich inzwischen nach Spanien einschiffen, und der Besuch dieses Fürsten war doch die Hauptursache der Reise des Kardinals, so daß er, falls er ihn nicht mehr getroffen hätte, genötigt gewesen wäre, ihm nachzureisen[1]. Wir schrieben darum an den Apostolischen Nuntius, den jetzigen Kardinal Campeggio, der sich zur Zeit beim Kaiser befand, er möchte den Kardinal bei demselben entschuldigen, und setzten dann alsbald unsern Weg fort."

Von Worms ging die Reise am 26. Juni über Oppenheim nach Mainz. „Mainz ist eine am linken Rheinufer liegende Stadt, Reichsstadt, sehr groß und mit schönen Kirchen, Plätzen und Häusern geschmückt, obwohl die Straßen etwas eng sind im Vergleich zu andern deutschen Städten[2]. In weltlicher und geistlicher Hinsicht untersteht sie dem dortigen Erzbischof. Hier trafen wir auch den früher genannten Franz von Sickingen, der mit Geleitsbriefen vom Kaiser und dem Kurfürsten, die sich in dieser Stadt versammeln sollten, gekommen war, um sich wegen seiner Fehde mit Worms zu rechtfertigen[3]. Er besuchte den Kardinal in seiner Wohnung." Am Rhein erregten die zahlreichen Schiffe das Interesse der Reisenden.

Am 27. wurden zwei Schiffe bestiegen und das Mittagessen vor Koblenz von den mitgenommenen Eßvorräten im Schiffe eingenommen. Koblenz, am Zusammenfluß des Rheins und „eines großen, von Trier kommenden Flusses" gelegen, „ist sehr schön und anmutig von außen; hinein kamen wir nicht". Nachtquartier wurde in St Goar[4] genommen.

Am nächsten Tage ging es weiter bis Bonn. Die Herrlichkeit des deutschen Stromes war schon früher von dem Spanier Peter Tafur und dem

---

[1] Man hatte eben offiziell diesen Besuch als eigentlichen Zweck der Reise angegeben; s. oben S. 6.

[2] Ähnlich schreibt Äneas Sylvius von Mainz (De ritu etc. 1052): Maguntia urbs vetusta . . ., templorum magnificentia, privatis ac publicis aedificiis exornata, nihil habet quod reprehendere queas, nisi vicorum arctitudinem. Vgl. auch P. Tafurs Reisen 507. Schon im 12. Jahrhundert wird Mainz als dichtgedrängte Stadt bezeichnet. Vgl. Falk, Zur alten Topographie von Mainz, Mainz 1899, und Mainz aus der Vogelschau nach dem Plane Mascopps aus dem Jahre 1575, neu bearbeitet von K. Kissel, Mainz 1901. S. ferner Schneider, Darstellungen der Stadt Mainz, Mainz 1879, und Falk, Mainz und Nachbarstädte im 15. Jahrhundert nach Münchener Handschriften in der Festgabe der Generalversammlung des Gesamtver. des Deutschen Geschichts und Altertumsvereins zu Mainz 1887, dargebr. vom Verein zur Erforsch. der rhein. Gesch. u. Altert., Mainz 1887.

[3] Der zum Einschreiten gegen die Friedensbrecher im Reich, insbesondere gegen Sickingen und Ulrich von Württemberg, nach Mainz ausgeschriebene Reichstag wurde am 30. Juni 1517 eröffnet; vgl. Janssen-Pastor a. a. O. 648.

[4] Mit Sanghiver ist doch wohl St Goar gemeint. Dann irrt sich der Verfasser aber in der Annahme, daß sie an diesem Tage vorher an Koblenz vorbeigefahren seien.

Deutschen Hieronymus Münzer mit begeisterten Worten beschrieben worden[1]. Auch auf unsere Süditaliener machte das unvergleichliche Rheintal einen tiefen Eindruck; seine Schilderung ist freilich mangelhaft ausgefallen. Er schreibt: „Da dieser Anblick des Rheins von Mainz bis Köln der schönste ist, den ich je gesehen habe oder bei irgend einem andern Flusse zu sehen erwarte, so scheint es mir angemessen und gebührend, ihn zu beschreiben. Auf beiden Ufern des Flusses sind nur Weinberge, fünf Meilen von Mainz weg bis drei italienische Meilen vor Köln sind die Hügel auf beiden Ufern ganz mit Reben bepflanzt. In Entfernungen von je einer halben italienischen Meile liegen auf beiden Ufern 235 Orte und 15 feste Städte, von denen je ein Teil den Erzbischöfen von Mainz, Köln und Trier und dem Pfalzgrafen gehört, und eine Anzahl von festen Schlössern des Adels auf den Höhen, wie es in Deutschland Sitte ist."

Von Bonn fuhr man am 29., dem Feste der Apostelfürsten Petrus und Paulus, nach Anhörung der Messe zu Schiff weiter und kam zur Mittagszeit in Köln an.

„Diese Stadt liegt in der Ebene am linken Rheinufer, in Form eines Halbmondes, schöner und volkreicher als alle andern Städte, die wir in Oberdeutschland gesehen haben, sowohl was die Häuser betrifft, die in der Regel von Stein, groß und gut gebaut sind, als die Plätze, Straßen, Kirchen und was sonst eine Stadt schmücken kann[2]. In geistlicher und weltlicher Hinsicht steht sie unter dem Erzbischof. Es befindet sich hier eine sehr ansehnliche Zahl von kostbaren Reliquien. In dem großen und schönen Dom[3], über dessen Hauptportal sich der stolze Ansatz zweier Türme erhebt, werden die

---

[1] Vgl. P. Tafurs Schilderung 507, der ebenfalls urteilt, daß die Rheinufer der schönste Anblick seien, den man sich auf der ganzen Welt denken könne. Der weitgereiste Nürnberger Arzt Hieronymus Münzer, der 1495 den Rhein besuchte, schrieb: Hec autem vallis a Confluente ad Mogunciam adeo populata est villis, castellis, oppidis ab utroque litore, tam fecunda vino et aliis fructibus, ut revera paradisus credatur; s. Falk, Mainz und Nachbarstädte im 15. Jahrhundert nach Münchener Handschriften, Mainz 1887, 3. Vgl. auch Janssen-Pastor, Gesch. des deutschen Volkes I[17-18] 364 f.

[2] Siehe P. Tafurs Reisen 508 f und Aeneas Sylvius, De ritu etc. 1052: Quid ea Colonia quae de coniuge Claudii, matre Neronis Agrippina dicta est, et trium Magorum ossibus illustrata, nihil magnificentius, nihil ornatius tota Europa reperias. Templis, aedibus nobilis, populo insignis, opibus clara, plumbo tecta, praetoriis ornata, turribus munita, flumine Rheno et laetis circum agris lasciviens. Vgl. auch Korth in den Annalen des histor. Vereins des Niederrheins L 78—79 und den interessanten Aufsatz Laudes Coloniae in der Köln. Volkszeitung 1903, Nr 187. Über die große Zahl der Kirchen in Köln s. S. Brants Beschreibung von Deutschland 296; vgl. Janssen-Pastor a. a. O. 109.

[3] Vgl. S. Brant bei Varrentrapp 295.

Häupter der heiligen drei Könige Kaspar, Balthasar und Melchior gezeigt, die wir durch ein Gitter in einem mit Eisen beschlagenen Schrein sahen, in welchem, wie man sagt, sich auch ihre Leiber befinden; und in einem sehr reich aus Gold und Silber gearbeiteten, mit Edelsteinen und einer sehr schönen Kamee gezierten Schrein befindet sich der Leib eines Märtyrers[1]. In der Kirche St Ursula ruhen die Leiber der hl. Ursula und der 11 000 Jungfrauen, die das Martyrium dort erlitten, wo jetzt das Kloster der Dominikaner steht. Reliquien der 11 000 Jungfrauen, besonders die Häupter, sind in allen Kirchen von Köln und in vielen andern Kirchen der Christenheit verteilt[2]. Die Minoritenkirche bewahrt die sterblichen Reste des Scotus[3] in der Mitte des Chores; die Grabplatte, auf der sich seine Figur in Bronze in Halbrelief befindet, erhebt sich eine Spanne darüber. In der Kirche der Dominikaner ruht der Leib des Albertus Magnus[4] über der Erde vor dem Hauptaltar in einem Grabmal mit zwei im Halbkreis herumgelegten eisernen Gittern; unter dem ersten ist ein Glasdeckel, durch welchen man den mit dem Ordens= habit des hl. Dominikus bekleideten Leib erblickt[5]. An Haupt und Gebeinen, die, wiewohl fleischlos, miteinander verbunden sind, kann man noch die Größe der Gestalt erkennen; wie Scotus, soviel man sieht, von kleiner Statur war, so war Albertus von großer Gestalt. In der Bibliothek des Klosters befindet sich ein eigenhändiges Manuskript seiner Schrift De natura animalium[6] und sein Katheder, auf dem er seine Vorlesungen hielt. In St Pantaleon, der Kirche der Benediktiner, ist der Leib des hl. Albinus aus England mit Fleisch und

---

[1] Wahrscheinlich Gregorius Spoletanus, dessen Gebeine Erzbischof Bruno dem Dom schenkte; s. Quellen zur Gesch. der Stadt Köln I 13.

[2] Reliquien der hl. Ursula und ihrer Gesellschaft (Gefährtinnen) sind nach= weisbar im 11. Jahrhundert in Westfalen (Erhard, Urk. 134), Thüringen (Mon. Germ. Scr. III 87), der Schweiz (Stückelberg, Gesch. der Reliquien 19), im 13. Jahrhundert in Württemberg (Württemb. Urkundenb. III 485), Frankreich (Ri= gaub, Visitationsprotokolle von Rouen); im Testament des Kardinals Lukas de Fiesqui von 1336 wird ein kostbares, figurenreiches Tabernakel mit dem Haupte einer der Elf= tausend erwähnt. Reg. Avin. 49 f 494. Päpstl. Geheimarchiv.

[3] Johannes Duns Scotus wirkte zuletzt kurze Zeit in Köln, wo er am 8. No= vember 1308 starb. Über sein Grab und die spätere Verlegung desselben vgl. Me= ring und Reischert, Die Bischöfe und Erzbischöfe von Köln I, Köln 1844, 540 f.

[4] Gestorben am 15. November 1280 im Kölner Dominikanerkloster.

[5] Nach den sonstigen Berichten war der Leib des seligen Albertus Magnus so= wohl von Anfang an wie nach der Errichtung des neuen Grabmals im Jahre 1482 mit den bischöflichen Pontifikalgewändern bekleidet; vgl. Sighart, Albertus Magnus, Regensburg 1857, 258 262 ff.

[6] Dieses Manuskript ging in der Zeit der Zerstörung des Klosters verloren; da= gegen wurde die ebenfalls in demselben aufbewahrte eigenhändige Handschrift des Kom= mentars zum Matthäusevangelium gerettet und befindet sich jetzt im Kölner Stadt= archiv; vgl. Sighart a. a. O. 266.

Gebeinen, der nach der Erzählung dieser Väter im Jahre 1200 starb [1]; der Karbinal und wir alle sahen ihn. So besichtigten wir auch noch viele andere Reliquien, Häupter, Arme und Gebeine von Märtyrern, die sich in verschiedenen Kirchen dieser Stadt befinden. Auf einem Hügel, der Kapitol genannt wird, ist eine Marienkirche erbaut, bei welcher sich ein Damenstift mit zahlreichen Kanonissen befindet, wie es solche an mehreren Orten Deutschlands und Flanderns gibt. Die Stiftsdamen beten öffentlich ihr Offizium im Chor, essen gemeinschaftlich und schlafen im Stift, können aber sonst bei Tage nach Belieben zu zweien ausgehen, Dienerinnen halten und vornehm auftreten, und können, wenn sie wollen, eine rechtmäßige Ehe eingehen [2]. Man sagt, daß die Stadt mehr als 15 000 Haushaltungen habe und daß sie in einem Tage vom Morgen bis Abend 18 000 Bewaffnete aufbringen könne." [3]

„Da nun Köln nach der Ansicht vieler das Ende von Oberdeutschland und der Anfang der Niederlande oder von Flandern ist", so schien es Antonio de Beatis angemessen, bei dieser Gelegenheit „in Kürze eine allgemeine Beschreibung von Oberdeutschland zu geben".

„Vor allem ist", schreibt er, „zu bemerken, daß man, wie früher gesagt ist, fünf Meilen von Verona weg bis nach Innsbruck und von da bis etwa eine Tagereise vor Augsburg durch rauhe Gebirge und Felsen, die zum Himmel emporragen, hindurchreist, daß man dabei aber beständig durch Täler auf ganz ebenem Wege reiten kann; ebenso durch einige andere Gebirge hindurch, die wir mit Unterbrechungen bis Köln passierten, durch die man überall bequem im Wagen fahren kann, die fortwährend in großer Zahl hin und her fahren. Es ist überhaupt bei den Deutschen Brauch, alles in vierräderigen Wagen zu transportieren; mancher derselben kann mehr Waren tragen als vier von den in der Lombardei gebräuchlichen Wagen; viele und starke Pferde ziehen diese Wagen. Überall findet man bequeme Unterkunft [4],

---

[1] Vielmehr kamen die Reliquien des hl. Albinus, über dessen Identität mit dem hl. Albanus, dem Protomartyr Englands, gestritten wird, schon 990 in die 980 vollendete St Pantaleonskirche; vgl. Mering und Reischert a. a. O. 381.

[2] Vgl. die Übersetzung der alten Statuten des Stifts bei Mering und Reischert, Die Bischöfe und Erzbischöfe von Köln II 185 ff.

[3] Hierzu vgl. Beiträge zur Geschichte vornehmlich Kölns und der Rheinlande, Köln 1895, 300 f, und Janssen=Pastor, Gesch. des deutschen Volkes I [17—18] 355 bis 358 A.

[4] Über die Wirtshäuser zu Beginn des 16. Jahrhunderts vgl. neben Schultz, Deutsches Leben 61 f und Häusliches Leben 98 395 f; v. Roblow, Die Brennerstraße 158 f; Michel-Fournier, Hist. des hôtelleries, 2 Bde, Paris 1851; Zillner, Salzburg. Kulturgesch. 79 f, und die gelehrte Abhandlung von Bruder, Die Wirtshäuser des Mittelalters, München 1885. S. ferner Liebenau, Das Gasthof- und Wirtshauswesen der Schweiz, Zürich 1891, 93 f, und Wapf, Das Wirthauswesen der Stadt Luzern, Zürich 1895. Gegenüber den ungünstigen Angaben des Erasmus erscheint das Lob, das Antonio de Beatis den deutschen Wirtshäusern erteilt, bemerkenswert.

und obwohl von Trient an bis fast an den Rhein keine Weinberge mehr
vorkommen[1], so hat man doch in allen Gasthäusern zwei Sorten Wein, weißen
und roten, gut und wohlschmeckend, manchmal mit Salbei, Flieder und
Rosmarin gewürzt[2]. Das Bier ist in Deutschland wie in Flandern im all=
gemeinen gut[3]. Es gibt schmackhaftes Kalbfleisch, viele Hühner und treffliches
Brot. Der Wein ist bis Köln nicht sehr teuer und das Kalbfleisch sehr
billig, so daß wir an einigen Orten zu vier für einen Goldbukaten aßen.
Kamine hat man nur in der Küche, sonst überall Öfen[4]; jeder Ofen ist
mit einer Nische versehen, in welcher ein Zinngefäß steht, das als Waschbecken
dient. Die Einwohner haben große Freude daran, sich in den Zimmern ver=
schiedene Vögel in kunstvollen Käfigen zu halten[5], von denen einige auch
nach Belieben frei aus und ein gehen. Allgemein sind Federbetten und eben=
falls mit Federn gefüllte Oberdecken im Gebrauch; man spürt darin weder
Flöhe noch Wanzen, sowohl wegen der Kälte des Landes, als weil sie die
Unter= und Oberbetten mit einer gewissen Mischung bestreichen, die nach der
Aussage von Deutschen nicht nur gegen die Wanzen und anderes Ungeziefer
gut ist, sondern auch die Betten auf der Oberfläche so fest macht, daß man
auf mit feiner Wolle gefüllten Matratzen zu schlafen glaubt. Wirkliche
Matratzen gebrauchen sie aber nur im Sommer. Die erwähnten Betten sind
groß und haben sehr große Kopfkissen; an Federn ist ja kein Mangel, da
die Gänse so massenhaft gezogen werden, daß ich in Deutschland deren oft
gegen vierhundert beisammen sah[6]. Dabei stellen sie in ein Zimmer so viele
Betten, als deren Platz haben[7], was unbequem und unlöblich ist; auch gibt
es in den Schlafgemächern keine Öfen oder Kamine zur Erwärmung, so daß
der Übergang aus den warmen Zimmern in die ganz kalten Räume, in denen
man sich ausleiden soll, ein großes Mißverhältnis darstellt; da man aber in
den dicken Federbetten rasch warm wird, so kümmert man sich weiter nicht
darum. Es gibt in Deutschland viele und sehr ausgedehnte Wälder[8], mehr

---

[1] Diese Bemerkung ist nicht zutreffend (s. Janssen=Pastor a. a. O. 360 f),
aber ein Zurückweichen des Weinbaues aus dem Norden Deutschlands im 15. Jahr=
hundert ist richtig; s. Heyne II 104.

[2] Vgl. Schultz, Deutsches Leben 508, und Heyne II 368 f.

[3] Vgl. Schultz a. a. O. 502 f. Heyne II 347 f.

[4] Vgl. Heyne I 170 f 240 f. Schultz, Häusliches Leben 129 f; vgl. ebb. 38
und Deutsches Leben 93 f.

[5] Vgl. Heyne I 273 f. Schultz, Häusliches Leben 137 und Deutsches Leben 106.

[6] Vgl. Heyne I 173 f 265 f; II 189 f. Schultz, Häusliches Leben 38 u. 139
und Deutsches Leben 107 f. S. auch Zeitschr. für Kulturgesch. 1857, 81 f.

[7] Vgl. hierzu die Abbildung einer Herberge nach Cutts, Scenes and Characters
of the Middle Ages bei Schultz, Deutsches Leben 61.

[8] Vgl. Janssen=Pastor a. a. O. 344.

von Tannen und Fichten als andern Bäumen; vor allen sind der Ardennen=
wald und der Hercynische Wald zu nennen, die beide sehr berühmt sind. Die
Ardennen werden zwar zu Frankreich gerechnet, beginnen aber am Ufer des
Rheins. Der Hercynische Wald beginnt an der Schweizergrenze, zieht sich
der Donau entlang und berührt viele Volksstämme; seine Breite wird zwar
auf neun starke Tagreisen und seine Länge auf vierzig angegeben, doch
haben wir ihn da, wo wir hindurchritten, nicht besonders breit und aus=
gedehnt gefunden. Es gibt viel angebautes Land; Weizen und Gerste ist
zwar nicht sehr gebräuchlich, dagegen ernten sie Roggen und Korn in Menge,
auch Hülsenfrüchte außer Kichererbsen, die wir nie gesehen haben. Kleine
rote Kühe werden in großer Menge gehalten; auch Schafe und Schweine,
aber nicht viele [1], und zwar, wie ich glaube, wohl deshalb nicht, weil Schafe
bei dem beständigen Schnee nicht gut zu halten sind (!), und weil die Deutschen
nur gesalzenes Schweinefleisch essen. Die Käse sind nicht besonders gut, vor
allem deshalb, weil die Deutschen nur faulen Käse lieben; auch einen grünen
Käse schätzen sie, der künstlich mit Säften von Kräutern hergestellt wird [2],
den aber, obwohl er pikant schmeckt und riecht, ein Italiener nicht essen würde [3].
An Obst fanden wir gute Weichselkirschen, zahlreiche große Apfel= und Birn=
bäume fast überall, deren Früchte allerdings noch nicht reif waren, auch
Pflaumenbäume. Die Frauen halten zwar ihr Geschirr sehr sauber, sie selbst
aber sind in der Regel sehr unsauber, alle nach einer Weise in ganz geringe
Stoffe gekleidet; sie sind aber schön und anmutig und nach dem Urteil unserer
Reisegefährten zwar kalt von Natur, aber doch üppig. Die Jungfrauen
tragen, solange es Blumen gibt, Kränze aus verschiedenfarbigen Blumen
auf dem Kopfe [4], besonders an den Festtagen, ebenso die Knaben, die in der
Kirche dienen, und die Schüler. Die meisten Frauen (niederen Standes)
gehen barfuß [5], und wenn sie Schuhe haben, so haben sie keine Strümpfe; sie
tragen kurze und enge Röcke, welche die Beine nicht ganz bedecken [6]. Sie tragen
Halstücher und auf den in Flechten gewundenen und um den Kopf gebundenen
Haaren gefältelte Mützen aus Piqué wegen der Kälte. Die großen und
reichen Damen tragen gewisse sehr breite Kopftücher und darüber einen weißen,
dichten und fein hergestellten Schleier, der festgemacht und in gewisse Falten

---

[1] Diese Bemerkung ist irrig; s. Janssen=Pastor, Gesch. des deutschen Volkes
I [17—18] 354; vgl. 344.   [2] Vgl. hierzu Heyne II 321.

[3] Auch Vettori fand die deutschen Käse schlecht; s. Viaggio 162, wo eine
interessante Beschreibung eines deutschen Essens.

[4] Vgl. Michael, Gesch. des deutschen Volkes I 69, und Schultz, Häusliches Leben 167.   [5] Vgl. Heyne III 316.

[6] Diese und die folgenden Angaben sind um so wertvoller, weil über die Frauen=
tracht um 1500 noch nichts Genaueres ermittelt ist. Schultz, Häusliches Leben 235 f.

gelegt ist, so daß sie sehr majestätisch aussehen; bei denen, welche Trauer tragen, hängt der Schleier drei oder vier Spannen hinten herunter. Alle gehen in Röcken, meist aus schwarzer Serge, seltener aus Seide. Wenn sie Fremde und angesehene Männer, besonders von fremden Nationen, vorüber= gehen sehen, so pflegen sie sich zu erheben und zu verneigen. In allen Gast= häusern sind drei oder vier junge Serviermädchen; sowohl der Wirtin und ihren Töchtern wie den genannten Mädchen gibt man aus Artigkeit die Hand; sie lassen sich zwar nicht küssen, wie die französischen Kammermädchen [1], wohl aber um den Leib fassen und drücken, oft auch gern zum Mittrinken einladen, wobei es im Reden und Benehmen recht frei zuzugehen pflegt [2]. Sowohl Frauen als Männer besuchen fleißig die Kirchen, in denen jede Familie ihren eigenen Kirchenstuhl hat; die Kirchen sind alle gedielt und die Bänke mit etwas Zwischenraum in der Mitte in zwei Reihen geordnet, wie in einer Schule; nur für die Priester bleibt der Chor frei. Da spricht man nicht von Geschäften und unterhält sich nicht wie in Italien; man richtet seine Aufmerksamkeit nur auf Messe und Gottesdienst, und beim Gebet knien alle nieder [3]. Allgemein durch ganz Deutschland gibt es sehr schöne Brunnen und viele Bäche, welche Mühlen treiben. An Fischen aus Seen und Flüssen und guten Forellen fehlt es nirgends, denn jeder Wirt hat vor seinem Gasthaus einen oder zwei Fischkasten, aus Holz und verschließbar, worin sie lebende Fische halten, und in welchen Brunnenwasser so ein= und ausfließt, daß sich die Fische lange Zeit und gut lebend erhalten. Dem Kardinal machten in allen freien Städten und in den zwei Schweizerkantonen, die wir passierten, die Gemeindebehörden ihre Aufwartung und überreichten ihm Wein, Brot und Fisch; sie pflegen dies bei allen durchpassierenden geistlichen wie weltlichen Herren zu tun. Von Verona bis Trient stehen an der Straße auf jede italienische Meile oder in noch geringerer Entfernung Kreuze, bald von Stein, bald von Holz, bald von Eisen, auf gut gearbeiteten steinernen oder hölzernen Säulen. Von Trient an pflegt man an allen Straßen in der Nähe der Dörfer und Städte unter freiem Himmel sehr hohe und große Kruzifixe auf= zustellen, meist mit den Schächern zur Seite, was zugleich Schrecken und

---

[1] Vgl. hierzu die bekannte Schilderung einer Lyoner Herberge durch Erasmus (Colloquia), übersetzt bei Schultz, Deutsches Leben 63.

[2] Vgl. den Reisebericht Daniellis von Pordenone aus dem Jahre 1428. Fontes rer. austr. XXIV 201. v. Roblow, Die Brennerstraße 159 f.

[3] In Frankreich, erzählt Nik. Glaßberger in seiner Chronica (Annal. Fran-cesc. II, Quaracchi 1887, 439 sq), seien die Kirchen in sehr schlechtem Zustande, daher kümmere sich das Volk wenig um die Religion. In Deutschland dagegen: Cultus divinus celeberrimus ac ideo populus urbanus, catholicus, ecclesias cultissimas ... libentissime frequentans. Glaßberger macht diese Bemerkung, nachdem er gefordert, daß dem äußerlichen Kultus große Sorgfalt zugewendet werde.

Andacht erweckt. Und in geringen Entfernungen voneinander sind überall hölzerne oder steinerne Säulen aufgerichtet mit einem ausgehöhlten Fensterchen, in welchem sich ein Bild des Gekreuzigten mit den zwei Marien oder andere Geheimnisse der heiligsten Passion des Herrn dargestellt befinden. Man findet auch selten auf deutschen Gemälden Heilige dargestellt, ohne daß etwas aus der Passion damit verbunden wäre. Die Häuser sind zwar meistens aus Holz[1], aber sehr schön und anmutig von außen und im Innern nicht un= bequem; sehr gebräuchlich sind reich verzierte Erker[2], bald mit zwei, bald mit drei Seiten, um bequem die Straßen beobachten zu können, manchmal ganz bemalt und mit Ziegeln gedeckt, auf denen Wappen und sehr schöne Heiligenfiguren gemalt sind. Die Haustüren[3], besonders die nach der Straße gehenden Haupttüren, sind entweder ganz von Eisen oder aus Holz mit starken Eisenbeschlägen und bald rot, bald grün, blau oder gelb angestrichen. Die Dächer der Häuser wie der Kirchen sind in der Regel verziert und steil ansteigend, diejenigen der Häuser mit Ziegeln gedeckt, diejenigen der Kirchen mit ver= schiedenfarbigen glänzenden Plättchen aus Ton, so daß sie von weitem einen sehr schönen Anblick darbieten[4]. Die Kirchtürme sind hoch und spitz. Sie haben sehr schöne Glocken; und es gibt kein noch so kleines Dorf, das nicht wenigstens eine schöne Kirche hätte mit so großen, schönen und kunstreichen Glasfenstern, als man sich nur denken kann[5]. Innerhalb der Kirchen werden nur große und reiche Persönlichkeiten bestattet, alle andern außerhalb der Kirche auf den unbedeckten, aber mit Mauern umschlossenen Friedhöfen[6]; hier stehen viele Kreuze, auf manchen Gräbern auch steinerne Denkmäler mit Inschriften und Wappen aus Messing, auch Weihwasserkesselchen, an Holzpflöcken befestigt. Dem Gottesdienst und den Kirchen wenden sie viele Aufmerksamkeit zu, und so viele Kirchen werden neu erbaut[7], daß ich, wenn ich damit die Pflege des Gottesdienstes in Italien vergleiche und daran denke, wie viele arme Kirchen hier ganz in Verfall geraten, diese Länder nicht wenig beneide und im innersten Herzen Schmerz empfinde über das geringe Maß von Religion, die man bei uns Italienern findet. — Die Männer sind in Deutschland in der Regel groß, wohlproportioniert, stark und von lebhafter Gesichtsfarbe. Alle

---

[1] Vgl. Heyne I 204 f. Schultz, Häusliches Leben 104 f.

[2] Vgl. Heyne I 210 und F. Mayer, Die interessantesten Chörlein an Nürn= bergs mittelalterlichen Gebäuden, Nürnberg 1848.

[3] Vgl. Heyne I 230 f. Schultz, Häusliches Leben 120.

[4] Vgl. Heyne I 211 f. Hoffmann, Studien zu L. B. Albertis zehn Büchern De re aedificatoria, Frankenberg i. S. 1883, 25.

[5] Vgl. Janssen-Pastor, Gesch. des deutschen Volkes I[17]—[18] 176 ff.

[6] Siehe Kriegl, Deutsches Bürgertum im Mittelalter, neue Folge, Frankfurt 1872, 128 f. Vgl. auch Schultz, Häusliches Leben 82 u. 419.

[7] Vgl. Janssen-Pastor a. a. O. 171.

tragen von klein auf Waffen, und jede Stadt und jedes Dorf hat seinen Schießplatz, wo man sich an Festtagen im Armbrust= und Büchsenschießen übt, wie in der Handhabung der Piken und jeder andern Art Waffen, die bei ihnen im Gebrauch sind [1]. Überall fanden wir unzählige Räder und Galgen, die nicht nur in ihrem Aufbau mit Zieraten versehen waren, wie sie denn sehr prunkvoll hergestellt werden, sondern auch mit gehenkten Menschen, worunter zuweilen auch justifizierte Frauen, so daß man sieht, daß strenge Rechtspflege geübt wird, was ohne Zweifel in diesen Ländern auch sehr nötig ist. Da alle Edelleute außerhalb der Städte in ihren festen Burgen wohnen, wohin sich auch viel Raubgesindel zurückzieht, so könnte man gar nicht existieren, wenn die Rechtspflege nicht so streng wäre. Auch so kommen außerhalb der Graf= schaft Tirol noch Raubmorde genug vor. Dabei ist zu wissen, daß in ganz Deutschland, besonders in den freien Städten, wohlhabende und angesehene Bürger das Regiment führen, da die Edelleute, wie gesagt, sich in ihren Burgen oder auf ihren Besitzungen aufhalten und nur ein oder zweimal im Monat in die Städte kommen." Als Beispiele für die strenge und ohne An= sehen der Person geübte Rechtspflege werden hierauf vom Verfasser zwei in Nürnberg in den letzten Jahren vorgekommene, Aufsehen erregende Fälle er= zählt. Es folgt dann eine Beschreibung des Verfahrens beim Rädern [2].

„In Köln beginnt schon der allgemeine Gebrauch von Kaminen [3] in den Zimmern und von großen, für den Sommer passenden Fenstern, im Gegensatz zum übrigen Deutschland, wo man sie in sehr kleiner Form hat. Andere Sitten und andere Sprache, bessere Kleider und feineres Wesen sind bemerkbar. Die Frauen und Männer sind von größerer Schönheit als in Oberdeutschland."

Von Köln wurde nach zweitägigem Aufenthalt daselbst die Reise am 1. Juli nach Lüttich fortgesetzt.

„Von Jülich kamen wir am 2. Juli zur Mittagszeit in dem 4 Meilen ent= fernten Aachen an, einer von Karl dem Großen erbauten, schönen, ausgedehnten und festen Stadt. Hier ist eine St Marienkirche [4], in runder Form errichtet, mit einem Umgang mit Gewölben auf Pfeilern, ebenfalls von Karl dem Großen erbaut; sie ist klein, aber sehr schön. Hier ruht Karls Leib unter einem kleinen

---

[1] Dasselbe berichtet Vettori 110. Vgl. im allgemeinen Edelmann, Schützen= wesen und Schützenfeste der deutschen Städte vom 13. bis 18. Jahrhundert, München 1890. Schultz, Deutsches Leben 440 f; Häusliches Leben 360.

[2] Vgl. dazu Kriegk, Deutsches Bürgertum, Frankfurt 1868, 246 f. S. auch Janssen=Pastor a. a. O. VIII¹³⁻¹⁴ 501 f. Über die Schrecklichkeit der deutschen Tortur vgl. auch Vettori 126.

[3] Vgl. Heyne I 243. Schultz, Deutsches Leben 93.

[4] Wie das Aachener Münster damals von außen aussah, erhellt aus einer Silber= stiftzeichnung A. Dürers in Dresden.

Bogen in der Mauer zur rechten Seite des Hochaltars, in einem Kasten aus
Marmor, auf dessen sichtbarer Vorderseite Figuren und Pferde in sehr voll=
endeter erhabener Arbeit dargestellt sind[1]. Soweit man urteilen kann, ist er
antik. Er ist sieben Spannen lang und etwa vier hoch, mit zwei Gittern davor
von oben bis unten, soweit der Bogen geht. Über diesem Sarg steht die Büste
Karls des Großen mit einem Kreuze in der einen und dem Reichsapfel in
der andern Hand, dem Anscheine nach aus hölzernem Stoff, aber, wie mir
gesagt wurde, nicht aus natürlichem Holz. In besagter Kirche befindet sich
auch in der Erde das Grab Ottos III. In der Sakristei bewahrt man das
Haupt und den Arm Karls des Großen in silbernen Behältern[2]; dieselben werden
hier als Reliquien verehrt, und dieser Kaiser hat auch in der Tat ein heiliges
Leben geführt und dem Glauben Christi große Wohltaten erwiesen. Hier
sieht man auch das Horn Rolands[3]. Die Kanoniker haben in dieser Kirche

[1] Über den früher in der Wand des unteren Umgangs eingemauerten, zur Zeit
der französischen Invasion nach Paris entführten, später wieder nach Aachen gebrachten
und jetzt in der Empore der Kreuzkapelle des Münsters aufbewahrten antiken Sarko=
phag mit der Reliefdarstellung des Raubes der Proserpina, in welchem nach der ge=
wöhnlichen Annahme die Gebeine Karls des Großen vor ihrer Erhebung durch Friedrich
Barbarossa im Jahre 1165 sich befanden, vgl. F. Berndt, Der Sarg Karls des
Großen: Zeitschrift des Aachener Geschichtsvereins III (1881) 97—118, mit Abbildung.
C. Robert, Eine alte Zeichnung des Aachener Persephonesarkophags: Westdeutsche
Zeitschrift, 4. Jahrg. (1885) 272—282, mit einer Tafel. Th. Lindner in der Zeit=
schrift des Aachener Geschichtsvereins XIV (1892) 192—198. E. Pauls: ebb. XVI
(1894) 103 ff. Maria Schmitz: ebb. XXIV (1902) 12—14. Unsere Stelle ist da=
durch bemerkenswert, daß sie die älteste jetzt bekannte ausdrückliche Be=
schreibung des Sarkophags ist; nach Lindner a. a. O. 194 ist die Stelle
bei Peter a Beeck, Aquisgranum (1620) 75 f „die erste schriftliche Kunde von diesem
Werk antiker Kunstherrlichkeit", die man bisher kannte; als älteres Zeugnis kam dazu
(vgl. ebb. 196) die Abbildung des Sarkophags „in der Koburger Sammlung von Hand=
zeichnungen nach Antiken, die lange vor Beeck zwischen 1550 und 1555 entstanden ist"
(vgl. den oben genannten Aufsatz von C. Robert a. a. O.). Die Meinung des
A. de Beatis, daß dieser Sarkophag zur Zeit noch die Gebeine des Kaisers Karl enthalte,
war übrigens eine irrige; diese befanden sich seit 1215 wie heute noch in dem kostbaren,
aus vergoldetem Silberblech gearbeiteten Karlsschrein (vgl. über denselben St. Beissel,
Die Aachenfahrt, Freiburg 1902, 42 ff und die dort verzeichnete Literatur), der da=
mals seine Stelle hinter und über dem Hochaltar in dem unten noch erwähnten, 1414
vollendeten neuen Chor des Münsters hatte (vgl. Beissel a. a. O. 107). Der Verfasser
scheint also nachträglich bei der Niederschrift die beiden Schreine verwechselt zu haben.
[2] Über die silberne Büste, welche den Schädel Karls des Großen enthält, und das
armförmige Reliquiar, das den Armknochen enthält, vgl. Kessel, Geschichtliche Mit=
teilungen über die Heiligtümer der Stiftskirche zu Aachen (1874) 56 ff, mit Abbildungen.
Franz Bock, Karls des Großen Pfalzkapelle und ihre Kunstschätze II (1666) 58 ff 90 f.
[3] Gemeint ist wohl das sog. Jagdhorn Karls des Großen; vgl. über dasselbe
Bock a. a. O. I 25 ff. Kessel a. a. O. 60 ff.

eine sehr schöne halbe Kuppel oder Tribüne erbaut, wohin sie den Hochaltar versetzt haben, und daselbst einen sehr schönen Chor gemacht[1], und in dem Raume unter der Kuppel der alten Kirche, in der Mitte, haben sie einen großen Reliquienschrein von Stein mit kunstvoll eingegrabenen Figuren angebracht[2], und in diesem haben sie die nachstehenden Reliquien niedergelegt[3]: das Unterkleid der Mutter Gottes, das Lendentuch, das unser Herr am Kreuze trug, die Strümpfe des hl. Joseph[4] und das mit Blut getränkte Tuch, in welches das Haupt des hl. Johannes des Täufers eingehüllt wurde, das der Tänzerin Herodias gegeben wurde, und viele andere Reliquien, die alle sieben Jahre gezeigt werden am Tage der sieben heiligen Brüder, d. i. am 10. Juli[5]; und es ist damit ein vollkommener Ablaß oder Jubelablaß verbunden, wie sie sagen[6], für den allerdings keine päpstliche Bestätigung vorhanden zu sein scheint; weil diese Andacht aber so althergebracht ist, so war, obwohl Papst Alexander VI. sich entschlossen hatte, sie ganz aufzuheben, dies nicht möglich, und so dauert sie fort. Zu dieser siebenjährigen Feier kommen immer Ungarn

---

[1] Über den in den Jahren 1353—1414 erbauten neuen Chor in seinem Verhältnis zum alten karolingischen Chor vgl. J. Buchkremer in der Zeitschrift des Aachener Geschichtsvereins XXII (1900) 236 ff. Vgl. auch Beissel a. a. O. 106 f.

[2] Der kostbare, reich mit Bildwerken verzierte Marienschrein, in welchem die vier großen Reliquien aufbewahrt werden, ist vielmehr aus vergoldetem Silber mit Edelsteinen verziert. Vgl. dessen ausführliche Beschreibung von St. Beissel, Der Marienschrein des Aachener Münsters: Zeitschrift des Aachener Geschichtsvereins V (1883) 1—36, mit 2 Abbildungen in Lichtdruck. Vgl. auch Bock a. a. O. I 132 ff. Kessel a. a. O. 11 ff.

[3] Aus der reichen neueren Literatur über die Reliquien des Aachener Münsters, die auch Leo v. Rozmital 20 f beschreibt, insbesondere über die hier genannten vier großen Heiligtümer, sind als die wichtigsten neueren Werke zu nennen: E. G. Schervier, Die Münsterkirche zu Aachen und deren Reliquien, Aachen 1853; H. J. Floß, Geschichtliche Nachrichten über die Aachener Heiligtümer, Bonn 1855; J. H. Kessel, Geschichtliche Mitteilungen über die Heiligtümer der Stiftskirche zu Aachen, Köln und Neuß 1874; St. Beissel, Die Aachenfahrt, Freiburg i. B. 1902: Ergänzungshefte zu den Stimmen aus Maria-Laach, Heft 82.

[4] Zu der im ausgehenden Mittelalter in Aachen volkstümlich gewordenen Bezeichnung des zweiten der vier großen Heiligtümer, der Windeln des Jesuskindes, als Hosen (d. h. Strümpfe) des hl. Joseph, in welche das neugeborne Jesukind gewickelt worden sei, vgl. besonders die gründlichen Untersuchungen in E. Teichmanns Abhandlung zur Heiligtumsfahrt des Philipp von Vigneulles im Jahre 1510 in der Zeitschrift des Aachener Geschichtsvereins XXII (1900) 160—170.

[5] Die alle sieben Jahre stattfindende Aachener Heiligtumsfahrt wird jeweils am 10. Juli eröffnet und dauert 14 Tage. In dem Jahre 1517 fand dieselbe statt, nur kamen unsere Reisenden eine Woche zu früh.

[6] Über diesen Ablaß, der einst sowohl an die Heiligtumsfahrt als an das am 17. Juli stattfindende Kirchweihfest der Münsterkirche geknüpft war, vgl. Kessel a. a. O. 183—187. Beissel a. a. O. 70—72.

so massenhaft herbei[1], daß die Luft meilenweit nach ihnen riecht; wir trafen auch in diesem Jahre, wo diese siebenjährige Feier stattfindet, eine unzählige Menge derselben in Köln, wo sie am Feste Peter und Paul alle die früher erwähnten dort befindlichen Reliquien besichtigten. Und obwohl sie, um nach Aachen zu kommen, einen weiteren Weg zu Lande machen müssen, als wenn sie nach Rom gehen, so kommt doch eine größere Menge nach Aachen."

„Von Aachen gingen wir [noch am selben Tage] zum Übernachten nach dem vier Meilen entfernten Maastricht. Maastricht ist eine ziemlich große, befestigte Stadt. Die Häuser haben ganz hölzerne Fassaden, sind aber so gut gearbeitet und groß, daß sie doch einen schönen Anblick bieten, und im Innern sehr bequem. Die Straßen sind ziemlich breit und gut gepflastert; man sieht sehr schöne Plätze. Mitten durch die Stadt fließt die Maas, ein ziemlich breiter Fluß und schiffbar bis auf 25 deutsche Meilen stromaufwärts gegen Burgund hin, wo er entspringt, und abwärts bis nach Holland, wo er in den Rhein mündet. Über die Maas führt eine schöne steinerne Brücke, und obwohl die Stadt dem katholischen König als Herrn von Flandern gehört, so untersteht sie von der besagten Brücke an der weltlichen und geistlichen Herrschaft des Bischofs von Lüttich; das Ganze gehört zur Diözese Lüttich. Die Hauptkirche, die auf einem schönen Platze erbaut ist, nachdem man die Brücke passiert hat, St Servatiuskirche[2] genannt, ist groß und sehr schön. Sie hat einen sehr erhöhten Chor, unter welchem sich eine schöne Krypta mit Gewölbe und steinernen Säulen befindet, in welcher der Leib des hl. Servatius ruht. In dem genannten Chor befindet sich eine so abwechslungsreich mit wunderbarer und sehr großer Kunst gearbeitete Wachskerze, wie ich nie eine schönere oder ähnliche gesehen habe."

Der Verfasser macht darauf aufmerksam, daß von hier an die Entfernungen nach französischen Meilen angegeben werden.

Am 3. Juli ging die Reise nach Diest, das als eine befestigte, schöne, starke und große Stadt mit sehr schönen Frauen charakterisiert wird; am 4. Juli von da nach Löwen, „einer sehr großen, befestigten und im Innern mit vielen Kanälen, die von der Meeresküste her Ebbe und Flut haben, versehenen Stadt. Es sind hier schöne Plätze, Straßen und eine große und sehr schöne Kirche[3] mit einer herrlichen Orgel. Hier sahen wir auch ein Rat-

---

[1] Zur Geschichte der ungarischen Wallfahrt nach Aachen vgl. Beissel a. a. O. 86 ff.

[2] Über die St Servatiuskirche zu Maastricht vgl. J. Russel, Geschied. en oudheidkundige schets der stad Maastricht, 2. deel (1884) 3—35: De oud-collegiale kerk van St-Servaas. Fr. Bock und M. Willemsen, Die mittelalterlichen Kunst- und Reliquienschätze zu Maastricht, aufbewahrt in den ehemaligen Stiftskirchen des hl. Servatius und Unserer Lieben Frau daselbst, Köln und Neuß 1892.

[3] Wohl die St Peterskirche.

haus, auf einem großen Platz, wie wir auf der ganzen übrigen Reise kein
schöneres erblickten, in einer eigenartigen Weise ganz aus Stein erbaut und
von oben bis unten mit sehr fein und kunstreich ausgehauenem Laubwerk ge=
schmückt, eines über dem andern, wie man dort zu Lande arbeitet. Hier be=
findet sich eine Universität mit allen Fakultäten, und wie man uns sagte, sind
etwa 6000 Studenten dort. Hier erblickten wir auch ein schönes Grabmal aus
Erz, das für den Bischof von Cambrai [1] hergestellt wird. Einen Bogenschuß
außerhalb des Tores hat der Herr v. Chièvres [2] einen schönen Palast außer
dem andern, den er innerhalb der Stadt hat, in welchem zu dieser Zeit sein
Neffe, der Karbinal de Croy [3], wohnte, der auch Karbinal von Cambrai ge=
nannt wird, weil er Koadjutor des Bischofs von Cambrai ist".

Von Löwen kamen die Reisenden am 5. Juli vormittags nach Mecheln,
„einer befestigten, ziemlich großen, sehr festen und schönen Stadt [4], wo die
schönsten und breitesten Straßen sind, die wir noch gesehen haben, mit kleinen
Steinen gepflastert und nach den Seiten hin abhängend, so daß weder Wasser
noch Schmutz darauf stehen bleibt [5]. Die Hauptkirche [6] ist sehr schön; vor der=
selben ist ein Platz, länger und viel breiter als der Campo di Fiori in Rom,
in gleicher Weise gepflastert wie die Straßen. Innerhalb der Stadt sind viele
Kanäle, die in Verbindung mit dem Meere stehen und Flut und Ebbe haben.
Hier hält Margarete, die Tochter des Kaisers und Tante des katholischen
Königs, Hof; sie wohnt meist entweder hier oder in Brüssel".

Bereits am Nachmittag desselben Tages wurde die Fahrt bis Antwerpen
fortgesetzt. „Antwerpen ist eine große und sehr volkreiche Stadt [7]; nach
der Aussage hier ansässiger italienischer Kaufleute, deren es nicht wenige gibt,
nicht kleiner als Bologna. Schöne Straßen, Plätze, Häuser in der Regel

---

[1] Jacques de Croy, Bischof von Cambrai, 1516 gestorben. Eubel, Hier=
archia II 129.

[2] Guillaume de Croy, Herr von Chièvres, früher Hofmeister, dann Rat des
Königs Karl. Vgl. über ihn H. Baumgarten, Geschichte Karls V. I (1885) 21 ff.

[3] Guillaume de Croy, als erwählter Bischof von Cambrai von Papst Leo X.
am 1. April 1517 zum Karbinal=Diakon ernannt, später, nach dem Tode des Karbinals
Ximenes, auch Administrator der Erzbiözese Toledo; sein Todestag wird verschieden an=
gegeben: 31. Dezember 1523 oder 6. Januar 1521. Vgl. Ciaconius III 346. Der
Karbinalshut wurde demselben am 12. Juli 1517 in Middelburg in Anwesenheit des
Karbinals b'Aragona übergeben, wie unten ausführlich erzählt wird.

[4] Vgl. auch das Urteil P. Tafurs 510 und Leo v. Rozmitals 149.

[5] Wie schmutzig damals sonst im allgemeinen die Straßen waren, darüber vgl.
Schultz, Häusliches Leben 69.

[6] Die Kathedrale zu St Rombaut.

[7] Nach Tafur 515 hatte Antwerpen 1438 etwa 6000 Bürger, b. h. ungefähr
30 000 Einwohner. Quirini gibt in seiner Relation 1506 für Antwerpen und Brügge
25 000 Feuerstellen an.

aus Stein, und eine sehr schöne Kirche [1] mit einem Turm, der nach seiner
Vollendung dem von Straßburg nahekommen wird. Mitten durch die Stadt
gehen einige sehr bequeme Kanäle. Hier wird ein Markt abgehalten, der am
Pfingstfeste beginnt und anderthalb Monate dauert oder solange man ihn
noch weiter hinausziehen will; es ist ohne Zweifel der erste Markt in der
Christenheit in aller Art von Waren; ein zweiter, ähnlicher, wird im Sep=
tember abgehalten [2]. Wir trafen gegen das Ende des Pfingstmarktes ein, und
obwohl die Holländer schon abgereist waren, weil der Herzog von Geldern in
Holland eingefallen war [3] und ein bedeutendes Dorf verbrannt hatte, so
wurden wir alle von der größten Bewunderung erfüllt über die zusammen=
geströmte Menschenmenge, die Masse von verschiedenen Waren und den Über=
fluß von Dingen. Vor der Stadt zieht sich ein Meeresarm hin, der eine
italienische Meile breit sein soll, in welchen hier ein großer Fluß [die Schelde]
übergeht, der die Grenze zwischen dem von Köln oder nach manchen von
Aachen beginnenden Brabant und Flandern bildet. Die Stadt hat einen
prächtigen Hafen, in dem sich unzählige Schiffe befinden, und einen schönen,
halbkreisförmig in das Wasser hineinragenden, schön gepflasterten Platz zum
Ein= und Ausladen der Waren in die Schiffe und von den Schiffen, die bei
der bedeutenden Tiefe des Wassers alle, so groß sie auch sein mögen, un=
mittelbar an das Ufer herankommen können. Auf dem Fischmarkt dieser
Stadt befanden sich eines Morgens außer den in großer Menge vorhandenen
Meerfischen und Salmen 46 Störe, darunter einige von solchem Umfang,
daß einer der dort üblichen Karren, die doch groß sind, davon nicht mehr als
zwei hätte tragen können."

Von Antwerpen zog man nach einem Aufenthalt von vier Tagen am
10. Juli nachmittags weiter nach Bergen op Zoom, wo übernachtet wurde.
Hier wurden die Pferde zurückgelassen bis auf zwei für den persönlichen Ge=
brauch des Karbinals bestimmte Reitpferde und am 11. Juli zu Schiff auf
die Insel Walcheren übergesetzt, wo sich in Middelburg König Karl befand.
Die Überfahrt, für welche der Eintritt der Flut abgewartet werden mußte,
ging bei ungünstigem Wind mit bedeutender Verspätung und großen Schwierig=
keiten von statten. Die Landung erfolgte in der Nacht bei dem Städtchen Veere
(Campveer). Der Bischof von Cordova [4] hatte die Überfahrt mitgemacht.

---

[1] Die Kathedrale zu Unserer Lieben Frau, deren nördlicher Turm damals auf=
gebaut wurde.

[2] Dasselbe Urteil über die Antwerpener Messe fällt bereits Tafur 516.

[3] Vgl. Baumgarten, Gesch. Karls V. I 57.

[4] Alfonso de Manrique, vorher Bischof von Badajoz, 1516 Bischof von Cordova,
1524 Erzbischof von Sevilla, 1531 von Klemens VII. zum Karbinal ernannt, gest. 1538.
Vgl. Ciaconius III 519 f. Seine Denkschrift vom 8. März 1516 an den Karbinal

„Von Campveer fuhren wir zu Wagen am 12. Juli früh am Morgen nach Mibbelburg, einer Stadt der Insel, wo der katholische König (Karl V.) sich aufhielt, um auf günstiges Wetter zur Einschiffung nach Spanien zu warten [1]. In dieser Stadt, die groß, schön und fest [2] und durch einen Kanal mit dem Meere verbunden ist, hielten wir uns wegen der Anwesenheit des katholischen Königs 10 Tage auf. Und am Tage der Ankunft, welcher ein Sonntag war, machte der Kardinal dem König einen Besuch, begleitet von dem Herrn Prior von Kastilien, dem Marchese von Pescara [3], den Bischöfen von Cor= doba und von Badajoz [4], von vielen andern spanischen und italienischen Herren und Kavalieren, darunter besonders auch den Gesandten von Neapel, die sich zu dieser Zeit am Hofe befanden [5]. Von Sr Majestät wurde dem Kardinal große Ehre und ein höchst liebevoller und freundlicher Empfang zu teil. Er ging mit dem König zur Messe, welche in dem Benediktinerkloster, das mit dem Palast, wo er wohnte, verbunden ist, gesungen ward. Auch dieser Palast, der zahlreiche und sehr bequeme Gemächer enthält und einen geräumigen, ganz mit Reihen von Lindenbäumen bepflanzten Hof hat, gehört dem Kloster. Nach Beendigung der Messe vom Heiligen Geist, welche der Prior oder Abt dieses Klosters sang, begleitet von der Musik der Sänger des katholischen Königs, erhob sich der König mit unserem Kardinal, der mit ihm, wie es üblich ist, in demselben seidenen Zelt, aber auf einem andern Stuhl neben ihm gesessen hatte, und ging vor den Hochaltar, wo durch den Grafen de San Bonifacio [6] von Padua, päpstlichen Kämmerer und Apostolischen Nuntius, das päpstliche

Ximenes wurde von Gachard im spanischen Original und in französischer Übersetzung veröffentlicht: Mémoire sur Charles-Quint et sa cour, adressé, en 1516, par l'évêque de Badajoz, au Cardinal Ximenes de Cisneros: Bulletin de la Commission royale d'histoire X (1845).

[1] Der König war nach dem von Gachard im zweiten Bande der Collection des Voyages des Souverains des Pays-Bas, Bruxelles 1874, veröffentlichten Itinéraire de Charles-Quint de 1506 à 1531 20 f am 3. Juli von Brügge abgereist und befand sich seit dem 4. Juli mit seinem Gefolge in Mibbelburg. Nach der Relation du premier voyage de Charles-Quint en Espagne von Laurent Vital (im britten Band der genannten Collection, Bruxelles 1881, 33) war die Abreise von Brügge am 4. Juli erfolgt. Die Abfahrt nach Spanien von Vlissingen konnte erst am 8. Sep= tember stattfinden.

[2] Höfler (König Karls [V.] erstes Auftreten in Spanien, Wien 1873, 38) spricht dagegen von „dem elenden, stinkenden Mibbelburg".

[3] Francesco Ferrante d'Avalos, s. Arch. stor. Napolit. I 109.

[4] Zum Bischof von Badajoz war 1516 der am Hofe Karls lebende Doktor Mota ernannt worden. Vgl. Gachard, Mémoire sur Charles-Quint et sa cour 19 f. Hefele, Der Kardinal Ximenes, Tübingen 1844, 504.

[5] S. Arch. stor. Napolit. I 109.

[6] Über Ludovico de San Bonifacio vgl. Cian, Il cortegiano del Conte B. Castiglione, Firenze 1894, 207.

Breve mit einer kurzen lateinischen Ansprache bem Bischof von Babajoz über=
reicht wurde, ber basselbe öffentlich vorlas, worauf er bem Neffen bes Herrn
von Chièvres, welcher Karbinal von Croy ober von Cambrai genannt wirb,
ber 17 bis 18 Jahre alt unb Benebiktinermönch war, ben Eib abnahm
unb ben roten Hut überreichte. Hierauf hielt ber neue Karbinal eine schöne
lateinische Rebe, in welcher er seinen Dank zuerst gegen Gott unb ben Apo=
stolischen Stuhl, bann gegen ben katholischen König unb seinen Herrn Oheim
aussprach mit vieler Bescheidenheit, Zartheit unb unter Tränen [1]. Nach Be=

---

[1] Vgl. bazu ben Bericht bes L a u r e n t V i t a l in bessen Relation du premier
voyage de Charles-Quint en Espagne (Collection des Voyages des Souverains des
Pays-Bas III 34 f): Le VIII⁰ de jullet XV⁰ XVII arriva à Medelebourgh l'évesque
de Cambray, second filz du comte de Porcian et nepveu au seigneur de Chièvres,
au mand de ses amys, à cause que arrivet estoit ung légat, envoyet de par le
pape, qui apportoit ung chapeau de cardinal, comme par bulles dudict sainct-père
despeschées plus à plain aparut; lequel chapeau de cardinal iceluy évesque de
Cambray rechupt solempnellement en l'église de monseigneur l'abbé de Medelebourgh, là où estoit présent le roy catholique, nostre sire, madame de Savoie,
madame Aliénore, avec plusieurs princes, seigneurs et grants maistres. A laquelle
réception y eut une solempnelle messe chantée par les chantres dudict seigneur
Roy; et icelle achevée, les lettres de nostre sainct-père le pape furent lutes tout
hault, qui contenoient comment nostre sainct-père le pape, en l'honneur de Dieu,
de la vierge Marie, de sainct Pière, de sainct Pol et de toute la court céleste,
aussy en faveur de son très-chier et bien-aymé filz Charles d'Austriche, roy de
Castille, avecque le bon rapport que on luy avoit faict de son bien-aymé filz
spirituel Guillaume de Croy, évesque de Cambray, ensemble de ses bonnes moeurs
et conditions, espérant qu'il profitera de bien en mieulx en vertus et bonnes
moeurs; à ceste intention, et pour les causes dictes, luy envoyoit un chapeau de
cardinal, en le admonestant qu'il en use vertueusement, à l'honneur de Dieu et
au salut de son âme, avec plusieurs belles et salutaires doctrines mentionnées
èsdictes lettres. Après que le mystère fut achevé, tel qu'on at accoustumé de
faire en tel cas, le nouveau cardinal de Croy se mist à genoulx devant le sainct
sacrement de l'aultel, comme de ce faire avoit esté instruict et admonesté. Là
feist tout bas ses dévotions, avec (peult-estre) quelque oroison particulière servant
à ce, par laquelle il faict à supposer que en toute humilité remerchioit Dieu de
la grâce qu'il luy faisoit, que de le avoir esleu sans sa déserte.... Après il
alla remerchier nostredict sainct-père le pape, adressant ses parolles à son légat,
tout en latin, touchant la mémoire qu'il avoit eu de luy et de l'honneur qu'il
luy faisoit, sçachant qu'il l'eust bien peu mieux employer que à luy: mais puis-
que son bon plaisir estoit de luy faire cest honneur, il avoit bonne volonté,
Dieu aydant, de soy y tellement conduire que il le trouvera tousjours son
humble et obéissant filz spirituel, prest de obéir à Sa Saincteté. Après vint
à remerchier le roy catholique, nostre sire, en disant: „Sire, en toute humilité
vous merchie de ce qu'en faveur de mes parens vous a pleu de tant travailler
que de escripre vers le sainct-père, car bien cognoy que en faveur de Vostre
Majesté suis parvenu à ceste dignité; par quoy me offre toute ma vie à estre

enbigung dieses Altes lehrte der König, in dessen Begleitung sich außer den flandrischen und spanischen Herren auch zwei junge deutsche Fürsten befanden, ein Bruder des Kurfürsten von Brandenburg[1] und ein Bruder des Kurfürsten von der Pfalz[2], mit unserem Kardinal und dem neuen Kardinal in seine Wohnung zurück, wo die beiden Kardinäle mit ihm zu Mittag speisten. In der Begleitung Sr Majestät befand sich ein flämischer Hellebarbier, ein zwanzigjähriger Jüngling ohne einen Anflug von Bart, von dem größten und wohlproportioniertesten Körperbau, den man je gesehen hat. Am folgenden Tage besuchte der Kardinal Margarete, die Tochter des Kaisers, die nach meinem Urteil etwa 35 Jahre alt sein kann[3], nicht häßlich, von hoher und wahrhaft fürstlicher Erscheinung, mit einem sehr anmutigen Lächeln. Sie sprach lange mit dem Kardinal, immer spanisch und sehr gut. Am gleichen Tage besuchte derselbe auch Eleonore, die Schwester des katholischen Königs, die etwa 19 bis 20 Jahre alt[4] und sehr anmutig ist. Der katholische König erschien mir sehr jung, etwa 17 bis 18 Jahre alt[5], und obwohl er ein langes und mageres Gesicht und einen hängenden Mund hat, den er, wenn er nicht darauf achtet, gern offen hält, und die Unterlippe immer herunterhängt, so trägt dieses sein Gesicht doch einen Ausdruck von Anstand, Anmut und der größten Hoheit. Er ist sehr schön gewachsen, von großer Statur, mit schlanken, geraden Beinen, wie man sie bei einem Manne seines Ranges nicht schöner sehen kann, und er sitzt sehr gut zu Pferde, wie unser Kardinal sagt, der ein Urteil darüber hat. Er hört täglich gewöhnlich zwei

---

vostre humble et petit orateur." Après remerchia ledict légat de la paine qu'il avoit prinse de venir de si loing pour l'amour de luy; ce qu'il désire luy déservir. Après vint à remerchier le cardinal d'Arragon et les aultres prélatz de l'honneur qu'ilz luy avoient faict en l'accompagnant et assistant: de quoy se sentoit grandement tenu à eulx, en leur offrant le cas pareil, si jamais de luy avoient affaire. Certes, comme je l'ouys là dire, ce josne noveau cardinal fist si bien son debvoir qu'il en fut prisé et extimé, à cause qu'il n'avoit que environ XX ans d'eage. Après toutes ces choses achevées, le Roy et les dames retirerent en leurs logis, pour aller disner, et ledict noveau cardinal mena avec luy en son logis ledict cardinal d'Arragon avec le légat et plusieurs aultres prélatz, avec tout plain de seigneurs et grants maistres, pour les festoyer.

[1] Markgraf Johann von Brandenburg; vgl. das Journal des voyages de Charles-Quint von Jean de Vandenesse (Collection des Voyages des Souverains des Pays-Bas II 56 61). Derselbe, geboren am 9. Januar 1493, gestorben 5. Juli 1526, lebte seit 1516 am Hofe König Karls, wurde später von demselben zum Vizekönig von Valencia erhoben und heiratete die Witwe des Königs Ferdinand von Spanien; vgl. Allgem. deutsche Biographie XIV 156.

[2] Pfalzgraf Friedrich, der spätere Kurfürst Friedrich II.; vgl. Collection des Voyages II 56 58. Höfler, König Karls (V.) erstes Auftreten in Spanien 26 f.

[3] Geboren 10. Januar 1480.   [4] Geboren 1498.

[5] Geboren 24. Februar 1500.

Messen, zuerst eine stille und dann eine gesungene; er speist sehr mäßig, und immer, wie ich es oft sah, allein und öffentlich; wie es jetzt geschieht, weiß ich ja nicht, aber zu jener Zeit wurde kein großer Aufwand gemacht, und sowohl nach dem Mittagessen wie nach dem Abendessen gab der König an der Spitze der Tafel, wo er saß, jedem freundlich Audienz, wenn auch der Bischof von Babajoz [1], ein Katalane von Geburt, der assistierte und in allen Sprachen den Dolmetscher machte, erklärte, Se Majestät könne jetzt nicht jedem Bittsteller Bescheid geben. Am 17. machte der Karbinal dem König einen zweiten Besuch und war über eine Stunde mit ihm allein, und am 21. verabschiedete er sich von ihm und von den beiden Erzherzoginnen.

„Von Middelburg fuhr der Karbinal mit den andern am 21. Juli am frühen Morgen nach dem eine französische Meile entfernten Hafen, wo sich später auch der katholische König nach Spanien einschiffte [2]. Bei diesem Hafen befindet sich eine ansehnliche Ortschaft. Hier lagen gegen 300 Barken, biscayische, englische, portugiesische, flandrische und bretonische, außer einigen ganz großen Schiffen und einer gewissen Art von gedeckten Barken, die sie Schaluppen nennen, deren unzählige vorhanden waren. Hier hörten wir Messe, schifften uns nach dem Mittagessen nach Holland ein und kamen zum Übernachten nach Dordrecht, einer befestigten, sehr schönen Stadt mit 3000 Feuerstätten [3].

„Von Dordrecht fuhren wir am 23. zu Schiff über den Rhein [4], der vor den Mauern fließt und hier etwa eine halbe italienische Meile breit ist, bei großem Sturm und nicht ohne Gefahr. Dann gelangten wir in Wagen nach der eine französische Meile entfernten Stadt Rotterdam, der Vaterstadt des Erasmus, eines im Griechischen und Lateinischen sehr gelehrten Mannes, der viele Bücher aus allen Gebieten der Wissenschaft verfaßt hat; Rotterdam ist eine schöne Stadt von 1800 Feuerstellen. Hier aßen wir zu Mittag und fuhren dann wieder zwei französische Meilen weiter bis Delft, einer schönen Stadt von etwa 5000 Feuerstellen, wo wir in der Hauptpfarrkirche den Arm der hl. Magdalena sahen. Diese Stadt ist von vielen tiefen und breiten Kanälen durchzogen. Um 3 Uhr nach deutscher Zeit oder um 19 Uhr nach italienischer Zeit bestiegen wir wieder die Wagen und fuhren eine französische Meile weiter bis zu einem Dorf, namens Haag, einem sehr schönen Ort, wie man nur irgendwo in der Welt einen finden kann, der mit jeder großen und schönen Stadt den Vergleich aushalten kann [5]. Und obwohl in der Provinz Holland

---

[1] Mota; s. oben S. 59 A. 4.

[2] Die Abfahrt des Königs von Vlissingen erfolgte am 8. September; s. oben S. 59 A. 1.   [3] Vgl. Sanuto XX 441—442.

[4] Richtiger ein Arm der Maas, hier Merwede genannt.

[5] Ähnlich urteilt später L. Guicciardini, Descrittione di tutti i Paesi Bassi, Anversa 1581, 337.

im allgemeinen die schönsten Frauen der Niederlande sind, so sind sie hier vor allen sehr schön. Der Ort hat gegen 6000 Feuerstellen. Hier sahen wir einen sehr schönen Palast des katholischen Königs, vor dem sich ein kleiner See befindet, und eine schöne Kirche. Hier wurde übernachtet."

Am 24. ging es von da zurück durch Delft nach Rotterdam, wo Messe gehört und zu Mittag gespeist wurde, von da nach Gouda, Schoonhoven, Gorkum. Hier, an der Grenze zwischen Geldern und Brabant, bestiegen die Reisenden aus Furcht vor dem mit seinem Kriegsvolk in der Nähe liegenden Herzog von Geldern Schiffe und fuhren nach Workum hinüber. „Einen Bogen-schuß von da entfernt ist ein festes Schloß des katholischen Königs[1], an der Grenze des Landes Geldern. In der vorgenannten Stadt Rotterdam sind mehr als 300 Schiffe, und im ganzen übrigen [Holland] viel mehr als 1000."

Von Workum wurde nach Anhörung der Messe am 25. Juli die Reise zu Wagen vormittags bis zu dem Dorfe Loon op Zand, nachmittags bis Breda fortgesetzt, „einer sehr schönen Stadt, die dem Grafen von Nassau[2] gehört, mit 2000 Feuerstellen". Bemerkenswert schienen dem Verfasser hier die zahlreichen Reihernester, die er auf den Bäumen um die Hauptkirche herum und auf den Dächern der benachbarten Häuser sah. „Hier blieben wir den ganzen 26., in Erwartung der Reitpferde, die in Bergen op Zoom zurückgelassen worden waren, als wir uns nach Zeeland einschifften, von wo die Stadt Breda acht französische Meilen entfernt ist. Wir sahen hier ein sehr schönes Schloß des Grafen von Nassau mit einem großen Garten, der zu drei Vierteln mit vielen Obstbäumen, wie sie dieses Land hervorbringt, bepflanzt und so wohl gepflegt ist, daß er auch in Italien Beifall finden würde."

Von Breda ritt die Reisegesellschaft am 27. Juli zu Pferd weiter nach Antwerpen, von da, nach eintägigem Aufenthalt daselbst, am 29. nach Mecheln. „Während wir hier bei der ersten Durchreise nur zu Mittag ge-speist hatten und dann sofort weitergereist waren, besichtigten wir jetzt fast die ganze Stadt, die in Bezug auf Lage, Häuser, Straßen und alle andern nötigen Dinge die schönste von allen Städten Brabants und Flanderns ist. Im Innern wird sie von drei oder vier großen schiffbaren Kanälen durch-zogen. Hier ist auch eine schöne und große Kirche und vor derselben, wie früher schon bei Gelegenheit der ersten Durchreise erwähnt wurde, ein sehr

---

[1] Gemeint ist wohl der durch die Schrift des H. Grotius bekannte Loevenstein.

[2] Graf Heinrich III. von Nassau, geboren 12. Januar 1483, Neffe des Grafen Engelbert II. von Nassau, Herrn von Breda († 1504), und Erbe der niederländischen Besitzungen desselben, Feldherr Karls V. in den Niederlanden, gestorben 14. September 1538 zu Breda. Vgl. über ihn J. Arnoldi, Gesch. der Oranien-Nassauischen Länder und ihrer Regenten II, Habamar 1800, 214—231. E. Münch, Gesch. des Hauses Nassau-Oranien III, Aachen und Leipzig 1833, 162—219.

großer Platz. Wir ſahen hier den Palaſt der Prinzeſſin Margarete, der ſehr
ſchön und gut in Ordnung iſt, wenn auch äußerlich nicht ſehr anſehnlich.
In demſelben befindet ſich eine für Frauen recht wohlbeſtellte und reiche
Bibliothek; die Bücher ſind alle in franzöſiſcher Sprache, in Samt ge=
bunden, mit ſilbernen, vergoldeten Beſchlägen.   Man bewahrt daſelbſt auch
herrliche Gemälde von verſchiedenen und guten Meiſtern.   Ferner ſtehen daſelbſt
die Marmorbüſten des Herzogs von Savoyen, des verſtorbenen Gemahls der
Fürſtin, der danach zu urteilen ein ſehr ſchöner junger Mann geweſen ſein
muß, wie man ſagt, daß er es auch wirklich war, und ihre eigene in jugend=
lichem Alter, beide mit vieler Kunſt gemacht, und wie man behauptet, ſehr
natürlich.   In dieſer Stadt werden ausgezeichnete Armbrüſte jeder Art her=
geſtellt, mit allem, was dazu gehört; der Karbinal gab Auftrag zur Her=
ſtellung einer großen Anzahl derſelben, die ihm dann nach Rom geſandt
wurden." Zum Abendeſſen und Übernachten folgte der Karbinal mit wenigen
Begleitern einer Einladung in das zwei italieniſche Meilen von der Stadt
entfernte Schloß des Großfalkeniers des Königs.

Am folgenden Morgen (30. Juli) begab ſich der in Mecheln zurück=
gebliebene Teil des Gefolges ebenfalls nach dieſem Schloß, von wo die Reiſe
über Wilvoorde nach Brüſſel fortgeſetzt wurde.   „Brüſſel iſt eine ſehr große
und ſchöne Stadt[1], die teils in der Ebene und teils auf einer Anhöhe liegt;
ſie iſt die Hauptſtadt von Brabant.   Wir ſahen hier ein Rathaus mit einem
großen und feſten Turm; vor demſelben iſt ein ſehr geräumiger Platz mit
einem ſchönen Pflaſter aus gewiſſen kleinen Steinen, wie man ſie in dieſen
Gegenden überall zur Pflaſterung braucht.   In dieſem ganzen Rathaus, das
ſehr groß iſt, kann man bequem herumreiten; im Innern befinden ſich
36 Springbrunnen, von denen einige die halbe Höhe des Turmes erreichen.
Auf dem Platze ſteht eine ſehr ſchöne Fontaine, und in der ganzen Stadt
gibt es deren 350, wie uns der Bürgermeiſter berichtete.   Hier ſahen wir
auch den Palaſt des katholiſchen Königs, wo König Philipp, ſein Vater,
geboren wurde.   In demſelben befindet ſich ein großer und ſehr luftiger
Saal, wo Turniere ſtattfinden, in denen ſie einander aus dem Sattel heben,
wenn wegen des ſchlechten Wetters nicht auf dem großen Platze vor dem
Palaſt turniert werden kann.   Zur Seite des Palaſtes befindet ſich ein
großer Park[2] mit Hirſchen, Rehen und andern Tieren, und ein Garten[3],

---

[1] Vgl. P. Tafurs Reiſen 511, ſowie Leo v. Rozmital 28 u. 149. Vgl.
Krones 766. A. Dürer zählt faſt dieſelben Sehenswürdigkeiten auf wie unſere Reiſe=
beſchreibung; ſ. Kaufmann, A. Dürer², Freiburg 1887, 111 f.

[2] Vgl. Guicciardini, Descrittione 83, und Ernſtingers Raisbuch 233.

[3] Kulturhiſtoriſches über die Schloßgärten des 16. Jahrhunderts bei Schulz,
Häusliches Leben 45 f.

der aus einem sehr großen Labyrinth besteht mit vielen Kammern und mehr
als zwei Schritte breiten und zwölf Spannen hohen Gängen, die dicht über=
wölbt und verwoben sind von gewissen Zweigen des Buschwerks, mit einem
Laub, das dem der Haselstaude gleicht, aber glatter und glänzender, was
wirklich sehr schön aussieht." Ferner wurde das Ballspielhaus und der Palast
des Grafen von Naffau besichtigt, in welchem neben den darin befindlichen
Gemälden und gesammelten Raritäten unter anderem ein riesiges Bett das
besondere Interesse der Besucher erregte, auf welches der Graf, der gern
Trinkgelage hielt und es liebte, die dazu Geladenen betrunken zu machen,
dieselben nachher werfen ließ, wenn sie so betrunken waren, daß sie nicht
mehr stehen konnten. Die Reisenden bewunderten auch die sehr schöne Küche
mit einem sehr großen, durch eine Mauer in zwei Teile geteilten Kamin.

Wie in Innsbruck die kaiserliche Erzgießerei, so ward in Brüssel die
berühmte Teppichweberei besucht, in welcher gerade damals ein für Rom be=
stimmtes hervorragendes Kunstwerk angefertigt wurde, das den Kardinal be=
sonders interessieren mußte. Antonio de Beatis erzählt hierüber: „Papst Leo
läßt in Brüssel 16 Teppiche herstellen, die, wie man sagt, für die Sixtinische
Kapelle des Apostolischen Palastes in Rom bestimmt sind, größtenteils aus
Seide und Gold; jedes Stück kostet 2000 Goldbukaten. Wir waren an dem
Ort, wo sie gemacht werden, um daran arbeiten zu sehen, und sahen ein
Stück fertig, auf welchem dargestellt ist, wie Christus dem hl. Petrus die
Schlüssel übergibt, welches sehr schön ist; nach diesem urteilte der Kardinal,
daß dies die schönsten derartigen Arbeiten in der Christenheit sein werden."
Die Bemerkungen über Brüssel schließen also: „Die Stadt hat mehr als
8000 Feuerstellen, und die früheren Erzherzoge pflegten sich hier gern auf=
zuhalten, da es hier viele Jagd, sehr gutes Wasser und frische Luft gibt, indem
das Terrain, wie früher gesagt, bergig ist."

Von Brüssel ging es am 31. Juli über das dem Grafen von Naffau
gehörige Dorf Assche und die in Brabant liegende, dem katholischen König
gehörende Stadt Aalst (Alost) nach Gent.

„Am 1. August blieben wir in Gent, der Hauptstadt von Flandern.
Die Stadt ist sehr schön und sehr groß vor allen andern, mit ca 20 000 Feuer=
stellen[1] und einem Umfang, welcher denjenigen von Neapel um mehr als
das Dreifache übertrifft[2], wie wir von einem Turm[3] herunter bequem be=
trachten konnten; derselbe hat eine sehr schöne Uhr und wird auf einer

---

[1] Ebensoviel gibt Quirini in seiner Relation von 1506 an. Albèri, Re=
lazioni ecc. I, 1, 11.

[2] Vgl. P. Tafur 515, der Gent für eine der größten Städte in der ganzen
Christenheit erklärte. S. auch Leo v. Rozmital 35 u. 152.

[3] Der Belfried (beffroi).

Wendeltreppe von mehr als 300 Stufen erstiegen; der Karbinal und wir andern waren alle oben. Das Innere der Stadt ist jedoch nicht durchweg mit Häusern bebaut, da es vielmehr dort auch noch große Rasenplätze und viele Gärten gibt. Die Stadt hat keine Mauern, ist aber in ihrem ganzen Umfang von drei Flüssen befestigt und umgeben (eigentlich vier, von denen sich aber der eine schon etwas oberhalb der Stadt mit einem andern ver=einigt, so daß sie dadurch sehr fest gemacht wird. Dieselben heißen Lys (Lei), Schelde, Lieve und Moere. In Gent wurde der katholische König geboren und auferzogen. Es befindet sich dort ein Generalstubium (Universität). Die sehr schöne Hauptpfarrkirche, die St Johannes geweiht ist[1], hat einen er=höhten und sehr großen Chor und unter diesem in gleicher Ausdehnung eine Krypta mit vielen Kapellen ringsum. Zur rechten Hand des Chores liegt eine Kapelle, wo sich ein Gemälde befindet, an dessen beiden Enden rechts Adam und links Eva als lebensgroße nackte Figuren dargestellt sind, in Öl gemalt mit solcher Vollkommenheit und Natürlichkeit, sowohl was die Pro=portion der Glieder als was den Farbenton und die Schattengebung betrifft, daß man es als das schönste Werk der Malerei in der Christenheit bezeichnen kann. Und wie die dortigen Kanoniker sagten, wurden die beiden Figuren von einem Meister aus Hochdeutschland namens Robert[2] schon vor hundert Jahren gemalt, sie sehen aber aus, als ob sie eben erst aus der Hand des Malers kämen. Der Gegenstand dieses Gemäldes (in seinem Hauptteil) ist die Himmelfahrt der Mutter Gottes, die, da der genannte Meister sie nicht mehr hatte vollenden können, weil er vorher starb, von dessen Bruder vollendet wurde, der auch ein großer Maler war. In Gent befinden sich viele Pfar=reien und zwei große Abteien; sie gehören teils zur Diözese Cambrai und teils zur Diözese Tournai. Die Stadt ist, wie schon gesagt, sehr fest und uneinnehmbar, da die Einwohner, wenn sie wollen, die ganze Umgebung auf eine französische Meile im Umkreis unter Wasser setzen können. Mitten durch die Stadt fließt die schon genannte Lys, ein ziemlich großer Fluß, über den mehrere große Steinbrücken führen. Wir sahen hier auch den Palast des katholischen Königs, der von Wasser umgeben ist und zu dem man über eine

---

[1] Die Kathedrale zu St Bavo, früher St Johann. Vgl. deren Beschreibung bei H. Hymans, Gent und Tournai (= Berühmte Kunststätten Nr 14), Leipzig und Berlin 1902, 4 ff.

[2] Gemeint ist Hubert van Eyck (der übrigens in Maaseyck bei Maastricht geboren ist). Über das berühmte, nach dem Mittelbild in der untern Reihe als Anbetung des Lammes bekannte Altarbild, das von ihm bei seinem Tode (18. September 1426) un=vollendet hinterlassen und von seinem Bruder Jan van Eyck († 1440) vollendet wurde, vgl. L. Kämmerer, Hubert und Jan van Eyck (= Künstler-Monographien, herausgeg. von Knackfuß, Bd XXXV), Bielefeld u. Leipzig 1898; H. Hymans a. a. O. 11 ff und Dvořák, Das Rätsel der Kunst der Brüder van Eyck, Wien 1904.

Brücke gelangt; es sind hier mehrere Löwen, darunter ein sehr großer männlicher Löwe[1], der nach dem Urteil des Kardinals und aller andern größer ist als irgend einer von den in Florenz befindlichen."

Von Gent zog man am 2. August nach Brügge, „das, wenn auch keine von den größten, so doch eine von den schönsten Städten Flanderns ist, zur Diözese Tournai gehörig. Und in der Tat macht es, sowohl was die Straßen als was die Plätze und alles andere betrifft, einen sehr prächtigen Eindruck[2]. Es befinden sich hier viele breite und schiffbare Kanäle mit sehr schönen steinernen Brücken. Und obwohl die Stadt durch den jahrelangen Krieg, den sie mit dem Kaiser (Friedrich III.) führte, weil sie seinen Sohn, den jetzigen Kaiser (Maximilian), den damaligen Herrn von Flandern, das er als Mitgift erhalten hatte, gefangen genommen hatte, schwer geschädigt wurde[3] und auch den Markt verlor, der nach Antwerpen übertragen wurde, weil diese Stadt nicht so groß und reich ist, so sind dennoch viele Kaufleute hier[4] und blühen Künste und Industrie, besonders was die Herstellung von Tuch und von Hüten betrifft; hier werden die schönsten Hüte hergestellt, die irgendwo in der Welt gemacht werden, haarige und glatte, aus Wolle, die wie wirkliche Seide aussieht. Die Stadt ist drei französische Meilen vom Meer entfernt; sie ist auch durch einen Kanal mit dem Meere verbunden, auf welchem zahlreiche Barken fahren, auf welchem aber, da seit vielen Jahren, seit der Wegnahme des Marktes, nichts mehr darauf verwendet wurde, große Schiffe nicht mehr hereinfahren können. Bei der Kürze der Zeit, da wir am nächsten Morgen schon zu früher Stunde wieder aufbrachen, konnten wir nur weniges besonders besichtigen; doch waren wir in der Kirche Unserer Lieben Frau, wo das Grabmal der Maria ist, der Mutter des Königs Philipp und Gemahlin des Kaisers Maximilian, das von Erz und vergoldet und gut gearbeitet ist".

Von Brügge reisten wir am 3. August nach Nieuport, auch einer am Meere gelegenen, dem katholischen König gehörigen, weitläufig gebauten Stadt von etwa 1000 Feuerstätten; von da am 4. über Dünkirchen nach Gravelines, das der Madame de Vendome, einer Französin, gehört, aber unter der Jurisdiktion des katholischen Königs als Herrn von Flandern steht. „Diese Stadt ist klein und häßlich, hat aber eine schöne Kirche." Den größeren

---

[1] Über Löwen des Herzogs von Bayern in München s. Simonsfeld 257; vgl. auch Schultz, Häusliches Leben 31.

[2] Vgl. P. Tafurs Reisen 512 und Leo v. Rozmital 36.

[3] Vgl. Sanuto XX 441. Von der früheren Handelsblüte entwarf 1436 P. Tafur (a. a. O.) ein lebendiges Bild.

[4] Vgl. den Bericht des Hieronymus Münster von 1495, in den Abhandl. der Münchener Akademie der Wissensch., histor. Klasse VII, 2, 306 f.

Teil des Weges, bis Dünkirchen, ritten die Reisenden am Meeresufer hin, eine halbe italienische Meile auch auf dem durch die Ebbe bloßgelegten Meeres= grund, was dem Verfasser etwas Neues und Wunderbares war; von Dün= kirchen bis Gravelines entfernte sich der Weg etwas von der Küste.

Bei der Weiterreise mußte vor der Stadt Gravelines der dort einmün= dende Fluß (die Aa), der, obwohl nicht sehr breit, nur zur Zeit der Ebbe durchritten werden kann, zu Schiff passiert werden. Von der genannten Stadt ward die Reise am 5. August bis Calais fortgesetzt. „Hier ist die Grenze zwischen Flandern und der Picardie, die bis Calais dem König von England gehört, dessen Jurisdiktion sich weiterhin bis Tournai erstreckt, das Seine Majestät, als er zusammen mit dem Kaiser gegen die Franzosen zu Felde zog, diesen, im ersten Jahre Papst Leos (1513) wegnahm."

Es folgt nun als Seitenstück zu den Bemerkungen über das obere Deutschland ein ähnliches Einschiebsel über die Niederlande, das gleichfalls von so hohem kulturhistorischen Wert ist, daß eine wörtliche Wiedergabe an= gezeigt erscheint. Die Schilderung lautet also:

„Da wir nun in die Picardie eingetreten sind und Flandern verlassen haben, scheint es mir angemessen, wie ich oben im allgemeinen von den Sitten und der Art des oberen Deutschland gesprochen habe, nun auch das= selbe in Bezug auf Flandern zu tun, zumal dasselbe das Vaterland des katholischen Königs, unseres Herrn, ist.

„Flandern [im weiteren Sinne die Niederlande] ist ganz eben, und von Brüssel an, das, wie früher gesagt, zum Teil auf bergigem Terrain liegt, gibt es, wie ich glaube, nirgends mehr laufende Brunnen, obwohl das Land einige Flüsse hat. Man hat allgemein Ziehbrunnen, von welchen die= jenigen in den Küstenstädten und auf der Insel Zeeland und Holland weiches und halb salziges Wasser haben. Man braucht Karren wie im oberen Deutsch= land. Die Städte sind sehr sauber, besitzen im allgemeinen schöne Straßen, Plätze und Kirchen. Viele Häuser haben einen Garten mit etwas Kräutern, Rosen, Nelken, Lavendel oder Narden, und in Ermangelung von Reben sind die Stachelbeeren sehr in Gebrauch; es sind zwar viele Lauben in den Gärten und in den Straßen vor den Haustüren mit Reben bepflanzt, die aber ent= weder keine Frucht bringen oder nur späte und unreife Beeren ohne Ge= schmack hervorbringen; eßbare Weinbeeren gibt es dagegen nicht, da sie nicht ordentlich reifen können[1]. Die meisten Häuser haben hölzerne Fassaden und im übrigen Backsteinmauern wie im oberen Deutschland. Jedoch sind in Antwerpen, Mecheln, Brüssel, Gent, Brügge und einigen andern größeren Städten viele Häuser ganz aus Stein und reinlich gehalten, und die hölzernen

---

[1] Vgl. Guicciardini, Descrittione 9—10.

verletzen das Auge keineswegs, sondern erfreuen es. Das Täfelwerk in den Zimmern, die Türen, Fenster und was sonst von Holz sichtbar ist, wird aus Eichenholz gemacht, das von lichtfahler Farbe und in der Art wie Kamelott gewellt ist; es ist stark und läßt sich sehr gut verarbeiten. Die Betten sind nicht so groß wie im oberen Deutschland, auch mit Federn, mit Verzierungen ringsum und oberhalb aus geschnitztem und durchbrochenem Eichenholz. Und in der Tat werden in Deutschland wie in Flandern ausgehauene Arbeiten in Stein wie in Holz sehr fein hergestellt, wiewohl es in Deutschland kein Eichenholz gibt (!); in Italien gibt es wohl welches, es hat aber keine Ähnlichkeit mit dem in Flandern gebräuchlichen, das zu Wasser aus Rußland und von den Gebirgen kommt; nirgends wird es aber so gut verarbeitet wie in Flandern, besonders zu gewissen Schränken, die man in allen Zimmern sieht und die sehr schön sind.

„Die Meeresküste hat, wie erwähnt, überall Ebbe und Flut, auch die Flüsse und Kanäle. Die Dächer sind in der Regel mit gewissen Plättchen aus schwarzem Stein [Schiefer[1]] gedeckt, der sich am Rheinufer findet und in der Tat eine schöne und feine Bedeckung abgibt, von einer Farbe wie wirkliches Blei. Sowohl in Deutschland als in Flandern sind die Kirchen in der Regel gewölbt, mit den eigenartigsten Wölbungen und den verschiedenartigsten Gewölberippen, die man nur sehen kann. Und es befinden sich überall hohe und sehr spitze Kirchtürme und schöne Glocken. Ihre Uhren[2] gehen von 12 zu 12 Stunden, von der Mittagsstunde anfangend; und ehe die Stunden schlagen, ertönen, um die Leute aufmerksam zu machen, gewisse Anschläge an die Glocken in einem mehrmaligen wohlgestimmten Dreiklang; an vielen Orten schlägt es auf solche Weise auch die halben Stunden[3]. In Deutschland und in Flandern, wie in allen nach Norden gelegenen Ländern, fanden wir im Sommer die Nacht eine Stunde kürzer als in Italien. In allen Kirchen Flanderns sind Armleuchter im Chor und gut gearbeitete Lesepulte und anderer Schmuck der Altäre und Kapellen aus Messing, das hier reichlich vorhanden ist. Kessel, Töpfe, Pfannen und alle Küchengeräte hat man aus ähnlichem Metall, das aus England kommt, wo es in großer Menge gegraben und ausgedehnter Handel damit getrieben wird. Kühe und Schafe besitzen die Bewohner in großer Zahl, aber wenig Ziegen. Die Weidplätze sind herrlich[4]. Die Kühe sind viel größer als in Deutschland[5]; es gibt wenig rote, meist schwarz und

---

[1] Vgl. Heyne I 211.

[2] Vgl. A. Franklin, La vie privée d'autrefois. La mésure du temps, Paris 1888, und Schultz, Häusliches Leben 84.

[3] Das erste Glockenspiel soll 1483 zu Aalst in Flandern angefertigt worden sein. Schultz a. a. O.   [4] Vgl. Guicciardini a. a. O. 12.

[5] Vgl. Forer, Tierbuch 116ᵃ, bei Heyne II 167.

weiß gefleckte, auch ganz schwarze, und andere graue mit kleinen moschus=
farbenen Flecken, was so hübsch aussieht, daß man sich bei solchen Tieren
nichts Hübscheres wünschen könnte. Die Schafe haben so feine Wolle, daß sie
wie Seide aussieht. Die Bauern machen gute Käse, darunter auch einen, der
dem Quarkkäse gleicht, aber nicht ganz frisch, sondern einige Tage alt gegessen
wird; es gibt auch noch einen andern grünen Käse, den sie gern essen, und
der, soviel wir hörten, wie in Deutschland mit dem Saft mehrerer wohlriechenden
Kräuter gemacht wird und sehr pikant schmeckt. Die Pferde und Lasttiere
sind sehr groß, besonders in Holland. Hier sind die Leute, außer der Sauber=
keit an den Kleidern und an ihrer Person, so peinlich darum besorgt, die
Stubenböden in den Häusern nicht zu beschmutzen, daß sie vor allen Zimmern
Tücher haben zum Abputzen der Füße vor dem Eintritt, und daß sie die
Stubenböden mit Sand bestreuen. Wenn in einem Hause ein männliches
Kind geboren wird, so wird zum Zeichen am Türklopfer (wie man diese hier
an allen Haustüren hat) ein Taschentuch angebunden; und wenn sich der
größte Verbrecher und Übeltäter, und wenn er tausend Menschen ermordet
hätte, in ein solches Haus flüchtet, solange die Kindbetterin nicht zur Kirche
geht, was, wie es auch in Italien Sitte ist, innerhalb 40 Tagen geschieht,
so ist er hier ganz sicher und die Gerechtigkeit kann ihn in keiner Weise fassen.
In ganz Flandern gibt es viel Kohl[1], besonders Kopfkohl, und in Holland
werden die Kohlköpfe, wie man sagt, zuweilen so groß, daß ein Mensch an
einem einzigen genug zu tragen hat; und sowohl in Flandern wie in Deutsch=
land versieht man sich mit großen Vorräten davon, mit Salz eingemacht, um
es im Winter, wenn das ganze Land mit Schnee bedeckt ist, auf verschiedene
Weise zubereitet zu essen[2]. Alle Frauen tragen gewöhnlich sehr feine Schleier
auf dem Kopf, die in Holland oder Cambrai hergestellt sind. Sie tragen
enge Röcke, durch die sich der ganze Körperbau abzeichnet, meist aus schwarzer
Serge, über einem Unterrock; und wenn sie sich an eine Arbeit machen, so
nehmen sie die Rocksäume vorn und hinten auf und befestigen sie an einem
Haken, den sie zu diesem Zweck an einem Gürtel tragen. Sie sind in der
Regel groß und dabei frisch und gesund, weiß und rot, von lebhafter Gesichts=
farbe, ohne Schminke oder künstlichen Anstrich zu brauchen. Sie tragen feine
Strümpfe[3] und zwei Finger hohe Pantoffeln sowie Mäntelchen, die nur die
Schultern bedecken; alte Frauen tragen zuweilen auch lange Mäntel, woran sich
eine gefältelte Kapuze befindet, mit einem Zipfel vorn an der Stirn, ähnlich

---

[1] Vgl. Heyne II 68 f.
[2] Zur Geschichte des Sauerkrauts f. Beckmann, Zur Gesch. der Erfindungen,
Leipzig 1805, V, 1, 119 f.
[3] Vgl. Schulz, Häusliches Leben 230.

der Tracht unserer Frauen in Bari; die Matronen und Edelfrauen tragen auch lange Mäntel aus schwarzer Serge mit gewissen Falten hinter den Schultern, wie die italienischen Bizocche [1], und es ist gewiß ein schönes und sehr anständiges Kleidungsstück [2]. Man kann jedoch nicht leugnen, daß sowohl in Deutschland als überall in den Niederlanden die Frauen, sei es wegen des Butter= oder wegen des Biergenusses [3], im allgemeinen alle schlechte Zähne haben, jedoch keinen schlechten Atem, da sie gesund sind und einen sehr guten Magen haben; wenn aber eine von den Schönen gute Zähne hat, so kann man wohl sagen, daß sie schöner als alle Schönen ist [4]. In Deutschland wie in den Niederlanden gibt es wegen des vielen Butter= und Milchspeisengenusses zahlreiche Aussätzige, die wie in Italien außerhalb der Städte wohnen [5].

Die Einwohner pflegen eine gewisse Erde [= Torf] statt Kohlen zu brennen, die in großer Menge vorhanden ist und sehr gut brennt [6]. Der Wein ist zwar teurer als in Deutschland, doch hat man in allen Gasthäusern gute weiße und rote Sorten. Es gibt treffliches Fleisch [7], Hühner und zahlreiche Kaninchen, nicht viele Feldhühner und Fasanen. Zur Zubereitung der Speisen nehmen sie statt des Öles, das sie nicht haben, außer Nußöl, immer Butter [8]. Da der Kardinal zwei Köche mit sich führte, von denen der eine immer mit dem Fourier vorausreiste, um Vorbereitungen zu treffen, so pflegte weder er, noch seine Begleitung von dem zu essen, was die Leute selbst gekocht hatten; nur um zu probieren, aß man zweimal in Deutschland und in Flandern Fleisch und Fisch (wie sie es dort kochen), es schmeckte aber nicht so gut wie in Frankreich, wo sie bessere Methoden haben, die Speisen auf tausenderlei Art schmackhaft zuzurichten [9]. Die Häuser in vielen Dörfern und Städten, die aus Stein und Backstein erbaut sind, haben mehr die Art der italienischen Häuser in Bezug auf Kamine, Fenster und Türen. Die Treppen

---

[1] Bizocche = Mitglieder des dritten Ordens des hl. Franziskus.

[2] Vgl. Quirinis Relation bei Albèri, Relazioni I, 1, 13.

[3] Vgl. A. Kampen, Gesch. der Niederlande I 207.

[4] Vgl. Guicciardini, Descrittione 39 u. 44. S. auch Sanuto XX 441—442.

[5] Über den Aussatz im Mittelalter vgl. Heyne I 298; III 148 f 166 f. S. auch Vettori 225; Schultz, Häusliches Leben 100, und Kaufmann, Bilder aus dem Rheinland. Kulturgeschichtliche Skizzen, Köln 1884, 49 f.

[6] Vgl. Quirini bei Albèri a. a. O. I, 1, 12.

[7] Vgl. Sanuto, Diarii XX 442.   [8] Vgl. Quirini a. a. O.

[9] Über das deutsche Nahrungswesen bis zum 16. Jahrhundert handelt Heyne im zweiten Bande seines ausgezeichneten Werkes „Fünf Bücher deutscher Hausaltertümer". Für Frankreich f. A. Franklin, Vie privée d'autrefois. La cuisine, Paris 1888; Les repas, Paris 1889; Variétés gastronomiques, Paris 1891. Vgl. auch Schultz, Häusliches Leben 295 f.

sind jedoch, um Raum zu sparen, alle als Wendeltreppen angelegt, aber sehr gut gearbeitet[1]. Und sowohl in Deutschland als in Flandern gibt es keine noch so kleine Vereinigung von Bauernhäusern, die nicht einen Qua= branten hätte zum Anzeigen der Stunden ohne Sonne, künstlich angelegt mit Gegengewichten und Rädern, wie die Uhren, obwohl sie nicht schlagen. Auch ist überall eine entsprechende Kirche. Die feine Leinwand[2] von Holland und Cambrai wird größtenteils in den Frauenklöstern gearbeitet, deren es dort eine große Zahl gibt. Von Hanf, der nicht wie der italienische, sondern fast so fein wie unser Flachs ist, machen sie die andere Leinwand, die sie halb= holländische Leinwand nennen, die etwas gröber und nicht so breit ist, zum Hausgebrauch. Solche Leinwand wird überall in den Niederlanden hergestellt, die schönste und in größter Menge aber in Holland, weshalb sie auch nach diesem Lande benannt wird. Dabei ist zu bemerken, daß, wenn nicht Flachs und Hanf aus Rußland und andern Ländern eingeführt würde, der im Lande wachsende nicht zum kleineren Teil das Bedürfnis decken würde. Die Leinwand machen sie so weiß durch klares Wasser, indem sie dieselbe bei Nacht unter freiem Himmel und bei Tag an der Sonne auf Matten[3] stehen lassen und oftmals, so oft sie trocken wird, immer wieder mit klarem kalten Wasser begießen. Den Flachs und Hanf rauft man aus, wenn er noch ziemlich grün ist, und läßt ihn gern in schlammigem, faulem Wasser ausreifen[4]. Wenn die Frauen dieses Geschäft des Flachs= und Hanfraufens besorgen, so pflegen ihrer viele zusammen in den Straßen zu tanzen und die Reisenden aufzuhalten, indem sie ihnen die Steigbügel und die Beine mit Flachs an die Steigriemen fest= binden und sie nicht loslassen, bis sie ein Geldgeschenk geben; von dem, was sie so zusammenbekommen, machen sie sich, wenn sie mit dem Raufen und Herrichten des Flachses fertig sind, einen vergnügten Tag. Die eigene Sprache der Niederländer, die übrigens fast alle auch Französisch sprechen können, ist viel weicher als das Hochdeutsche, und in vielen Worten stimmen sie nicht überein, so daß sie sich gegenseitig nicht gut verstehen können. Das Bier ist in diesen Gegenden besser als in Deutschland und wird in sehr großer Menge gebraut. Es existieren hier unzählige Windmühlen. Es gibt viele Weichsel, Pflaumen, Birnen, Nüsse und Haselnüsse[5]; sehr gute Meerfische aller Art, schwarze Muscheln und sehr zarte, wenn auch nicht sehr große Austern; viele

---

[1] Vgl. Schultz, Häusliches Leben 123.

[2] Vgl. Quirini bei Albèri, Relazioni I, 1, 11.

[3] Stire = stoia, spanisch estera.

[4] S. Heyne II 76; III 221—222. Vgl. Janssen-Pastor, Gesch. des deutschen Volkes I[17-18] 357 f.

[5] Vgl. Guicciardini, Descrittione 9. Meiners, Vergleichung der Sitten II 83 f.

Flußfische, besonders Störe und Salme[1]; Weizen, Roggen und Hafer in großer Menge, und Hülsenfrüchte außer Kichererbsen. Am 10. August war Korn und Hafer noch nicht reif. Seit wir die Niederlande betraten, verging fast kein Tag, an dem es nicht geregnet und gestürmt hätte, so daß uns der dortige Juli und August vorkam wie der November in Rom; und in der Tat hatten wir auf der ganzen Reise nur fünf oder sechs warme Tage in Speier, drei Tage vor dem Johannisfeste und drei Tage nachher, wo es allerdings außerordentlich und übermäßig heiß war, unerträglich bei Tag und Nacht, ärger als wir es je in Italien empfunden haben; die ganze übrige Zeit aber wurden wir in keiner Weise von Wärme belästigt. Die Leute sind gut und liebevoll sowohl im oberen Deutschland als in den Niederlanden, und vor allem so ehrlich, daß, wenn ihnen alles Gold der Welt im Hause hingeworfen würde, sie es nicht anrühren würden. Die Wirtschaften gelten als die besten, und die Frauen sind so tüchtig, daß sie anordnen, Rechnung führen und alles machen; auch im Kaufen auf den Plätzen und im Verkaufen und in der öffentlichen Ausübung aller Gewerbe sind Männer wie Frauen in gleicher Weise tätig[2]. Sie gehen fleißig in die Kirche schon vor Tag, auch an Werktagen, [um so weniger kommt es vor], daß diese in den Stunden des Gottesdienstes nicht voll wären; und sowohl in den Schiffen der Kirchen als in den Anbauten und Kapellen befinden sich zahlreiche getäfelte Bänke, in der Art wie in den öffentlichen Schulen, und viele derselben haben ihre bestimmten Eigentümer, so daß keiner außer diesen darin sich aufhalten darf. Niemand promeniert in den Kirchen, und noch weniger unterhält man sich darin wie in Italien[3]. Und es gibt viele Frauen, welche über Altäre verfügen und Reliquien von Heiligen in ihrem Besitz haben, was wohl nicht zu billigen ist, aber der großen Frömmigkeit des weiblichen Geschlechtes und dem guten Glauben dieses Volkes zugeschrieben werden kann. In allen Pfarrkirchen werden täglich wenigstens zwei Messen gesungen, eine zu Ehren der Heiligen des Tages und eine für die Verstorbenen; und jeden Abend wird das Salve gesungen. Es gibt keine Kirche, die nicht eine Menge von Meßdienern hätte, von 10 bis 12 Jahren. Die Priester lesen sehr lang an ihren

---

[1] Vgl. Guicciardini a. a. O. 32.

[2] Vgl. Quirini bei Albèri, Relazioni I, 1, 13. Guicciardini a. a. O. 44. S. auch Piaget, Martin le Franc (1888) 17, und Luzio, Il lusso di Isabella d'Este, Roma 1896, 32 f.

[3] Über Religiosität und Sittlichkeit der Niederländer urteilt Quirini in seiner Relation von 1506 gleichfalls sehr günstig; f. Albèri a. a. O. 13—14. Auch Butzbach in seinem Wanderbüchlein 146 rühmt bei Beschreibung der Stadt Deventer, wie fromm dort die Bewohner seien und wieviel sie auf die Religion hielten. Ähnlich Sanuto XX 442 über Dordrecht.

Messen, wobei sie in verschiedenen Dingen von den Italienern abweichen; und sie lesen sie so leise, daß niemand es versteht, und lassen sich weder von den Meßdienern noch von andern Personen antworten; und am Schluß jeder Messe geben sie allen Umstehenden das Weihwasser."

Nach dieser Abschweifung kehrt Antonio de Beatis zu seinem Reise= bericht zurück. Dem Zwecke der vorliegenden Publikation entsprechend kann von diesem Teil nur ein ganz kurzer Auszug gegeben werden.

Vom 5. bis 8. August ward Aufenthalt in Calais genommen. Der Ver= fasser gibt hier eine Beschreibung der Befestigungen und Vorsichtsmaßregeln und der englischen Garnison und erwähnt den Verkehr mit dem englischen Gouverneur. Die Absicht, von Calais nach England überzusetzen, wurde in letzter Stunde aufgegeben auf die von dem Gouverneur gemachte Mitteilung hin, daß daselbst, und besonders in London, zur Zeit eine schlimme Epidemie, das sog. Schweißfieber[1], herrsche, an dem viele Menschen starben. Der Karbinal entschied sich daher zur Weiterreise nach Rouen, wo sich der König von Frank= reich befand. Am 8. August zogen die Reisenden von Calais nach Boulogne, das gegen Calais stark befestigt war. Die Kirche Notre=Dame de Boulogne mit ihren Reliquien und Kunstschätzen wird beschrieben und die Legende von ihrer Gründung erzählt. Am 9. August ging es von Boulogne nach Montreuil. Am 10. August von Montreuil nach Abbeville. Am 11. August von Abbe= ville nach Blangy[2]. Bis hierher reiste der Bischof von Bayeux[3] dem Kar= dinal zu dessen Begrüßung entgegen. Es folgt nun eine kurze Schilderung des allgemeinen Charakters desjenigen Teiles der Picardie, der auf der Reise berührt worden war.

Am 12. August zogen die Reisenden von Blangy nach Neuchâtel. Am 13. August von Neuchâtel nach Rouen, wo sich zur Zeit der Hof befand. Hier ward Aufenthalt bis zum 3. September genommen.

---

[1] Froude, History of England V (London 1860) 352. Lingard, History of England V (London 1823) 372 sowie Janssen=Pastor, Gesch. des deutschen Volkes VIII[12] 395 und die dort angegebene Literatur. Über die Beziehungen des Karbinals zu Wolsey vgl. Brewer S. J., Letters and papers foreign and domestic of the reign of Henry VIII. vol. II, London 1864, nr 2895 3398 3399 3472 3556 3559 3566 3571 3572 3610 3647 4010 4018 4578; vol. II, p. 1477; vgl. British Mu= seum, Cotton, Vitellius, B III, fol. 179[b]: Brief des Karb. d' Aragona an Wolsey. (Gütige Mitteilung des Marchese Nunziante zu Neapel.)

[2] Grenze zwischen Picardie (Diözese Amiens) und Normandie (Diözese Rouen).

[3] Lodovico da Canossa, gest. 1531, Bischof von Bayeux 1516—1531, über den unten bei Caen im Texte weiteres gesagt ist. Vgl. Cian, Il Cortegiano xviii ff und die dort zitierte Literatur.

Am 14. August besuchte der Karbinal den König von Frankreich Franz I.,
hierauf die Königin[1], bei welcher sich auch die Mutter des Königs[2] und
deren Schwester[3], die Witwe des Giuliano de' Medici, Herzogs von Nemours,
befand. Der Verfasser entwirft eine Schilderung der Persönlichkeiten der
königlichen Familie.

Am 16. August besuchte der Karbinal den König, die Königin und die
Mutter des Königs zum zweiten Male. Am 17. August machte der Kardinal dem im Kloster Saint-Ouen wohnenden Karbinal von Bourges[4] einen
Besuch. Es folgt eine Beschreibung des Klosters und seiner Kirche und dann
eine allgemeine Schilderung der Stadt, der Kathedrale mit dem Grabmal
des verstorbenen Karbinals von Rouen[5] und des erzbischöflichen Palastes.

Am 18. August verließ der König Rouen, um zuerst in der Umgegend
zu jagen und dann zur Taufe eines Sohnes des Herzogs von Bourbon nach
Moulins zu gehen. Der Karbinal war durch einen plötzlichen, heftigen Podagra-
anfall gehindert, den König zu begleiten, und genötigt, noch 15 Tage in
Rouen liegen zu bleiben[6]. Das St Katharinenkloster bei Rouen mit Reliquien
der hl. Katharina wird beschrieben.

Am Nachmittag des 3. September erfolgte die Abreise von Rouen nach
Pont-de-l'Arche. Maximilian Sforza begleitete den Karbinal, der hier durch
einen Pagen die erste Nachricht von Don Alvaro Osorio, der zu seiner Reise-
begleitung gehört hatte, aber in Innsbruck krank zurückgeblieben war, erhielt.

Am 4. September zog man von Pont-de-l'Arche nach Gaillon, wo sich
augenblicklich der Hof befand. Nach seiner Ankunft nahm hier der Karbinal
mit demselben an einer Jagd teil und verabschiedete sich dann. Der Verfasser der Reisebeschreibung wurde hier während der Nacht in seinem Quartier
bestohlen; er fällt daher ein sehr verwerfendes Urteil über den Charakter
des gewöhnlichen Volkes in Frankreich, im Gegensatz zu den Deutschen und

---

[1] Klaudia, Tochter des Königs Ludwig XII., geb. 14. Oktober 1499, seit 1514
mit Franz vermählt, gest. 20. Juli 1524. Vgl. Nouvelle Biographie générale X
691—693.

[2] Luise von Savoyen, Mutter Franz' I., geb. 1476, gest. 14. September 1531.
Vgl. Nouv. Biogr. gén. XXXII 1—4. Sismondi, Histoire des Français XI
(Bruxelles 1837) 159 ff. [3] Philiberte von Savoyen.

[4] Antoine Bohier, Erzbischof von Bourges, am 1. April 1517 von Leo X. zum
Karbinal ernannt, gest. 27. November 1519. Vgl. Ciaconius III 345.

[5] George d'Amboise, geb. 1460, seit 1494 Erzbischof von Rouen, Minister Ludwigs XII., 1498 von Alexander VI. zum Karbinal ernannt, gest. 25. Mai 1510 oder
1511. Ihm folgte als Erzbischof von Rouen sein gleichnamiger Neffe Georg II.
d'Amboise, 1545 Karbinal, gest. 1550. Vgl. Ciaconius III 187—190. Hefele
in Weher und Weltes Kirchenlexikon I² 683 f. Pastor, Gesch. der Päpste III³⁻⁴
439 f. Eubel II 25.

[6] Vgl. Sanuto XXIV 630.

Niederländern, denen er das Lob der größten Ehrlichkeit und Redlichkeit spendet, und zwar bis in die ärmsten Volksschichten hinein. Es folgt eine aus= führliche Beschreibung des von dem verstorbenen Kardinal und Erzbischof von Rouen, George d'Amboise, hier erbauten großen und prachtvollen Schlosses (in welchem zur Zeit der königliche Hof Wohnung genommen hatte), mit der zugehörigen Bibliothek[1], Garten und Park.

Am 7. September ging es von Gaillon über Vernon an der Seine, wo die Normandie aufhört, nach Mantes. Am 8. September vormittags von Mantes nach Poissy und am Nachmittag desselben Tages nach Paris. Unter= wegs, zwischen Poissy und Paris, ward das „Gehölz des Verrates" passiert, in welchem nach der Sage Ganelon den Kaiser Karl verriet. Antonio de Beatis entwirft nun eine eingehendere, höchst interessante Beschreibung der Stadt Paris[2]. Die Notre=Dame=Kirche, von deren Turm ein Überblick über die Stadt gewonnen wurde, gefällt dem Verfasser nicht sehr. Er gedenkt der Universität, beschreibt das Palais de Justice mit der Sainte=Chapelle und den dort bewahrten Reliquien, das von Ludwig XII. gestiftete Kloster der Magdalenerinnen. Von bedeutenden Männern in Paris werden hier hervor= gehoben: Faber, Budäus, Cop und Estienne[3].

Am 10. September vormittags machte die Reisegesellschaft einen Ausflug nach Saint=Denis. Die dortige Abtei mit den Königsgräbern und mit ihren Reliquien und Kunstschätzen wird geschildert. Nachmittags kehrte man nach Paris zurück.

Am 12. September erfolgte die Abreise von Paris; vormittags über Boulogne und Saint=Cloud bis Villepreux; nachmittags weiter bis Montfort. Am 13. September vormittags ging es von Montfort nach Dreux; nachmittags nach Rugles. Am 14. September verließ man vormittags Rugles und ge= langte am 15. September nach Lisieux, wo der Kardinal als Gast des dor=

---

[1] Vgl. Mazzatinti, La biblioteca dei Re d'Aragona in Napoli cxviii f.

[2] Vgl. damit die von Beltrami herausgegebene, fast gleichzeitig mit unserem Bericht entstandene Description de la ville de Paris à l'époque de François Ier (1517) d'après un manuscrit inédit de la Bibliothèque nationale de Milan, 1889 (nur in 200 Exemplaren gedruckt). Siehe ferner Guillebert de Metz, Description de Paris au XVe siècle, publié pour la première fois d'après le manuscrit unique par Le Roux de Lincy, Paris 1855. Abbé Dufour, Collection des anciennes descrip= tions de Paris 1873 (publiée par la Société des bibliophiles français). A. Berty, Topographie hist. du vieux Paris, 4 vols., 1866—1882. A. Bonnardot, Études archéologiques sur les anciens plans de Paris des XVIe, XVIIe et XVIIIe siècles, Paris 1851; Études archéologiques sur les anciennes enceintes de Paris suivies de recherches sur les portes fortifiées qui dépendaient de ces enceintes et appen= dices, Paris 1853—1877, 3 part. en 2 vols.

[3] Vgl. hierzu Sanuto XX 108.

tigen Bischofs sich zwei Tage aufhielt. Auch der Kardinal de Boisy[1] weilte gleichzeitig dort.

Am 17. September zog man nachmittags von Lisieux nach dem Augustiner= Chorherrenkloster St Barbara, am 18. September von St Barbara nach Caen, wo in dem Benediktinerkloster St Stephan Quartier genommen wurde; Abt desselben war der Bischof von Castro. Die große Kirche mit vielen Reliquien wird geschildert. Der Bischof von Bayeux, Lodovico da Canossa, zu dessen Diözese Caen gehört, kam dem Kardinal vor die Stadt entgegen.

Am 19. September erfolgte die Weiterreise von Caen nach Bayeux, dessen schöne Kathedrale gerühmt wird. Am 20. September besuchte der Kardinal mit dem Bischofe Canossa dessen Schloß zu Neuilly=la=Forêt, wo er einen Tag blieb. Am 22. September zog man von da nach Saint=Lô, am 23. Sep= tember von Saint=Lô nach Villedieu und am 24. September von Villedieu über Avranches nach Mont Saint=Michel. Der Verfasser ermangelt nicht, eine eingehendere Beschreibung des Berges mit seinen Festungswerken und seiner berühmten Wallfahrtskirche zu geben[2]. Er erwähnt auch die Industrie der Einwohner, das Färben von Muscheln, welche die Pilger sich anheften, und die Herstellung von Hörnern zum Blasen, die ebenfalls von den Pilgern ge= kauft werden. Die Gründungsgeschichte der Wallfahrtskirche wird nach einer daselbst vorhandenen Historia latina, von welcher sich der Verfasser eine Ab= schrift nahm, erzählt[3].

Am 25. September verließen die Reisenden Mont Saint=Michel und be= traten nach Überschreitung des Flüßchens Couesnon bei Pontorson die Bretagne.

Am 26. September gelangte man nach Rennes, wo der Kardinal von dem Gouverneur der Bretagne, de Laval, der als Gatte einer Tochter des Königs Federigo von Neapel mit ihm verwandt war[4], und dessen Sohn und andern zum Parlament in Rennes versammelten Edelleuten empfangen wurde. Hier hielt sich der Kardinal zwei Tage auf als Gast des genannten Herrn de Laval. Auch der Bischof von Nantes kam zu seiner Begrüßung hierher. Antonio de Beatis erzählt die Tischgespräche des Gastgebers über den Präzedenz= streit der Häuser Laval und Rohan, die beide auf den ersten Rang in der Bretagne Anspruch erheben; hierbei berief man sich beiderseits auf wunderbare Natur= erscheinungen auf den Besitzungen.

---

[1] Abrian Goufier, Herr von Boisy, 1515 von Leo X. zum Kardinal ernannt, gestorben 1523. Vgl. Ciaconius III 344.

[2] Vgl. Dechamps du Manoir, Hist. du Mont St-Michel, Avranches 1877.

[3] Über die Apparitio S. Michaelis in Monte Tumba vgl. Acta Sanctorum Sept. VIII 6. In der einen der hier angeführten Quellen wird die Erscheinung circa annum 710, in einer andern circa annum 707 gesetzt.

[4] Gui XVI., Graf von Laval, 1500 mit Charlotte, der Tochter des Königs Federigo, vermählt. Vgl. Giannone, Storia civile del regno di Napoli IV (1846) 424.

Am 28. September nachmittags erfolgte die Abreise von Rennes in Begleitung des Bischofs von Nantes und des Sohnes des Herrn de Laval. Man kam an diesem Tage bis Bain und am 29. September von Bain nach Nozay.

Am 30. September zog man über das kleine Dorf Héric nach Nantes. Es folgt eine Beschreibung der Stadt, namentlich der Karmeliterkirche mit dem Grabmal des letzten Herzogs Franz II. von Bretagne († 1488) und seiner Gemahlin, der Großeltern der gegenwärtigen Königin von Frankreich. In Nantes blieb der Kardinal den 1. und 2. Oktober als Gast des Bischofs.

Am 3. Oktober zog man von Nantes die Loire aufwärts bis Ancenis und am 4. Oktober vormittags von Ancenis über Ingrande (Grenze zwischen Bretagne und Frankreich) nach Saint-Georges, nachmittags nach Angers. Bei der Beschreibung der Stadt gibt der Verfasser auch Hinweise auf ihre Geschichte. Der derzeitige Bischof, François de Rohan[1], war ein Sohn des Marschalls de Gié[2]. In der majestätischen Kathedrale zu Saint-Maurice erregte natürlich das Grabmal Renés I. von Anjou, des Titularkönigs von Neapel, und dessen Gattin, und dasjenige des Bischofs Jean Michel[3] das Interesse der Reisenden. Besonders hervorgehoben wird die große Orgel der Kathedrale; der Verfasser gesteht, seit der noch nicht fertigen in Konstanz keine von solcher Größe mehr gesehen zu haben; erwähnt ferner eine kleinere, ebenfalls gute Orgel, obwohl sie der in Innsbruck gesehenen nachsteht, der besten, welche der Verfasser gesehen hat.

Am 5. Oktober reiste man von Angers nach dem vier französische Meilen entfernten, von dem Marschall de Gié erbauten, jetzt dem ältesten Sohn desselben gehörigen Schlosse Le Verger, wo die Reisenden von der Gattin des letzteren, Johanna, Tochter des Fürsten von Bifignano, gastfreundlich auf=

---

[1] François be Rohan, geb. ca 1479, 1499 Administrator der Diözese Angers, 1501 zugleich Erzbischof von Lyon, gest. 13. Oktober 1536. Vgl. A. Péricaud, Notice sur François de Rohan, archevêque de Lyon et administrateur de l'église d'Angers: Revue du Lyonnais, Nouvelle Série VIII (1854) 417—441. Chevalier, Répertoire des sources historiques du moyen-âge, Bio-Bibliographie 1993. Eubel II 99 201.

[2] Pierre be Rohan, genannt be Gié, Marschall von Frankreich, der Begründer der Linie Rohan-Gié; derselbe zog sich, nachdem er 1505 bei Ludwig XII. in Ungnade gefallen war, auf sein unten erwähntes Schloß Le Verger zwischen Angers und La Flèche zurück; gest. 22. April 1513. Vgl. über ihn Ersch u. Gruber, Allgemeine Enzyklopädie, 1. Sekt. 67, 1—3. de Maulde, Procédures politiques du règne de Louis XII, Paris 1885, xi—cxxxi 1—786: Procès du Maréchal de Gié. Der im Text genannte Bruder des Bischofs ist der älteste Sohn des Marschalls, Charles de Rohan, Comte de Guise, 1512 vermählt mit Giovanna bi San Severino, Tochter des Fürsten von Bifignano; vgl. de Maulde a. a. O. cxxii ff.

[3] Jean Michel, Bischof von Angers 1439—1447, gest. 11. September 1447. Vgl. Nouvelle Biographie générale XXXV 366.

genommen wurden. Am 6. Oktober nachmittags zogen ſie von da dem Loir entlang über Durtal nach La Flèche und am 7. Oktober vormittags von La Flèche über „Lotre" (etwa Le Lude) nach Château=du=Loir.

Am 8. Oktober erfolgte die Ankunft in Tours. Vor dem Eintritt in die Stadt wurde die bei dem Park von Pleſſis=lès=Tours von dem hl. Fran= zistus von Paula erbaute Kloſterkirche beſucht, in welcher der Leib dieſes großen Mannes ruht; natürlich wird beſonders erwähnt, daß ſich in der Kirche auch das Grab des Königs Federigo d' Aragona befindet. Hierauf begab ſich der Kardinal in den königlichen Palaſt von Pleſſis=lès=Tours, um hier die kleine Tochter Franz' I., die für Karl V. als künftige Gattin beſtimmt war, und die beiden Töchter des Herrn de Laval zu ſehen. Der 9. Oktober wurde in Tours zugebracht.

Am 10. Oktober brach man von Tours nach Amboiſe auf [1]. Hier be= ſuchte der Kardinal den greiſen Leonardo da Vinci [2], der ihm drei ſeiner Gemälde, eine Florentinerin, einen hl. Johannes Baptiſta und eine heilige Familie [3], zeigte. Die anatomiſchen Studien des berühmten Meiſters werden beſonders erwähnt. Leonardo erzählte den Beſuchern auch von ſeinen noch nicht veröffentlichten Schriften. „Leider", fügt unſer Berichterſtatter hinzu, „kann man von dem Meiſter nichts mehr erwarten, denn ſeine Rechte iſt gelähmt." [4]

Bereits am 11. Oktober erfolgte die Weiterreiſe von Amboiſe der Loire entlang nach Blois, der zeitweiligen Reſidenz des hier geborenen Königs Ludwig XII. Das königliche Schloß mit dem dabei befindlichen Kollegiatſtift wird beſchrieben und beſonders der dort aufbewahrten reichen Bibliothek mit ihren ſchönen Handſchriften gedacht [5]. Beſonderes Intereſſe erregte der Um= ſtand, daß die Bibliothek viele Werke mit dem Wappen des Königs Ferrante von Neapel, welche der Königin Iſabella, der Witwe des entthronten Königs Federigo, nach deſſen Tode abgekauft wurden, und mit dem des Herzogs Lodovico Sforza, die wohl bei der Invaſion in Mailand erbeutet wurden,

---

[1] Vgl. E. Cartier, Amboise en 1465, extrait de recherches historiques sur la ville et le château d'Amboise, Paris 1839, und die bisher unbeachtet gebliebene intereſſante Beſchreibung von Amiens bei Sanuto XLV 632.

[2] Leonardo da Vinci lebte auf Einladung des Königs Franz I. ſeit 1516 in Amboiſe, geſt. daſelbſt 2. Mai 1519.

[3] Die beiden zuletzt genannten Gemälde ſind noch heute im Louvre. Die Floren= tinerin iſt wahrſcheinlich La belle Ferronière.

[4] Dieſe Angabe iſt wichtig, weil ſie uns zeigt, weshalb Leonardo in Frankreich nichts mehr ſchuf und auch ſeine Schriften nicht ordnete. Vgl. Uzielli, Ricerche intorno a L. da Vinci I (Firenze 1872) 20—21. Der von Antonio de Beatis er= wähnte Creato Milaneſe dürfte nach privater Mitteilung von Uzielli Francesco Melzi oder Battiſta de Vilanis ſein, wahrſcheinlicher aber wohl erſterer.

[5] Michelant, Catalogue de la bibliothèque de François I⁰ᵉ à Blois, en 1518, Paris 1863.

enthielt[1]. Die Gärten des Schlosses wurden von dem unter Karl VIII. nach Frankreich gekommenen neapolitanischen Priester Pacello angelegt, der damals noch hier lebte. Auch der königliche Marstall wird erwähnt. In Blois ward zwei Tage Aufenthalt genommen.

Am 13. Oktober gelangten die Reisenden von Blois nach Romorantin, am 14. Oktober über Vierzon und Mehun nach Bourges. Die dortige Kathedrale mit ihren Reliquien und Kunstschätzen und in deren Nähe die Sainte-Chapelle wurden besichtigt. Am 15. Oktober ging es von Bourges nach Dun-le-Roi, am 16. Oktober nach Cosne, am 17. Oktober nach Varennes, am 18. Oktober vormittags nach Saint-Martin, nachmittags über La Palisse, La Pacaudière, Saint-Martin bis nach Saint-Germain-l'Espinasse, am 19. Oktober vormittags über Roanne nach Saint-Symphorien-de-Lay, nachmittags nach Tarare, am 20. Oktober endlich über L'Arbresle nach Lyon. Die Lage der Stadt Lyon am Zusammenfluß der Saône und Rhône wird gekenn- zeichnet und ihr Gesamteindruck geschildert. Hervorgehoben wird, daß die Stadt infolge des italienischen Elementes in der handeltreibenden Bevölkerung etwas Italienisches an sich hat; nach dem Urteil des Verfassers ist sie die schönste Stadt Frankreichs. Nach einem fünftägigen Aufenthalt ward am 26. Oktober die Reise über Saint-Laurent-de-Mure nach Bourgoin fortgesetzt.

Am 27. Oktober ging es von Bourgoin über La Tour-du-Pin und Le Pont-de-Beauvoisin nach Aiguebelette. Am 28. Oktober von Aiguebelette nach Chambéry, wo vor allem das im Besitze des Hauses Savoyen befindliche „Grabtuch Christi" (santo sindone) die Aufmerksamkeit der Reisenden fesselte. Der Verfasser gibt eine ausführliche Beschreibung desselben und berichtet über das, was ihm zur Geschichte desselben, seit es in den Besitz des Hauses Savoyen kam, erzählt wurde[2].

Am 29. Oktober ward von Chambéry die Grande Chartreuse besucht. Lage und Geschichte derselben werden kurz geschildert. Am 30. Oktober zog man von der Grande Chartreuse nach Grenoble. In dem dortigen Klaris- sinnenkloster ward das Grab des Don Alfonso de Aragona, des jüngeren Sohnes des entthronten Königs Federigo von Neapel, besucht.

Die Reiseroute der nächsten Tage war folgende:

31. Oktober: Von Grenoble nach St-Marzellin.

1. November: Vormittags von St-Marzellin nach St-Antoine be Vienne (schöne Kirche mit großer Orgel und Reliquien des hl. Antonius). Nach-

---

[1] Delisle, Cabinet des Ms. III 351 361—362. Mazzatinti, La biblio- teca dei Re d'Aragona in Napoli cxvii f.

[2] Eine kurze, aber gute Schilderung „von Geburt, Lebensgang und Tod" des Turiner Grabtuches gibt P. M. Baumgarten im Histor. Jahrb. XXIV 318 f. An der Echtheit dieser „Reliquie" hält jetzt kein kritischer Forscher mehr fest.

mittags von da über Romans nach Valence. Vor der Stadt erblickten die Reisen=
den sechs Kapellchen mit schönen Passionsbarstellungen und einen Kalvarienberg.

Bereits am 2. November ging es weiter über Livron und Loriol nach
Montélimar; am 3. November von dort über Châteauneuf, Donzère (hinter
welchem Ort das der Kirche gehörige Gebiet begann), Lapalub, Pont=St=Esprit
(Beschreibung der dortigen großartigen Rhonebrücke) nach der Wallfahrtskirche
„Notre=Dame de Plano" (wohl Bollène). Am 4. November zog man von
„Notre=Dame de Plano" über Montbragon, Mornas, Castel Nuovo nach
Sorgues, wo der Karbinal als Gast des Karbinals von Auch[1], Legaten von
Avignon, und der beiden Schwestern desselben drei Tage verweilte.

Am 7. November reiste der Karbinal von Sorgues mit dem Karbinal=
legaten zusammen nach Avignon. Diese Stadt mit ihren Befestigungen und
Klöstern wird beschrieben[2]. In der Kirche der Cölestiner besichtigten die
Reisenden die Grabmäler des sel. Petrus von Luxemburg[3] und des Papstes
Klemens VI.[4] Die Erwähnung der Rhonebrücke gibt Anlaß, über Größe und
Bedeutung dieses Stromes und seiner Nebenflüsse zu handeln. Es finden
weiter Erwähnung der von Petrarca besungene Mont Ventour, das Studium
generale, die Kathedrale Notre=Dame mit den Grabmälern avignonesischer
Päpste. In derselben befand sich damals ein den hl. Georg darstellendes
Gemälde, von dem versichert wurde, es sei im Auftrage Petrarcas hergestellt
und es befinde sich auf demselben ein Porträt der Laura; die Verse Petrarcas
an den hl. Georg werden mitgeteilt. Der von Julius II. als Erzbischof und
Legat von Avignon erbaute erzbischöfliche Palast neben der Kathedrale und
besonders der große päpstliche Palast werden eingehend beschrieben. In Avignon
verweilte die Reisegesellschaft 14 Tage. Erst am 20. November zog sie von
dort über Tarascon (St Marthakirche; Anfang der Provence) nach Arles.
Die Erwähnung der St Antoniuskirche daselbst mit ihren Reliquien und der
Kathedrale, welche die Häupter der hll. Stephanus und Trophimus besitzt,
gibt dem Antonio de Beatis Anlaß zu einigen allgemeinen Bemerkungen über
Reliquien, die doppelt oder mehrfach an verschiedenen Orten vorhanden sein
sollen. Am 21. November begab sich der Karbinal von Arles nach Salon=
de=Crau, weil sich dort der Erzbischof von Arles[5] befand.

---

[1] François Guillaume de Clermont, Erzbischof von Auch, am 29. November 1503
von Julius II. zum Karbinal ernannt, Legat von Avignon, gest. 1540 oder 1541.
Vgl. Ciaconius III 251.

[2] Vgl. Leo v. Rozmital 114 u. 192.

[3] Gest. 2. Juli 1387. Sein Seligsprechungsprozeß (dessen Akten s. Acta Sanctorum Iulii I 428—551 in dem Neubruck von 1867) kam indessen erst 1527 zum Ab-
schluß. Vgl. Wetzer u. Weltes Kirchenlexikon IX² 1924.

[4] 1342—1352. Siehe Pastor, Gesch. der Päpste I³⁻⁴ 95 A. 2.

[5] Juan Ferrer, Erzbischof von Arles seit 1499, gest. 1521. Vgl. Eubel II 105.

Am 22. November ging es von Salon an dem Etang=de=Berre vorbei und über Les Pennes nach Marseille. Im Hafen dieser Stadt befand sich zur Zeit auch die Gallione des Rhodiserritters Fra Bernardino[1], der während des Aufenthaltes in Marseille wiederholt mit dem Karbinal zusammenkam. Bei Beschreibung der Stadt werden hervorgehoben die Kathedrale und das Bene=biktinerkloster St=Viktor mit seiner schönen Kirche; letztere mit ihren Reliquien (Lazarus), dem Grabmal des Papstes Urban V.[2] († zu Abignon 19. De=zember 1370) und der Krypta mit dem Kreuz des hl. Andreas und andern Heiligtümern (Magbalena) wird näher beschrieben. Am 24. November er=folgte die Abreise von Marseille nach Auriol.

Am Vormittag des 25. November warb von Auriol aus die Grotte Sainte=Beaume, an welche sich die provenzalische Magbalena=Trabition knüpft, besucht. Die Verse Petrarcas an die hl. Magbalena, die derselbe wäh=rend seines Aufenthaltes an diesem Orte dichtete, schiebt der Verfasser in seine Schilderung ein. Nachmittags zog der Karbinal von Sainte=Beaume nach St=Maximin zum Besuch der dortigen Kirche, in deren Krypta die Re=liquien der hl. Magbalena und des hl. Maximin, das heilige Blut und Re=liquien der andern Heiligen, welche die provenzalische Magbalena=Legende mit der hl. Magbalena in Marseille landen läßt[3], bewahrt wurden. Dies gibt Veranlaffung, die zu Ehren der hl. Magbalena verfaßten Verse des Mario Equicola[4], der in Begleitung der berühmten Markgräfin Isabella von Mantua hierher gekommen war, mitzuteilen.

Die Route der folgenden Tage war:

26. November: Von St=Maximin über Tourves und Brignoles nach Le Luc.

27. November: Von Le Luc über Cannet, Vidauban, Le Muy und Le Pouget nach Fréjus. Unterwegs wurde auch ein Berg überschritten, dessen Name und genauere Lage dem Antonio de Beatis entfallen ist, an den sich die Sage von einem Strafgericht Gottes über eine untergegangene Stadt knüpft. Das Städtchen Fréjus und die dortige Kirche machen einen schlechten Eindruck auf den Verfasser; er erwähnt auch die römischen Ruinen, Amphi=theater und Aquäbukt. Bischof von Fréjus war der Karbinal Fieschi[5].

---

[1] Vgl. Sanuto XXV 465 u. 584.

[2] Über das Grab Urbans V. zu St Viktor in Marseille vgl. Gregorovius, Grabbenkmäler der Päpste[2], 1881, 77.

[3] Zur Kritik der provenzalischen Magbalena-Legende vgl. Duchesne, La Lé-gende de sainte Marie-Madeleine, in Annales du Midi V (1893) 1—83, und J. Rietfch, Die nachevangelischen Geschicke der Bethanischen Geschwister, Straßburg 1902.

[4] Über den am Hofe von Mantua lebenden Mario Equicola und seine oben er-wähnte Schrift f. Giorn. d. lett. Ital. XV 411; XXXIV 2 ff 10.

[5] Niccolò Fieschi, 1495 Bischof von Fréjus, 1503 von Alexander VI. zum Kar-binal ernannt, geft. 14. Juni 1524. Vgl. Ciaconius III 204 f.

Am 28. November wurde Cannes erreicht, wo den Reisenden ein gast=
freundlicher Empfang von seiten des Bischofs von Grasse[1], der als Abt von
St=Honorat (Lerins) hier die Herrschaft hatte, bereitet wurde. Der Kardinal
machte einen Besuch auf der Insel und in dem Kloster St=Honorat. Des religiösen
Sinnes des Bischofs von Grasse gedenkt der Verfasser mit Anerkennung.

Am Vormittag des 29. November zog der Kardinal in Begleitung des
genannten Bischofs von Grasse von Cannes nach Antibes; hier Empfang
von seiten des Neffen des Bischofs. Nachmittags mit dem Bischof und dessen
Neffen nach Nizza, das Antonio de Beatis näher beschreibt. Vor Nizza der Fluß
Var, welcher die Grenze bildet zwischen Frankreich und dem „schönen Italien".

Beim Verlassen Frankreichs wirft der Verfasser nach seiner Gewohnheit
einen Rückblick auf dasselbe und gibt eine längere allgemeine, teilweise höchst
interessante und wertvolle Schilderung des Charakters des Landes und seiner
Erträgnisse und der Sitten und Gebräuche in den Provinzen Bretagne, Nor=
mandie, dem eigentlichen Frankreich, Dauphiné und Provence mit Hervor=
hebung des Gemeinsamen und des in den verschiedenen Provinzen Verschiedenen.
Besonders eingehend werden behandelt Stellung und Lebensweise des fran=
zösischen Adels, die schlechte Lage des Landvolkes, der allgemeine Eindruck der
Städte, Viehstand, Getränke (Apfel= und Birnenmost, Bier, Wein, Claret),
vorkommende Obstsorten, französische Meilen (verschiedene Länge derselben in
den verschiedenen Provinzen), Kreuze an den Straßen, Begräbnisse, Rechts=
pflege (viele Galgen).

Italien.

Schon am 30. November ward Nizza verlassen und über Villafranca
Monaco erreicht. Der Hafen von Villafranca veranlaßt den Verfasser, den
vor zwei Jahren erfolgten Untergang eines großen genuesischen Schiffes zu
erzählen. Es folgt eine Beschreibung von Monaco mit seinen Befestigungen.
Der derzeitige Beherrscher von Monaco ist der Bruder des früher erwähnten
Bischofs von Grasse[2], welch letzterer den Kardinal bis hierher begleitete.

Die Reiseroute der nächsten Tage war:

1. Dezember: Von Monaco über Roccabruna, Mentone, Ventimiglia,
Bordighera nach San Remo.

---

[1] Agostino Grimaldi, seit 1505 Bischof von Grasse und Abt von St=Honorat
(vorher seit 1498 Koadjutor seines Oheims Giovan Andrea Grimaldi in diesen Würden);
1523 übernahm er nach der Ermordung seines Bruders Luciano, Herrn von Monaco,
die Regierung von Monaco; gest. 14. April 1532. Vgl. Ersch u. Gruber a. a. O.
1. Sektion XCI 106 f.

[2] Luciano Grimaldi, Herr von Monaco 1505—1523. Vgl. Ersch u. Gruber
a. a. O. XCI 104—106.

2. Dezember: Von San Remo über Taggia, Santo Stefano, San Lo=
renzo nach Porto Maurizio.

3. Dezember: Von Porto Maurizio über Oneglia, Diano (Diano Ca=
stello und Diano Marina), Cervo, Andora nach Alassio.

4. Dezember: Von Alassio über Albenga (Bischofssitz, derzeitiger Admini=
strator der Karbinal Sauli [1]), Ceriale, Borghetto, Loano, Finalborgo nach
Finale (Finalmarina).

5. Dezember: Von Finale, vorbei an dem Kloster Madonna di Finale,
weiter über Noli (ein früher blühendes, damals heruntergekommenes Städt=
chen), Spotorno und Vabo nach Savona. Bei der Beschreibung von
Savona finden besondere Erwähnung: der Hafen, die schöne Kathedrale, von
Julius II. erbaut in der Zeit, da er Karbinal und Bischof von Savona
war [2]; der bischöfliche Palast, ebenfalls von Julius II. erbaut, wo der Kar=
dinal als Gast des Erzbischofs von Avignon [3] wohnte. Das Wappen der
Stadt erblickte man in Mosaik auf dem Platze vor der Kathedrale. Der
Erzbischof von Salerno [4] kam von Genua hierher, um den Karbinal zu be=
suchen. In Savona verweilte der Karbinal bis zum 8. Dezember; an diesem
Tage zog er in Begleitung des Erzbischofs von Salerno über Albisola, Celle,
Varazze, Arenzano, Voltri, Sestri, Cornigliano, San Pier d' Arena (Schiffs=
werft von Genua) nach Genua. Der sehr beschwerliche Weg zu Lande von
Savona bis Genua mußte gewählt werden, da das ungünstige Wetter das
Hinüberfahren zu Schiff unmöglich machte. Es folgt eine eingehende Be=
schreibung von Genua. Hervorgehoben werden die Befestigungen, das im
Besitz der Franzosen befindliche Kastell, der alte Leuchtturm, der vor der Über=
gabe an die Franzosen von dem derzeitigen Dogen Ottaviano Fregoso [5] zer=
stört wurde, endlich der Hafen. Der Kathedrale ward am 11. Dezember ein
Besuch abgestattet. In der Sakristei wurde das hier als Abendmahls=
schüssel (Sangradalo, Catino) aufbewahrte Gefäß eingehend besichtigt.
Über den Reliquien vergißt der Verfasser nicht der genuesischen Industrie
(Sammet, Arbeiten von Korallen). Interessant ist auch, wie er über das
Zusammenhalten der großen herrschenden Familien und die Frauen der Stadt

---

[1] Bandinello Sauli, von Julius II. 1511 zum Karbinal ernannt, gest. 24. oder
29. März 1518. Vgl. Ciaconius III 297 f.

[2] Giuliano della Rovere war als Karbinal von 1499 bis 1502 Administrator
des Bistums Savona. Vgl. Gams 822.

[3] Orlando de Carette, Erzbischof von Avignon 1513—1527; vgl. Gams 505.

[4] Federigo Fregoso (Bruder des Dogen Ottaviano Fregoso von Genua), 1507
Erzbischof von Salerno, 1539 Karbinal, gest. 22. Juli 1541. Vgl. Ciaconius III
660—664 und Nouvelle Biographie générale XVIII 770.

[5] Ottaviano Fregoso, Doge von Genua 1513—1522, gest. 1522; vgl. Nouvelle
Biographie générale XVIII 768 f.

berichtet. In Genua ward Aufenthalt bis zum 14. Dezember genommen. Der Karbinal wohnte während dieſer Zeit als Gaſt Fregoſos im Dogenpalaſt.

Am 14. Dezember erfolgte die Weiterreiſe von Genua wieder über San Pier d'Arena nördlich nach Voltaggio; am 15. Dezember von Voltaggio nach Aleſſandria; am 16. Dezember von Aleſſandria über Caſtelletto und San Sal=vatore nach Caſale. Caſale, wo ſich der Karbinal als Gaſt des Markgrafen von Montferrat[1] zwei ganze Tage aufhielt, wird näher beſchrieben, ebenſo der Hof des Markgrafen.

Am 19. Dezember ward der Po überſchritten; dann ging es über Mortara nach Vigevano; am 20. Dezember von Vigevano über den Teſſin, dann über Abbiategraſſo nach Mailand. Hier gedenkt der Verfaſſer vor allem des berühmten Kaſtells, das nach ſeinem Urteil die gewaltigſte über=haupt exiſtierende Feſtung[2] war; die Überlieferung derſelben an die Franzoſen bezeichnet er als eine Schmach. Während ſeines zehntägigen Aufenthalts in Mailand wohnte der Karbinal im Kloſter Sant' Antonio, deſſen Abt ein Bruder des Karbinals Trivulzio[3] war. Der franzöſiſche Generalgouverneur de Lautrec ehrte den Karbinal auf jede Weiſe. Zuletzt veranſtaltete er noch zu ſeinen Ehren ein Schauturnier, das jedoch dem Verfaſſer nicht imponierte. Das Dominikanerkloſter Santa Maria delle Grazie mit dem Abendmahl des Leonardo da Vinci im Refektorium wurde ſelbſtverſtändlich beſucht[4].

Am 30. Dezember erfolgte der Aufbruch von Mailand nach der Certoſa bi Pavia. Bei der eingehenden Beſchreibung der prachtvollen Kirche erklärt der Verfaſſer dieſelbe für die ſchönſte, die er auf der ganzen Reiſe geſehen hatte. Auch das dort befindliche Grabmal des Stifters Galeazzo Visconti wird erwähnt. Am 31. Dezember ging es von der Certoſa nach Pavia, wo der große, mit vielen Skulpturen geſchmückte marmorne Sarkophag des hl. Au=guſtinus beſichtigt wurde.

Am 1. Januar 1518 brach man von Pavia nach Oſpedaletto auf, wo Nachtquartier im dortigen Hieronymitenkloſter genommen wurde. Am 2. Ja=nuar kam man über Pizzighettone nach Cremona. Am 3. Januar vormittags zog man in Begleitung des Biſchofs von Nizza[5], der von Mailand bis

---

[1] Guglielmo VII., Markgraf von Montferrat, geſt. 1518; vgl. Nouv. Biogr. gén. XXXVI 242.

[2] Vgl. Leo v. Rozmital 118 193 und Simonsfeld 278.

[3] Es gab damals zwei Karbinäle Trivulzio, beide von Leo X. am 1. Juli 1517 ernannt: Scaramuccia Trivulzio, Neffe von Gian Jacopo, geſt. 9. Auguſt 1527 (vgl. Ciaconius III 382 f. Nouv. Biogr. gén. XLV 652), und Agoſtino Trivulzio, geſt. 30. März 1548 (vgl. Ciaconius III 410 f. Nouv. Biogr. gén. XLV 649 f).

[4] Über eine faſt gleichzeitige Beſchreibung des Abendmahls durch den Franzoſen Pasquier ſ. Arch. stor. Lomb. XVII 421 f.

[5] Hieronymus Aragi O. S. B., Biſchof von Nizza 1511—1542. Vgl. Gams 588.

Mantua mitreiste, von Cremona bis Piede di San Giacomo; nachmittags von da nach Bozzolo. In Bozzolo hielt sich der Karbinal einen Tag auf als Gast des Feberigo di Gonzaga[1], dessen Gattin, Giovanna Orsina, seine Nichte war.

Am 5. Januar warb Gazzuolo erreicht, wo der Karbinal Gast der Familie Gonzaga war. Am 6. Januar gelangte der Karbinal nach Mantua[2]. Hier hielt sich derselbe mit der Begleitung 20 Tage auf als Gast der mit ihm seit Jahren befreundeten Markgräfin Isabella[3]. Antonio de Beatis versäumt nicht, die Stadt und den dortigen berühmten Hof gebührend zu preisen. Am 26. Januar warb die Reise von Mantua zu Wasser nach Ferrara fortgesetzt.

Über den weiteren Weg bis Rom wird nichts mehr speziell berichtet. Die Weiterreise erfolgte, nachdem der Karbinal durch einen Anfall von Podagra 20 Tage in Ferrara aufgehalten worden war. Am 16. März 1518 kam er mit seiner Begleitung in Rom an.

Zum Schluß seines Werkes macht Antonio de Beatis nähere Angaben über das Gefolge des Karbinals und über die Länge des von demselben zurück= gelegten Weges, im ganzen 3576 italienische Meilen. Die Kosten der ge= samten Reise werden, die Geschenke mit einbegriffen, auf nicht weniger als 15 000—16 000 Dukaten berechnet.

Es verdient hervorgehoben zu werden, daß am Anfang des 16. Jahr= hunderts für die vom Karbinal d' Aragona durchreisten Länder bereits ge= druckte Reisekarten zur Verfügung standen. Als solche konnte benutzt werden die Karte von Deutschland des Karbinals Nikolaus Cusanus[4]. Eigent= liche Reisekarten waren erschienen unter dem Titel „Das ist der Rom Weg von meylen zu meylen", s. l. et a., und „Das sein dy lantstrassen durch das Remisch reych von einem Kunigreich zu dem andern etc. Getruckt von Georg Glogkendon zu Nurnbergk 1501", beides Holz= schnitte in einem Folioblatt[5]. Endlich kommt in Betracht die große vierblätterige

---

[1] Über Feberigo Gonzaga, Sohn des Fürsten Pirro I. von Bozzolo, gest. 1570, vgl. Ersch u. Gruber, Allgem. Enzyklopädie, 1. Sekt., LXXIV 180.

[2] Vgl. Sanuto XXV 206.

[3] Vgl. oben S. 82. Über die freundschaftlichen Beziehungen des Karbinals zu Isabella vgl. Luzio in N. Antologia 3. Serie, 28, S. 704.

[4] Über die Karte des Nikolaus von Cusa vgl. u. a. den Aufsatz von Soph. Ruge im „Globus" 1891 und J. Metelka, O mapě Kard. Mikuláše Cusy, Prag 1895 (aus Věstník Kral. České společnosti Nauk). — Zu dem durch C. Peutinger veranlaßten Neudruck der Cusanus=Karte schrieb Seb. Münster den Begleittext: Ger= maniae ac aliarum regionum etc. descriptio, Basel 1530.

[5] A. Wolkenhauer, Über die ältesten Reisekarten von Deutschland, Bremen 1903 (aus den Deutschen geograph. Blättern Bd XXVI).

„Carta itineraria Europae" von Martin Waldseemüller (Ilacomilus) aus
dem Jahre 1511 [1]. Auf diesen Reisekarten finden sich die von dem Kardinal
von Aragona eingehaltenen Routen genau eingetragen unter fast durchaus
übereinstimmender Angabe der Raststationen. Am ehesten dürfte der Kardinal
die große lateinisch textierte Karte Waldseemüllers benutzt haben, die ihm
schon wegen der Sprache bequemer war und auch sachlich mehr Details bot
als die beiden andern. Sowohl die Straßenkarte von Glockendon wie die
Carta Waldseemüllers waren damals in mehreren Ausgaben bzw. Bearbei-
tungen rasch und weit verbreitet worden.

---

[1] F. v. Wieser, Die Carta itineraria Europae von M. Waldseemüller (Hylaco-
mylus) wiederaufgefunden und beschrieben, München 1893.

Anhang.

Originaltext der Reisebeschreibung des Antonio de Beatis.

Drei Handschriften liegen vor:

1. Gleichzeitige Papierhandschrift aus der Bibl. Corvisieri, im April 1901 von mir durch gütige Vermittlung des Herrn Dr Dengel angekauft, 130 numerierte Blätter, 29 unnumerierte Blätter (das Register enthaltend), nebst einem Stammbaum der Habsburger, in Pergament gebunden, in 4°; bezeichnet P.

2. Gleichzeitige Papierhandschrift der Bibl. Nazionale zu Neapel, signiert X. F. 28; 170 numerierte Blätter, in Pergament gebunden, in 4°; bezeichnet N 1. Über diese Handschrift vgl. Scipione Volpicella im Arch. stor. Napolit. I 106 f; ebendort wurden einige, freilich ganz ungenügende Notizen über den Inhalt unserer Reisebeschreibung gegeben, sowie einige Stellen mitgeteilt, welche neapolitanische Dinge betreffen. Ganz kurz zitiert ist diese Handschrift auch bei Amat di S. Filippo 701. Vgl. Studi bibliograf. e biogr. sulla storia della geografia in Italia 1875, 441.

3. Gleichzeitige Papierhandschrift der Bibl. Nazionale zu Neapel, signiert XIV. E. 35, bezeichnet N 2. Diese Handschrift, deren wichtigere Varianten in den Anmerkungen zum Text berücksichtigt sind, unterscheidet sich von P und N 1 hauptsächlich dadurch, daß sie kürzen will; demgemäß sind zahlreiche historische oder beschreibende Exkurse ausgelassen.

Die Handschriften P und N 1 bieten im wesentlichen denselben Text mit zahlreichen kleinen Varianten, von denen aber nur verhältnismäßig wenige den Sinn irgendwie berühren. Obwohl beide Handschriften in gleicher Weise auf das Original-Diarium zurückgehen, bietet doch P im ganzen den besten Text; sie ist im allgemeinen sehr sorgfältig geschrieben, während N 1 offenbare Schreibfehler und Nachlässigkeiten aufweist. Der Bearbeitung des Textes wurde daher die Handschrift P zu Grunde gelegt; von der Schreibung derselben wurde abgewichen nur im Gebrauch von u und v, der nach moderner Weise geregelt ward, in der Ersetzung des durchgängig geschriebenen cz (z. B. meczo) durch zz, in der Beschränkung großer Buchstaben auf Eigennamen und Titel und in der Regelung der Interpunktion nach modernem Gebrauch. Hierbei wie überhaupt bei der ganzen Ausgabe haben mir die Herren Dr Lauchert und Dr Pogatscher sehr wertvolle Beihilfe geleistet, wofür ich denselben auch an dieser Stelle danke.

Den Text von P zu verlassen und Lesarten von N 1 einzusetzen, war hauptsächlich dort notwendig, wo die letztere Handschrift sachliche Änderungen oder
Zusätze enthält. Bei dem wesentlich gleichen Verhältnis beider Handschriften zum
Original und ihrer gegenseitigen Unabhängigkeit, wobei in jeder gelegentlich
Fehler vorkommen, die aus der andern ihre Korrektur finden, mußte im einzelnen
die Entscheidung über die aufzunehmenden Lesarten von Fall zu Fall getroffen
werden. Wo die Lesart von N 1 den Vorzug zu verdienen schien, ist diese in
den Text eingesetzt und die Lesart von P in den Anmerkungen verzeichnet; dies
ist insbesondere in den Fällen geschehen, wo N 1 kleine Zusätze und Erweite-
rungen bietet.

Donno Antonio de Beatis canonico Melflctano a li boni amici et signori suoi salute et perpetua felicita.

Essendo monsignor mio r^{mo} et ill^{mo} il cardinal de Aragona de inmortal
gloria (come V. S. ben sa) deliberato, sotto scudo e colore de visitare il Re Catho-
5 lico N. S., modernamente per gratia divina electo invictissimo Re de Romani et
affine di sua signoria ill^{ma}, non satia di havere più volte visto la magior parte
de Italia, quasi tucta la Bectica et la ultima Hesperia, reconoscere anchora la
Germania, la Gallia et tucte quelle altre parti accostate al occeano occiduo et
septemtrionale, con demostrarse ad tanta diversità di gente: Quoniam modicum
10 et iam videbitis me et iterum modicum et non videbitis me, quia vado ad patrem,
parve ad sua signoria ill^{ma} non gia per avaritia (che si mai fu signor ecclesiastico
o temporal magnanimo et liberale, il fo lui, e nel viagio tra il mangiare et bere,
che fu il mancho, et il donare ad molti et comprare de alcune gentilezze et cose
de suo contentamento et piacere, si dispese circha XV milia ducati), ma solo per
15 commodità di servitori et expeditione del camino, condur seco non più che X
gentilhuomini suoi, con alcuni officiali, come si può nel fine del presente libro
particularmente vedere. Tra i quali essendo piaciuto a la sorte io benchè minimo
esservi stato connumerato, non più per gloria del mio buon patrono, che per ob-
sequio, servitio et delectatione de gli amici et miei signori, persuaso da sua
20 sancta anima, da che partemmo per la Magna da Ferrara, pigliai assumpto et
peso de accuratamente scrivere, giornata per giornata, loco per loco, et miglia per
miglia, quante cita, terre et ville continuamente se cavalcavano, con annotamento
particulare de tucte cose digne li trovavamo. El che con adiutorio de Dio ho
facto, coniungendo al suo principio l'optato fine. Et perchè fra gli altri amici
25 et signori V. S. mi è precipua et observandissima, ho judicato esser mio debbito,
del decto viatico et solazevole itinerario ad quella mandarne di man propria exem-
plare, quale quanto più posso priego et supplico, il voglia recevere, legere et
relegere con serena et limpia fronte, havendome per excusato, sì ne de stilo, ne
de ordine trovarà compositione degna de le docte et delicate oreghie sue. Perchè
30 non havendo io voluto presumere il scrivere in lingua latina, sì per non intenderse
da ogni uno, come per non pottere per un gran pezo accostarmi al segno di con-

Zeile 1 clerico N 1. — 1 f *die Aufschrift nach* P; N 1 al reverendo signor suo il signor Antonio Seripando salute et perpetua felicitade. — 3 nostro N 1. — 4 come V. S. ben sa *fehlt in* P. — 7 ultra N 1. — 14 contentamento et *fehlt in* P. — XVI N 1. — 16 libreto N 1. — 20 fin da che N 1. — 22 continuamente N 1. — 26 di man propria *fehlt in* P.

sequirne lodi, et del toschano essendo nato Pugliese ho facto mai professione, mi
è stato necessario per voler pur dire non partirme dal idioma et parlar mio proprio qualunche sia. Non però in tanto numero de carte piene la S. V. et qualsivoglia altro desideroso intendere che ne serà lectore, non troverà altro che verità
de le cose, over da me oculatamente viste, o relate da persone di auctorità grande 5
et degne di ogni credito et fede. Et si pur effecti quasi miraculosi vi trovasse,
come ja vi sono, V. S. non l'imputi al scriptore, ma a la variatione et deita de
la natura. Io dunche, chi ultra il dir de l'officio divino con monsignor mio ill^{mo}
di sempiterna memoria, del celebrare alcune volte et di prepararli la messa ogni
matino, occupatissimo anche al scrivere in nome di quello molte lettere tra nocte 10
et jorno, non ho voluto pretermectere de si lunga via el fatichoso particulare
annotamento per il piacere, cognitione et prudentia, che V. S. pigliarà dal tran-
scorrere di questo libro, in mercede et recompensa di tante mie vigilie et fatighe
altro da quella non cheggio et altro non desio, si non che spesso facci memoria
et celebratione di quelle felici ossa et divino spirito del mio buono, justo, pio, 15
santo, liberale et gratiosissimo signore. Adio. In la cita di Melfecta a li XX de
Luglio 1521.

**Itinerario di monsignor r͞m͞o et ill͞m͞o il cardinale de Aragona mio
signor, incominciato da la cita de Ferrara nel anno del Salvatore
MDXVII del mese di Maggio et descritto per me donno Antonio** 20
de Beatis canonico Melfictano con ogni possibile diligentia et fede.

Maggio [1517].

In li VIIII de Maggio, da Ferrara se andò ad pranso ad Ficarolo che son
XV miglia: se annocto ad Melara villa aperta del Ferrarese; sono in tucto miglia XXX
X.[1] Da Melara ad pranso in la Insula de la Scala che son XXI miglia. Ad 25
tre miglia da Melara è Ostia sopra Po, terra dell'ill^{mo} signor marchese di Mantua
multo importante. Da l'Insola de la Scala se andò ad annoctare in la cita de
Verona. XXXIII
Dicta cita è posta in piano però da una parte accostata alli monti, bella di
strate, piazze et palazzi, allegra grandemente et vi è uno theatro quasi integro, 30
per mezzo li passa il fiume Atice, et gli è di gran circuito et habitato.
XI. Da Verona ad pranso et cena nel Burghetto che sono XXIIII miglia: et
al mezzo che son XII miglia è il passo de la Chiusa, quale per essere strecto
ad un tirar di mano et per mezzo correrli el dicto fiume Atice et da uno lato et
da laltro pegni[2] et monti asprissimi et di saxo vivo che di directura[3] vanno al cielo, 35

---

6 quasi P; grandi N 1. — 8 mio *fehlt in* N 1. — 11 P jorgio. — 12 et forse prudentia
N 1. 13 *nach* et fatighe *in* N 1 benchè essendo V. S. stato amato da la sancta anima del
patrone quanto ella fu et di quello de più cari et honorati servitori, la mia petition superflua sia.
— 14 si non che spesso facci memoria P; si non che spesso in la mente et ne le dotte carte sue
facci immortal memoria N 1. — 15 mio P; nostro N 1. — 16 f et gratiosissimo signore P; et gra-
tissimo comun signore N 1. — 16 f *Datum nach* I; *in* N 1 al ultimo de Agosto de li MDXXI. —
21 canonico P; clerico N 1. — 23 In li VIIII P; IX N 1. — 32 P *im Text* Burchecto; *am Rande*
Burghetto. — 35 pegni P; pegne N 1.

---

[1] Diese und die folgenden Zahlen bedeuten stets das Datum des Tages im
betreffenden Monat. [2] pegni, span. peña: Fels. [3] di directura = addirittura.

è fortissimo et dal canto di terra todesca è impossibile guadagnarse, maxime
tenendoce Venetiani come tengono bona guardia et in certe casecte fabricate in
mezzo del monte dentro del saxo vivo molte bocche de artellaria; dal canto de
Verona non molto difficile. Decto passo è a la banda dextra volendo andare a
5 la Magna. Se serra con porta et è cossi strecto et mal sentiero di pietra viva che
non ce può andare più che un cavallo,[*] et non senza periculo. Per la banda sinistra
non vi è camino, perchè il fiume corre per la radice del monte, quale in quello
loco maxime se leva grandimente in directura. Però è da notare che per questi
monti cossi asperrimi ce se cavalca di continuo per valli pianissime. Et dal
10 dicto Borghetto incomincia la jurisdictione de la M^{tà} Cesarea etiam che siano
Italiani.   XXIV

XII.   Dal Borghetto, che è villa aperta o più tosto hostarie sopra Atice, se
andò ad pranso ad Rovere, che è terra murata et forte distante XIII miglia. Dalla
se andò ad annoctare in Trento che son XII altre miglia. In tucto   XXV
15   Miglia Todeschi.

XIII.   Da Trento, che è assai bona cita posta in piano et copiosa di acque
che li correno per dentro (dove si pransò in castello con el r^{mo} et ill^{mo} vescovo
de lli che ha il temporale et spirituale) per viderse il corpo del beato Simone et
l'artellaria de la M^{tà} Cesarea quale è bellissima et in gran numero, maxime di
20 pezzi grossi, se andò ad cena ad Soloron, distante tre miglia todeschi. (Advertendo
che ciascuno miglio dessi son cinque de Italiani.) Et in la Magna se intra ad
uno miglio todesco da Trento, passato un ponte de un fiume che intra in Atice
ad una ecclesia de sancto Olivero che fu vescovo Augustensis; quale essendo in
Italia et desideroso de retornare in la Magna, oppresso di grave infirmità se votò
25 ad Dio li facesse gratia farlo morire subito intrato la Magna et arrivato ad quel
loco, dove fu constructa dicta chiesiola in nome suo, expirò.

In dicta cita il signore fu visitato dal ill^{mo} signor duca de Bari fratello
de Maximiliano Sforza figliolo del Moro, benchè di altro essere chel decto suo
fratello: che invero lui è signore di gran litteratura, strenno et prudentissimo.
30 XIIII.   Da Soloron ad pranso et cena ad Bulzan, villa murata del vescovo
di Trento de più de DCC fochi, piena de acque, fontane et bene edificata; è distante IIII miglia; dove son due belle ecclesie. Vicino a la dicta villa ad mezzo
miglio todesco el fiume Atice se lassa ad man mancha, perchè diverte la volta di
Merano per una valle che va in terra de Sguizari donde ha origine. Et in tale
35 loco in Atice entra un fiume chiamato Isachar [1], quale passa avante Bulzan, et
in lingua todesca per ethimologia vol dire sacco de neve, et è così in effecto,
che non ingrossa si non quando se dissolveno le nivi. La valle per la quale si
cavalca da qua inante è dicta de Isachar.   IIII

---

6 ce P; vi N 1. — 9 cavalca P; cavalcava N 1. — 10 Borghecto P. — etiam che P; et
che N 1. — 12 Borghecto P. — 14 XII altre miglia N 1; che son dudici [miglia P. — 20 ad
cena *fehlt in* N 1. — 24 retornare P; tornare N 1. — 25 intrato la Magna P; intrato in la
Magna N 1. — 27 dal duca de Bari P. — 28 Sforza *fehlt in* P. — 28 f benchè ... *nach* N 1;
in P *ganz abweichend:* benche de altro essere che lui, che in vero è prudentissimo et gentilissimo. — 33 mane P. — 34 Merono P. — 38 dacqua P. — è dicta de Isachar P; è detta Isachar N 1.

---

[1] Eisack.

XV. Da Bulzan ad pranso et cena ad una villa murata dicta la Chiusa[1] che è distante IIII miglia et è del vescovo di Brissinon. IV

XVI. Da la Chiusa ad pranso et cena ad una hosteria dicta Isacho distante IIII miglia; per mezzo del camino è la cita di Brissinon, quale si non è molto grossa è bene ordinata et habitata. Lli il signor lassò caparro per un orga- 5 necto se ha da fare per un maestro che di simili instrumenti è tenuto excellentissimo. IIII

[XVII.] Da Isacho ad pranso et cena ad Stainech[2] che sono cinque miglia et mezzo per via; distante da Isaco II miglia è una villa dicta Strenzilingh[3] che consiste in una strata ben lunga. Et in uno locho che si chiama Brenden[4] al pie de un 10 monte son doi laghetti: l'uno che da principio al fiume Isacho, et l'altro ad un fiumicello che se dice Sileche[5], qual corre verso Inspruch, et da qua se comprende che dal dicto loco se incomenza a descendere, et li doi fiumi predecti che non son grossi, come è decto, ne li principii loro son piccolissimi. V

In dicta villa de Stainech è una casecta de lo Imperatore, dove allogia 15 quando vi viene per fare la caccia di camosce et di cervi quali cazzino da li monti et li fanno calare in un rivo che passa avante dicta casa et lli li ammazzano con balestre et schioppecti; et in memoria di ciò, in dicta casa sono dentro affisse sei para de corna de cervi bellissime, ne la radice loro dorate con le arme di quelli signori che li hanno ammazzato, et similmente vi sono de corna de 20 camosce.

XVIII. Da Stainech se andò ad pranso ad Inspruch, sono tre miglia et mezzo et ad mezzo miglio da Stainech è una villa dicta Matrigna[6] dove è una bella strata de case et convenienti allogiamenti. III

Inspruch è terra locata in piano non molto grande, ma assai bene abitata, 25 forte, bella et allegra. Lli la Ces⁰ Mᵗᵃ sta volintieri et secondo dicano nce è allogiata più volte con VI milia cavalli, et vi se lavora perfectissimamente de armature che risisteno non solo ad balestre (come habbiamo visto di quelle che il signore vi fe fare) ma ancora ad schioppecti: non so si aviene più da l'artificio che dal ferro et tempera de lacqua. Le case sono molto vaghe, ornate di tecti, fenestre 30 et di fazziate, pero al modo loro. Strate larghe et per dentro rivi et fontane assai. Per avante le mura li corre el fiume Enus che vulgarmente li dicono Ino, et da esso in lingua todesca è chiamato Inspruch, che vol dire ponte sopra Ino, quale si non molto grande è bello. La dicta terra è Brissinensis diocesis. Lli se vedde un artellaria più tosto più che meno di quella di Trento et de avan- 35 tagio tanta munitione de schioppecti, balestre, lanzoni et corsalecti, che se ne armariano facilmente XXX milia fanti. In la ecclesia principale è un bellissimo organo non di excessiva grandezza, con molti registri et perfectissime voci, quali representano trombe, pifare, flauti, corneti, storte, cornamuse, tamburri, cimphonie

6 f nach N 1; in P nur: che è tenuto excellentissimo. — 12 dacqua P. — 16 camorce P. — 18 in dicta casa P; in la predecta casa N 1. — 19 de corna P; di corni N 1. — 21 camorze P. — 22 che sono N 1. — 24 convenimenti P. — 28 f Der Zwischensatz come habbiamo bis fe fare fehlt in P. — 34 si non molto grande P; si non pur grande N 1. — 36 cossalecti P und N 1. — 39 pifare fehlt in N 1, ebenso cimphonie.

---

¹ Klausen.   ² Steinach.   ³ Sterzing.   ⁴ Brenner.
⁵ Sill.   ⁶ Matrei.

et vernare di varii ucelli con tanta naturalità che non dissentano nè differiscano da li veri (cosa veramente molto delectevole et ingeniosa), de modo che di tanti altri organi che sono visti in tucto il resto del viagio questo è stato iudicato il più perfecto. Lli anche per sua s. ill^{ma} furno visitate le due regine ne la casa
5 de la Ces^a M^{ta}, quale è assai ornata et de molti habitationi fabricata alla thodesca. Dicte regine se ferno trovare in una sala quale da uno lato era tucta piena de doncelle in numero de più de L^{ta} bene in ordine al modo thodescho et belle. L'una de le dicte regine sorella del re de Hungaria, dicta Anna, di eta di XIV in XV anni, che se da per muglie al ill^{mo} s^{or} don Ferrando fratello del Re Catholico,
10 è bellissima et dispostissima, vivace di oghi et di tal carnatura, che tucta parea di lacte et sangue. Vesteva de velluto negro et in testa havea berrecta pur de velluto del medesimo colore. L'altra, che è sorella del predicto Re Catholico et si da per muglie al re de Hungaria, è di eta di X in XI anni, negriglia et non di molta gratia a gli oghi mei, vestiva del medesimo modo, ma di seta di altro colore che negro, pur
15 con birrecta d'homo de velluto negro. In la dicta casa è una guardarobba de la predicta M^{ta} Ces^a dove sono mille galantarie et cose lavorate de ferro con molte bizarrie. Et vi sono de fine et belle armature, fra quali è quella del re di Scocia che fu ammazzato in bactaglia in Inghilterra da Inglesi, quando quello re Anglico una con lo Imperatore era ad campo ad Tornai, et la preserno; quale armatura haven-
20 dola mandata fin lla la regina sua consorte obtenuta la victoria, sua M^{ta} la donò a la Ces^a quale la mandò in Inspruch, et se preserveno in la dicta guardarobba. Dove anche è un lepore con sei corna in testa et una pictura de un porco alto più de sei palmi et un altra de un cervo grande come un cavallo pur morto da un gran signore de lla. Tucta la sala et anchora alcune camere sono ornate de cornature
25 de cervi grandissime del modo è stato decto de la casa de Stainech; et una tra le altre vi è di XXXVI rami cosi bella come sia mai vista. Distante da la dicta terra verso dove corre el dicto fiume Ino ad un miglio italiano in la riva sinistra di quello, la Cesarea Magesta fa lavorare XXVIII statue di metallo di soi ante-cessori di casa de Austria et de li apparentati con quella, tanto de huomini quanto
30 de donne; et vi erano finite che le habbiamo viste nel medesimo loco XI di statura de circa nove palmi. Et se fanno etiam CXXVIII statue pur de metallo de tre palmi l'una, de le quali dentro la terra dove se lavorano ne vedimo alcune, che se retrovarno facte, et quelle erano de diversi sancti, quali dicevano li artifici et gentilhomini de Inspruch, che lo Imperatore una con le gran statue le volea
35 locare in una cappella che è per fare; et veramente che tale opera quando se finisca sarra bellissima et degna de la magnanimita et grandezza di sua M^{ta}. Lli sua s. ill^{ma} dimorò in fine a li XXI che fò la ascensione et con piacere grandissimo.

XXI.   Da Inspruch de poi pranso se andò ad cena ad una villa dicta Sefelt, che son tre miglia. Vicino ad un miglio da Inspruch in un monte di pietra viva de
40 altura (ad mio judicio) da L^{ta} in LX^{ta} passi in directura è una caverna dove lo Imperatore è saluto [1] et postovi di man proprie un crucifixo che se vede da la strata. Et più in lla un altro miglio è una villa dicta Cierlo [2] bene habitata.   III

2 delectevole et *fehlt in* P. — 5 fabricata P; fabricate N 1. — 20 fin lla P; si lli N 1. — 25 grandissime P; grandissimi N 1. — 31 de circa nove palmi P; de nove palmi in circa N 1. — 39 Et vicino N 1. — 41 saluto P *und* N 1. — 42 un altro miglio *fehlt in* P.

[1] = salito.   [2] Zirl.

In dicta villa de Sefelt quale è di poca habitatione in la ecclesia parrochiale
è una hostia miraculosa che appare essere di sangue et carne, et vi è stata in uno
tabernaculo da li MCCCLXXXIV, che uno nomine Ossoaldo Milser nobile et prefecto
de certe arti, tenendo che era differentia tra la hostia grande et la piccola consecrata, nel jobio dì sancto che se volse communicare recercò il pivano[1] o rectore   5
di quella ecclesia, che non lo volesse in tal giorno communicare con hostia piccola
como li plebei, ma chel communicasse con hostia grande como se communicano
li preti; et respondendoli il decto pivano, che tra luna et laltra o piccola o grande
consecrata che sia non nce è differentia alcuna, il decto prefecto pur insisteva, che
lo volesse communicare con la grande; et cosi il pivano per vero timore il com-   10
municò. Et come il corpo di N. S. Jhesu Christo li fu in boccha, se li fe subito
de carne et sangue, et la terra del corno del altare dove era ingenochiono se
aperse et se lo inglucteva. Lui exterrito da la grandezza del miraculo, et veden-
dose absorbire se ritenne con la mano dextra al corno del dicto altare, dove per
virtù de Dio etiam che fusse di pietra durissima fisse li diti non altrimente che   15
si fusse stato di cera, come di presente apertamente appare. Inpero il prefato
pivano levandoli il corpo de Christo da bocca lo repuse con la debita reverentia
in un tabernaculo di cristallino ornato di argento, quale monsignor illᵐᵒ et tucti
gli altri habiam visto oculatamente. El decto prefecto reducto ad penitentia condusse optima et austera vita finchè vixe. Dicta reliquia (secondo dicono) ha facto   20
sempre et fa de molti miracoli. In fine a la decta villa, quale è diocesis Brissi-
nonensis, si extende il contato de Tiroli, che è de la Cesᵃ Mᵗᵃ et sempre, come
appare per scripture antique, che non è memoria in contrario, è stato de casa
de Austria.

Svevia.   25

XXII.   Da Sefelt ad pranso ad Mictervaldo[2], che è una villecta distante tre miglia,
et dalla ad cena ad Portencherchen[3] che son tre altri miglia; et dicta villa è
Frisenensis diocesis.   VI

XXIII.   Da Portencherchen ad pranso et cena ad Rottenpoch[4] monasterio de canonici
regulari di l'ordine di sancto Augustino Frisenensis diocesis sub invocatione beate   30
Virginis; et la solennità principale si celebra in la natività sua. Dove è una
recipiente hostaria quale è del decto monasterio, che ha iurisdictione et temporale
et spirituale per cinque miglia todeschi intorno. Et ad un miglio da Portencherchen
trovaimo un monasterio dell'ordine di san Benedecto in una campagna dove alias
era loco de assaxini; et vi è una ornata et grande ecclesia facta in tondo con   35
una bella cuppula, et nel mezzo si sustenta con un pilastro; et lo decto monasterio
fo constructo per lo Imperatore Federico IIIIᵗᵒ ex voto che Dio li fece gratia redurlo
in salute da Italia, et tale loco li fu revelato da l'angelo quale li apparve in habito

---

12 de *fehlt in* N 1. — ingenoghiono P. — 15 etiam che P; anchor che N 1. — 19 oculatamente N 1; occultamente P. — 20 secondo dicono *fehlt in* P. — 21 f Brissimensis P. —
23 N 1: antiquissime; *in* P antique *anscheinend aus* antiquissime *korrigiert.* — 25 *Die Überschrift*
Svevia *fehlt in* N 1. — 35 facto P. — 37 fece P; facesse N 1.

---

¹ pivano = pievano (plebanus).   ² Mittenwald.
³ Partenkirchen.   ⁴ Rottenbuch.

di san Benedecto come vestino li monaci che lo serveno, et tal monasterio è decto
la Madonna de Eype [1].   miglia IIII

XXIIII.   Da Rottenpoch ad pranso et cena ad Lanzperech, distante cinque miglia.
Et ad uno miglio da Rottenpoch sopra un collecto è una bonica terra che se
5 dice Siaongau [2], quale è del duca de Bavera et più in lla è un' altra pur del
decto duca nominata Soana [3] et un fiume di suo nome li passa per li mura.   V
    La decta terra Lanzperech, quale è del predicto duca de Bavera, Augustensis
diocesis, ha un fiume innante la porta, sopra dove è un bel ponte de lignamo,
como son gia tucti li altri de la Magna, che di pietre non vi ni è alcuno; quale,
10 si non è molto grande, non è piccolo, et nasce vicino al decto monasterio de la
Madonna de Eype, et si chiama Licus latine, in todescho Leuch, et tiene una
cascata dentro la terra che porta furia et velocità grandissima.

XXV.   Da Lanzperech ad pranso et cena ad Augusta da thodeschi chiamata
Auspruch; è distante sei miglia, quali lassati li monti e boschi da la dicta
15 terra de Lanzperech cavalcaimo per una pianura ampla et rasa como quella de
Puglia.   VI
    Dicta cita è grande, populosa, tucta in piano, allegra et assai bella di piazze,
strate, case, ecclesie, et molto civile, con infinite fontane divise per ogni loco di
quella, quali ne ivi nascono ne da longe conducano per conducte come le altre,
20 ma se fanno per certo artificio che è dentro una torre nel extremo de la cita,
quale tira l'acqua de un rivo che passa per dentro dicta torre per forza de rote
in alto; et quella poi se conduce per condocti sotteranei, de modo se fanno molte
de esse in più piazze et strate come è decto, et buctano assai alto. El signore
fu ad vedere dicta torre et la iudicò di grande artificio et spesa. Lli se vedde
25 el palazo de li Fucchari chi è de li belli de la Magna, ornato assai di pietre marme
et mischie, et la fazzata de la strata lavorata de historie con molto oro et di perfectissimi colori, et la coperta de decta casa è tucta di rame, et tra li todeschi vi
sonno alcuni appartamenti a la italiana bellissimi et assai bene intesi. In un monasterio di frati Carmelitani è una cappella facta da dicti Fucchari in lo fine de la nave
30 de la ecclesia relevata circha octo scalini con pavimenti marmorei et musaicati con
una laniatura ornatissima lavorata d'oro et de azurro et altri colori finissimi et con
excellente pictura. La tavola quale tiene quasi tucta la faciata è lavorata de figure
marmoree perfectissime che resemblano al antiquo grandimente; et intorno ha un choro
di legnamo di rovere bizarro assai et con figure de tucto relievo de prophete et si-
35 bille de artificio dignissimo; non senza organo per la qualità de la cappella assai
grande et bello. Constò dicta cappella con tucti li sopradecti ornamenti secondo la
relatione di messer Jacobo Fuccharo che è il più antiquo de la casa et la fe fabri-

5 in illa P. — 9 son gia P; gia son N 1. — 19 per conducte *fehlt in* N 1. — 22 poi
fehlt in P.

---

    [1] Gemeint ist das 1330 von Kaiser Ludwig dem Bayern gegründete Kloster
Ettal. Der entstellte Name Eype ist wohl so zu erklären, daß der Verfasser das
in seinen ursprünglichen Tagebuchaufzeichnungen flüchtig geschriebene oder un-
deutlich gewordene Wort Ettal bei der späteren Ausarbeitung nicht mehr richtig
entziffern konnte. In gleicher Weise konnte der flüchtig geschriebene Name
Lodovico leicht in Federico verlesen werden.
    [2] Schongau.   [3] Schönach.

care lui, vintitremilia fiorini. Li dicti Fucchari hogi dì sono de li gran mercanti che si cognoscano in Christiani, perche senza altro adiuto ponno ponere mano ad tricento milia ducati de contanti, non tocchando de lor stabili (che non son pochi) un pelo. Et questa faculta hanno facta a le expeditioni de li vescovati, abbatie et beneficii grossi de la Magna; che secondo se jactava el prefato messer Jacobo, 5 al tempo suo lui ha expedito quanti vescovati ce sono, et molti d'essi due et tre volte, et gia esso non passa LXXᵗᵃ anni. Et anchora ne le minere d'oro et argento che hanno tenuto arrendate tanti anni da la Cesᵃ Mᵗᵃ et da re de Hungaria ad bon mercato, benchè da alcuno tempo in qua le afficiano caro, pur con lo numero de li hominj che vi tengano ad cavare, et in la Magna et in Hungaria, che 10 secondo la relatione loro fanno de continuo spese ad decemilia persone el dì, guadagnano anchora assai bene. Vi sono etiam li Belzari [1], che sonno citadini delli, gentil persone, practici per Italia, bon mercanti, ma non in comparatione de la mancha parte de li decti Fucchari. Monsignore rᵐᵒ Gurgensis [2] è anche figliuolo di quella patria et vi ha fabricato de poi che è cardinale una commoda et bella 15 casa. Li predicti Fucchari nel suo zardeno, che è in un burgo vicino le mura de la terra, dove sono fontane che le conducano in fine a le camere pur con artificio di rote, convitorno monsignore illᵐᵒ con balli de assai belle donne. In dicta cita ultra el vescovato che è grande et bello vi è una ecclesia di san Dominico assai magnifica et bene intesa, fabricata (secundo dicevano) da fundamenti in tre anni. 20 Lli è anche un maestro Paulo Ruzo [3] laico, valentissimo homo in hebreo et in latino, gran philosopho, molto amato dal' Imperatore et cortisani suoi. La dicta cita è imperiale over franca, che è il medesimo.

XXVII. Da Augusta ad pranso et cena ad Verdea [4], che sono VI miglia; et essa è 25 così nominata da un fiume che li va per li fossi. Dicta Verdea però è piccola cosa. Il Danubio, quale lla non è molto grosso, li va distante una balestrata. Tra Verdea et Auspruch è una villa de boni allogiamenti che se dimanda Abessidorf [5]. In dicta villa murata de Verdea è un monasterio sub vocabulo sancte crucis di monaci de san Benedecto dove è un pezzo de la croce di nostro Signor Jhesu Christo et una spina de la corona, reposti in un bellissimo tabernaculo de argento 30 indorato et adornato de grosse perle et altre gioye in forma de arbore con più de Lᵗᵃ figure lavorato subtilissimamente, et al signore piacque in gran manera judicandolo de artificio grandissimo. VI

XXVIII. Da Verdea ad pranso et cena ad Baysiburch [6], che sono quattro miglia. Et distante da Verdea un miglio è un monasterio del ordine di san Bernardo 35 dicto Casser [7] di XXX milia fiorini de intrata l' anno. È una grande et bella ecclesia con molte bone habitationi intorno. Fo constructo da un conte de Svevia, et lo abbate, qual si crea per electione de monaci, besogna sia Svevo. Advertendo

---

3 f un pelo P; una minima cosa N 1. — 7 et d'argento N 1. — 8 tenuto *fehlt in* N 1. — 10 P: in lla Magna. — 17 f *Die Worte* pur con artificio di rote *fehlen in* P. — 31 dorato N 1. — 32 lavorate N 1. — 33 iudicando N 1. — 36 l'anno *fehlt in* P.

---

[1] Welser.   [2] Kardinal Matthäus Lang.
[3] Der Name Paulo Ruzo ist vielleicht eine Entstellung des Namens Peutinger, den der Verfasser in seinen Aufzeichnungen nicht mehr entziffern konnte.
[4] Donauwörth.   [5] Oberndorf am Lech ?
[6] Weißenburg.   [7] Kaisheim.

che passato il contato de Tirolo, è la provintia o contato de Svevia, quale con-
fina con Alvetii et la riva del Reno.   IV

XXVIIII. Da Baysiburch ad pranso et cena ad Nurimbergh; sono septe miglia.
Et distante da Baysiburch cinque miglia è una bella villa murata et forte quale è
5 del marchese di Brandiburch Ramiro [1], non lo electore de lo imperio, ma parente
di quello.   VII
    Nurimbergh è terra posta in piano et per una poca parte in collini, bellis-
sima di ecclesie, di strate, case, piazze et copiosissima di mercantie et varii artificii, maxime di cose di ferro. Et benche non habia fiume grosso, pur ne li corre
10 uno per mezzo, in lo quale macineno molti molina, et ce se lavora grandemente
di ferro et maxime di ferro filato, dove con molta facilità con le rote che son
voltate da l' acqua se ne lavora una infinita et de grossi et de soptili. In la
piazza maystra è una fonte de pietra intagliata con assai figure de tucto relievo
bellissimo, et va molto alto de lavoro et bucta con più de XXX canoni. Et per
15 lo resto de la terra ne sono anche de le altre ma non cosi belle. Dicta terra
se incatena tucta con catene grossissime et è fortissima, fornita de mercanti de
ogni natione et de huomini civili. Tiene una munitione de artellaria mirabile,
perho non quanto quelle de Trento et de Inspruch, tanto de grossa como de
minuta, di schiopecti, de che ultra li altri ve ne sono tre triangoli [2], di balestre
20 infinite et provisione de tucto il necessario, si de cavalli per condurre le artel-
larie, come di pietre, ballocte, de azzaro et polvere. De carboni tengono piena
una lunga et grande casa ad tale che essendo qualche assedio non restassero de
lavorare di ferro per falta de carboni. La communità tiene anche XVIII stantie
facte in modo de magazzeno con tre et quactro solari piene di victovaglie, zo è
25 di biada et secala, che de fromenti vi ni è poco. Et da la consideratione de una
che veddimo con el signore, essendo le altre simili, como li citadini dicevano, si
puo dire che sia una munitione incredibile; et ne fo mostrata lli secala de cento
et tanti anni, che ancora se conserva, quale anche mostrarno ad monsignore r^me
et ill^mo di Este quando vi fu circha il fine del pontificato di Julio di felicissima
30 memoria. Fora la porta de la terra come corre il fiume circha cento passi è una
piantata de cinque ordini de arbori chiamati in la Magna lindi, et uno ne va per
la riva propria del decto fiume, quale riva batte al piano de l' acqua. Dicti arbori
son grandissimi et hanno la fronde come un celso biancho; fanno ombra suave
et un fiore biancho, che odora molto però senza fructi. Et sotto quelli è pratoria
35 rasa con certe herbecte minute et de un verde grandimente allegro, con quactro
fonti ben compartiti, de modo che è de una vista, amenità et piacere el magiore
che (salva honestate) mi potesse imaginare. De li predicti arbori che in la Magna

---

5 P im Text Brandibruch, am Rande Brandiburch. — 8 copiosissime P. — 11 di ferro
filato P; del filato N 1. — 16 fornita N 1; finita P. — 18 perho bis Inspruch fehlt in N 1. —
23 anche fehlt in P. — 24 facte fehlt in P. — 26 che veddimo con el signore P; che se vedde N 1.
— essendono le altre N 1. — 28 che ancora se conserva fehlt in N 1. — 33 f fanno ombra suave
et un fiore biancho fehlt in N 1.

---

[1] Markgraf Kasimir von Brandenburg-Ansbach († 1527).
[2] Zu „triangoli" in P die erklärende Randnote mit roter Tinte: Triangoli
sono ad tre facie sopra carrecte, et ciascuna faccia ha da 40 piu grossi de sciop-
pecti et meno de archibusi de metallo; et ponendo fuocho ad uno sperano tucti,
et tirato una facciata se volta l' altra et l' altra.

et in Fiandre ne son per tucte le terre, maxime in loci puplici causa captandi frigus opacum[1], in Italia no ni è cognitione alcuna, et similimente de un altro arbore chiamato larice, che in la fronde ha similitudine in qualche parte del abeto, ma alli occhi molto più vagho, et più piccole frondi. Nasce nelli boschi ne li lochi montuosi però ne le costere et ve ni è gran copia. In dicta terra el 5 signore lassò ordine di farse horilogii, altre cose de ferro et de octono che ascendevano ad bona summa de ducati. Lli si mostra la corona de Carlo Magno figliolo de Pipino, tucta d'oro con molte gemme preciosissime et la spada con fodero de veluto rosso et quella anchora di santo Mauritio, che secundo dicono li fu presentata da l'angelo, et non si sa conoscere per maestri (che come è decto 10 ve ne sonno infiniti) di che metallo sia facta. Dicano etiam che ce sia la palla de decto Carlo con sua croce et una spina de Nostro S. Jhesu Christo et la ponta de la lanza che li passò il lato, asserendo havernola facto confrontare con quella è in Roma in sancto Pietro nel altare dove è sepulto Innocentio VIII, che li mancha la dicta ponta. La predicta terra è Bombriensis[2] diocesis et francha. 15 In la quale se fanno gran mercantie de fodere de vulpi bianche, lupi cerveri, de armellini et zebellini, che vengano da Muscovia et dal occeano septentrionale. Lei del spesso ha guerra con el marchese di Brandiburch, che li confine, con el quale è venuto come dicono a le volte ad bactaglia campale; et benchè sia così gran signore come è, et la habia tenuta assediata per forza, alcuna volta ne ha 20 levato il peggio et statone fracassato.

Giogno.

Al primo de Giogno da Nurimbergh, dove si stette duoi dì, partectimo di poi pranso la seconda festa de la Pentecoste per Constantia. Et tornandone indrieto ad Suavia ne andaimo ad cena ad Continausen[3], villa distante sey miglia, 25 quale è del signor marchese di Brandiburch. VI

II. Da Continausen ad pranso et cena ad Nerlingh[4], terra murata et francha de la diocesi de Auspruch, distante cinque miglia. Et ad tre miglia da Continausen è una terra murata dicta Otinch[5], et è contato. V

III. Da Nerlingh ad pranso et cena ad Laubinghen[6], patria de Alberto Magno 30 dove sta pintato secundo dicano de naturale in una fazzata de torre fabricata dentro la terra, quale torre fu constructa in memoria sua ad dispese de una contessa de Suberch chiamata Ghisel[7]. Et de la casa dove nacque el predicto Alberto essendo electo episcopo Ratisponense ne fe fare una chiesiocta dedicata alla Madonna, quale hogi dì se vede, et ve si celebra frequentemente per devotione. 35

1 et in Fiandre fehlt in P. — 1 f causa captandi frigus opacum P und N 1; N 2 dafür: per recreatione et stare a solazzo all'ombra. — 3 ha in qualche parte similitudine N 1. — 4 ne li occhi N 1. — et più piccole frondi fehlt in P. — 6 farise P. — 16 in la quale P; vi N 1. — 17 semptentrionale P. — 19 a le volte fehlt in P. — et benchè esso sia N 1. — 20 et habbia bastato tenerla assediata N 1. — 16 bis 21 fehlt in N 2. — 31 pintato P und N 1; dipinto N 2. — et secundo dicono N 1. — 33 Suoberch N 1.

1 Vgl. Vergilii Bucolica 1, 52.
2 d. h. Bambergensis.   3 Gunzenhausen.   4 Nördlingen.
5 Öttingen.   6 Lauingen.
7 Gisela von Schwabeck; vgl. Sighart, Albertus Magnus, Regensburg 1857, 271.

7*

Et in dicta terra de presenti ce è uno citadino frate ordinis Heremitarum dicto frate Gaspare Amonio, valentissimo huomo in greco, in latino et in hebreo, quale traduce di nuovo molte cose de la scriptura. La predicta terra è del conte Palentino distante cinque miglia, et gia fù alias del imperio.

·5   Dinante le mura li va il Danubio, quale nasce da longe dilla cinque miglia todeschi in una villa che è dicta Tanisia. Et tra il mezo sono molte ville piccole. El paese è piano. Ce se andò con qualche pagura [1], accompagnati da soldati de Augusta, per una nova de cinquanta cavalli de assassini, che erano nel boscho.   V

IV.   Da Laubinghen, quale sopra un ponte del Danubio de la porta che se uscì ha
10   XI molina et una ferrera sei per banda bellissimi et grandissimi, se andò ad pranso et cena ad Ulma, terra in Suevia francha et populosa, distante sei miglia boni, non essendo noi andati per la via ordinaria, ma stravagando per la medesma pagura sopradecta. La predicta terra tiene la ecclesia magiore assai bella et grande. El Danubio li va dinante et per dentro li fossi. Per via da longe da
15   Laubinghen duo miglia ce è una terra murata dicta Quinzipurch [2], quale è de casa de Austria et impignata da lo Imperatore moderno al vescovo de Augusta. Et ad mezzo miglio da Quinzipurch è un altra villa dicta Laipo [3]. Ulma è Constantiensis diocesis.   VI

V.   Da Ulma ad pranso et cena ad Bibrach, quale è terra francha Constantiensis
20   diocesis, distante IIII miglia. Tra il mezzo sonno alcune villecte di pocha qualità.
      Advertendo che tucte quelle terre et lochi che non descrivo esserne in montagne se intendeno in piano ad qualsivoglia regno et provintia.   IIII

VI.   Da Bibrach ad pranso et cena ad Ravispurch, distante IIII miglia. È terra francha Costantiensis diocesis et nel mezzo del camino è la villa de Valz [4] dove
25   il signore donò ordine et caparro per fare lavorare flauti, piffari et storte, lavorandosene in quel loco assai excellentemente.   IIII

VII.   Da Ravispurch se andò ad cena ad Constantia, che son quactro miglia et se pransò ad una villa dicta Merispurch, che è sopra il lagho et del vescovo di Constantia, donde ne imbarcaimo con tucte le cavalcature per la dicta cita distante
30   un mezzo miglio todesco, che per terra sariano state più de IV miglia, et lli se stecte doi jorni.   IV
      Quella città è molto allegra et la maior parte de epsa è circundata dal dicto lagho, et vi se intra per un bello et gran ponte de lignamo donde principia il Rheno, quale benchè nasca circha cinque miglia sopra il decto lagho pur entra
35   in epso et dal ponte innante se restrenge et incomintia ad havere il nome suo. Dopoi caminando un miglio fa un altro laghecto, dove è una insolecta et dalla inante se adriza al corso suo. Dicto lagho, quale è bellissimo et grandemente ameno, è per longhezza octo miglia thodeschi et circa duoi larghi. In la dicta città sono bellissime donne molto conversabili et allegre. In la ecclesia cathedrale

2 in greco, latino et hebreo N 1. — 5 da lla N 1. — 7 paura N 2. — 19 ad Bibrach bis 23 Da Bibrach ad pranso et cena fehlt in N 2. — 21 Advertendo però ciascuno che N 1. — 21 f in montagna N 1. — 22 se intendeno situate in piano N 1. — 25 per certi flauti N 1. — 29 per dicta cita N 1. — 30 sariano state più de IV miglia N 1; sariano stati quactro miglia P. — 32 Questa N 1. — essa N 1. — 34 circha fehlt in N 1. — 35 esso N 1. — 38 è per longhezza N 1; et per longhezza P. — In dicta N 1.

---

[1] pagura = paura.   [2] Günzburg.   [3] Leipheim.   [4] Waldsee.

quale se reedifica assai grande et bella se vedero de molte reliquie et ricchezze
d'oro et d'argento, tra quali sono due croci circha sei palmi l'una tucte massizze
d'oro de fiorini et molti tabernacoli d'oro. Una cassecta o tumba de IIII palmi
dove son l'ossa de un martire pur d'oro de fiorini con una infinità de gioye et
d'esse ne sono alcune de prezzo et fine. Il coverchio de dicta tumba secondo 5
dicevano li canonici de lli è de oro de Arabia et de miro artificio et lavoro, quale
di manofactura solo constò tre milia fiorini. Ce erano anche due pale tucte de
argento longhe VIII palmi l'una et larghe cinque. In dicta ecclesia è una grande
et bella libraria dove tra le altre cose è uno astrolabicho bellissimo. Dicti canonici fanno lavorare uno organo de stagno de più de XXX palmi, quale secundo 10
diceva il maestro devea representar la voce de XIII instrumenti, de quali ne
monstrò li desegni, et la maiore parte de le canne che deveano essere MMMCCCC
erano gia lavorate, et la più grande de quelle girava cinque palmi de canna che il
signore la fe mesurare da un suo cameriero, fando iuditio che finito che fusse
saria il più grosso organo che sia anchora stato facto per il passato. Non constarà 15
per quanto ne referì il maestro più de MM fiorini, che in Italia costeria X milia.
Lli è una sala dove fu celebrato il concilio Constantiense vicina alla porta maestra
del dicto lagho, dove adesso ce se repongano le robbe che vengano per acqua et
serve per dohana. Dicta cita è imperiale o francha che è il medesimo. Et vicino
la porta del decto lagho è una spera nel muro dove sonno annotati li XII mesi 20
del anno, sotto quali son pintati li pesci che son boni in ciascun mese, zo è di
quelli se prendeno in lo lagho predicto et così se comprano.

X.   Da Constantia se andò ad pranso et cena ad Sciaffush distante IIII miglia,
quale è cantone de Suitzari, posta sopra la riva dextra del Rheno, dove passaimo
per un bel ponte di legno, per lo quale se intra a la porta de la terra.   IIII 25
Dicta terra non è molto grande di circuito, ma assai strecta et populosa.
Lli è una abbatia di san Benedecto, in la quale è un crucifixo el magiore se
vedesse mai, et in tucta la Magna è in proverbio: Magnus Deus Schiafusensia.
Però è da advertere che li miglia de Suizzari sono al duppio più longhi che li
altri todeschi. 30

XI.   Da qua se parti dopoi pranso, che fu il dì del corpo de Cristo, et se andò
ad cena ad Loffinbergh [1], quale è posta sopra una riva et l'altra del Rheno, terra
imperiale et Constanciensia diocesis, distante quactro miglia. Et ad un miglio
italiano da longe da Schiafush el Rheno fa una grandissima cascata tra saxi
asprissimi. Et ad un miglio da la dicta terra è una villa chiamata Nonchirch [2], 35
et ad uno altro ancora un'altra dicta Ghienchen [3], et ad tre miglia un'altra nominata Bassut [4]; et per le due ultime se passò per dentro.   IIII
Dicta terra non è molto grande, et il Rheno li passa per dentro in una
grande strictura, sopra il quale è un ponte di pietre, et lli tiene un'altra fractura
o cascata de acqua che fa un suono grandissimo per li saxi grossi vi sono et 40
corso violentissimo. Et per dicto ponte si passa a la riva sinistra dove è una

---

1 ricchezza N 1. — 3 d'oro de fiorini N 1; d'oro et di fiorini P. — 14 da un suo cameriero
fehlt in P. — 19 che è il medesimo *fehlt in* N 1. — 19 Et vicino *bis* 22 se comprano *fehlt in* N 2.
— 31 da lla N 1. — che fu il dì del corpo di Christo *fehlt in* N 1. — 40 f per li saxi *bis* violentissimo *fehlt in* N 2.

---

¹ Laufenburg.   ² Neunkirch.   ³ Thiengen.   ⁴ Waldshut.

gran parte de l'habitatione. Et da lla incomintia decto fiume ad essere navigabile per fine al oceano. Et da quello loco etiam se incommentiano ad pigliare de
li salmoni, dove ne mangiaimo duo grandissimi, quali salmoni son pesci poco meno
de un tunno, grassissimi et dulcissimi.

5 XIII.   Da Loffinbergh dove si stette un giorno per reposare le cavalcature se
andò ad pranso et cena in Basilea distante quactri miglia; et nel mezzo trovaimo
una villa dalla del Rheno decta Rainueldin [1] che ha un longho et largo ponte de
legnamo su l'acqua.   IIII
      Decta cita è cantone de Suizzari grande et fortissima de muraglie con più
10 mani de fossati, situata in piano, et donde manchano le muraglie la fortifica il
Rheno che li corre per avante, sopra il quale ha un ponte de lignamo assai largo
et longo sustentato con certi polieri de fabrica. Et a la riva dextra del dicto
fiume sopra dove se passa per decto ponte ce sono bona quantità de case et belle
strate, benchè non vi se habita così civilmente come in la cita; la chiamano Ba-
15 silea piccola et est Constantiensis diocesis. In la prefata cita sonno bone artel-
larie et maxime XII pezzi assai grossi et artificiosissimamente lavorati. Suizzari
per havernola tolta al Imperio ne stanno molto gelosi et la guardeno bene. Ma
assai più quelli de Constantia temino d'essi et vegliano loro cita d'ogni tempo,
maxime che a li anni passati se la M.⁺ᵃ Ces.ᵃ non era presto ad providerla in per-
20 sona per certo tractato secreto che vi era gia se l'haveano abeccata. El concilio Basileense fu celebrato in la ecclesia cathedrale.
      Da lla ne partemmo per acqua il Rheno abasso facto giorno et quasi al
levare del sole con due barche, l'una che levò il signore con noi altri et
l'altra li cavalli et li muzzi che li governavano, et la sera con el sole medesma-
25 mente arrivaimo ad Argentina, fin dove per terra sono XIIII miglia et per acqua
havendo il fiume volte assai miglia XX. Il pranso si fe in barcha de le robbe
se comprarno in Basilea.   XX

XIV.   A la dicta cita che è situata in piano appresso il Rheno ad mezzo miglio
italiano ce se intra per un canale facto ad forza che corre al decto fiume et va
30 per mezzo dicta cita con tanta largura et quantità d'acqua che fa mostra quasi
del canale grande di Venetia, benchè per la prefata cita correno più acque maxime
per li fossi. Essa è grande et bene habitata, strate et piazze bellissime, et case
per la magior parte di pietre; è imperiale et tiene bella et grande artellaria et
munitione di frumenti, secala et avena. Et sopra tucto la ecclesia cathedrale
35 bellissima tucta coperta di piumbo assai grande; dove etiam è un grande et perfecto organo et un campanile che lor chiamano torre, altissimo assai più che la
cupula di santa Liberata di Firenza, che non la torre del Asinello di Bologna et
anche il campanile di san Marcho di Venetia o qualsivoglia altro edificio de Italia
ch'io habia visto o inteso. Et è ingeniosissimamente lavorata tucta ferriata et
40 di dentro le pietre impiumbate, de modo che in quella opera non ce è un granello

10 situata in piano N 1; *fehlt in* P. — 10 f è fortificata dal Rheno N 1. — 11 corre N 1
corto P. — 12 de certi polieri N 1. — 17 haverla N 1. — 19 f in persona per certo tractato secreto che vi era *fehlt in* P. — 20 beccata N 1. — 26 Et pranso N 1. — 27 se provedettero
N 1. — 30 abundantia N 1. — 31 predecta N 1. — 33 grande et bella N 1. — 38 altro
N 1; alto P.

----

¹ Rheinfelden.

di calcina, et di apparentia tanto vagha et superba come edificio si possa considerare. Vi se può salire facilmente per lumaca per tucti quactro suoi cantoni. El signore ce salì in fine al mezzo et alcuni di noi altri infine al extremo et vi numeraimo più de octo cento scalini de un palmo de altura l'uno. Ivi se dimorò doi giorni. 5

XVII. Al partire da Argentina per terra besognò passare el Rheno, quale lli stagna grandemente come anche in molti altri lochi, sopra un ponte de lignamo che tira un mezzo miglio italiano. Et ne andaimo ad pranso et cena ad una terra che si chiama Rostane[1] distante sei miglia; et per camino son due ville di pocho allogiamento. VI 10

XVIII. Da Rostane ad pranso et cena ad Spira che è distante octo miglia: et ad uno miglio italiano vicino alla dicta cita si passa il Rheno con schiafa. VIII

Spira è cita si non molto grossa non piccola, bene habitata, et ce è una bella ecclesia cathedrale coperta de piumbo, dove è un bello organo con molti registri et nel choro un bellissimo arbore de octone. Nel claustro di quella ce 15 è un Monte Oliveto con Nostro Signore, li discipuli et la turba de Judei, lavorato de pietre in tucto relievo et le imagine di statura naturale, che certo è opera tanto bella come sia possibile. In la prefata ecclesia sono anche sepulti VIII Imperatori. Dicta cita è imperiale. El vescovato è del fratello del conte Palentino. In la sacrestia se vedde un calice tucto de agata bellissimo et una libraria for- 20 nita de varie arti. Li se dimorò cinque dì expectandose il retorno mio dal conte Palentino et da Francescho Sicchign quale era nel castello suo decto Eberbuch distante da dicta cita XI miglia todeschi, da quali portai salvi conducti, per che potessimo o per terra o per acqua passar securi.

XXIII. Da Spira se andò ad pranso et cena ad Vurmatia, che sono sei miglia. 25 Et tra il mezzo è una terra del predicto conte Palentino infine dove vennero incontra il signore le gendarme Burgugnone che erano in Vurmatia per la guerra che tenevano con lo decto Francesco Sicchign. Lei è cita imperiale, distante dal Rheno quanto è Spira, grande et bella. Lli se stecte duoi jorni expectandose de havere certezza de lo Imperatore che in quel tempo se trovava in Franchforth. 30 Et havendose nova, che sua M.ta Ces.a era partita dalla per Augusta, et che monsignor ill.mo desiderasse grandemente visitar quella, per non retornare tanta via, et per dubito che il Re Catholico non se imbarcasse per Spagna: per il che sua s. ill.ma, essendo stata potissima occasione del suo viaggio il visitare et conoscere di sua altezza, non trovandola fusse stata constrecta sequitarla: se deliberò 35 passare in Flandre, et così scripsimo al nuntio apostolico de presenti cardinale r.mo Campegio, quale allora se retrovava appresso la predicta M.ta Ces.a, che con quella volesse fare la scusa di sua s. r.ma et ill.ma, et subito partectimo per lo camino nostro. VI

2 da tucti N 1. — 15 di quella *fehlt in* N 1. — 18 predecta N 1. — 22 Sicchign N 1; *so auch* P *am Rande und unten Z. 28; im Text hier* Sicchingn. — 23 todeschi *fehlt in* P. — da quale N 1. — 24 possessimo P. — o per terra o per acqua *fehlt in* P. — 26 f incontro al Signore N 1. — *Zeile* 31 *bis* 39 *fehlt in* N 2. — 35 sequirla N 1. — 36 se scripse N 1. — 38 f per il nostro camino N 1.

---

[1] Rastatt.

XXVI.   Da Vurmatia ad pranso et cena ad Maguntia, che sono septe miglia. Et nel mezzo è una terra del predicto conte che si chiama Oppina ¹.   VII

Maguntia è cita posta sopra la riva sinistra del Rheno, imperiale, grossissima et ornata de belle ecclesie, piazze et case, benchè le strate siano un pocho strecte 5 respective a le altre de la Magna.   In temporale et spirituale è del arcivescovo d' essa.   Lli trovaimo il predicto Francisco Sicchign, quale era venuto con salvi- conducti de la Ces⁴ Mᵗᵃ et de li electori del Imperio, che se doveano convenire in dicta cita, per justificare la guerra sua tenea con quelli de Vurmatia.   Esso venne ad visitare il signore in casa.   In la riva del dicto fiume, quale dalli 10 avante in molti lochi è più largo del Po una volta et mezza, erano infinità de barche et navi de una certa foggia ad una coperta et così grandi che portano CC bucte l' una.

XXVII.   Da lli portando provisione per lo pranso partectimo per acqua con due barche, como è decto quando si venne per lo medesmo fiume in Argentina, et se 15 pransò in barcha avante una villa decta Confluentia, che è del vescovo de Trevere, et per una parte li passa il Rheno et per l' altra una fiumara grossa che vene da Trevere, sopra la quale è un bel ponte de pietre.   Dicta Confluentia a confluxu duorum fluminum.   La dicta villa è multo bella et vagha da fora, che dentro non ve se intrò.   Se andò ad annoctare ad una villa che è sopra la banda sinistra 20 del Rheno andandose in Colonia, che si chiama Sanghiver ², è del signore de Lan- gravio: distante miglia   VIII

XXVIII.   Da Sanghiver, che fu la vigilia de san Pietro, se andò ad annoctare ad una terra nella midesma riva ben munita et habitata dicta Buon; è del vescovo di Colonia, distante miglia   XIV

25   Per essere questa vista del Rheno da Maguntia in fine ad Colonia la più bella ch' io habia anchor vista ne spero di qualsivoglia altro fiume veder mai, mi par conveniente et debito descriverla.

Da l' una parte et da l' altra del decto fiume sono tucte vigne, et ad cinque miglia da Maguntia le colline da l' uno lato et da l' altro tucte piantate de vigne 30 et quelle procedeno quasi ad tre miglia italiani da Colonia.   Da mezzo in mezzo miglio pur italiano sono in una riva et l' altra CCXXXV ville et terre murate XV, de quali alcune ne sono del arcivescovo de Maguntia, alcune del vescovo de Go- lonia, del Treverense et del conte Palentino, et alquanti castellecti posti in pogi et fortellezza come è de costume de la Magna, quali so de privati gentilhomini.

35 XXIX.   Da Buon, che fu il dì di gloriosi principi de la terra san Pietro et san Paulo ascultata la messa per conformarce al exercitio ne pusimo in barcha et andammo ad pranso in Colonia, che è distante quattro miglia.   IV

Quella cita è in piano sopra la sinistra parte del Rheno in forma de mezza luna bellissima et populosissima più che tucte le altre che se son viste in la 40 Magna alta, sì de case, quali generalmente son di pietre et grandi, bene edificate, come di piazze, strate, ecclesie, et de qualunche altre cose possano ornare una cita.   Di spirituale et temporale è del vescovo.   Et vi sono una infinità di bellis- sime reliquie, videlicet in lo episcopato, quale si fa assai grande et bello, et nce

2 del conte predecto N 1. — 27 et debito *fehlt in* N 1. — 30 procedeno *fehlt in* N 1. — 33 castelli N 1. — 36 conformare N 1. — 43 zo è in lo vescovato N 1.

¹ Oppenheim.   ² Wohl St Goar.

è principio de due torre o campanili sopra la porta principale de la ecclesia molto suberbo; se mostrano le teste di tre ri Gaspar, Baldasar et Melchior, quali habiamo viste per cancelli in una archa ferriata, dove dicano anche essere li corpi loro; et in una cassa lavorata de argento et d'oro ricchissima con alcune gioye et uno cameio o camuino bellissimo è un corpo di martire. In la ecclesia di sancta Ur- 5 sula è il corpo suo con XI milia virgini che furno martirizate dove adesso è constructo il locho di fratri predicatori. Dicte reliquie de XI milia virgini sono compartite et divise maxime le teste per tucte le ecclesie di Colonia et per molte altre ecclesie di Christiani. In san Francesco che è del ordine di fratri minori conventuali è il corpo de Scoto reposto in mezo del coro, et la pietra del 10 sepulchro releva un palmo sopra dove è la statura sua de brunzo di mezzo rilievo. In lo convento de fratri de san Dominico è il corpo de Alberto Magno quale sta sopra terra innante lo altare magiore in un sepulchro con due ferriate di mezzo tondo sequite, quanto è dicto sepulchro; et sopto la prima è una co- perta de vetro per donde si vede il corpo vestito con l'habeto suo di san Domi- 15 nico; et per la testa et l'ossa che son pur coniunte benchè scarne se demostrano le fazzioni et come Scoto per quello si vide era di poca statura, così Alberto era di gran persona. In la libraria de dicto loco ce è de natura animalium scripta di sua mano et la cathedra dove lui legeva.

In santo Pentaleo monasterio del ordine di santo Bendicto è il corpo di 20 santo Albino Englese in carne et ossa quale morse secundo la relatione di quelli patri de li MCC, et lo vedde el signore et tucti noi altri. Così anchora molte altre reliquie di teste, brazze et ossa di martiri chi sono in varie ecclesie de decta cita. Dove anche è un montecto dicto Campidoglio, in che è edificata una ecclesia di santa Maria, qual se serve per canonichesse regulare in gran numero, come 25 anche in più terre de la Magna et de Fiandre, quale dicano loro officio in choro pubblicamente et do poi del mangiaro in comune et dormire in monasterio il dì ad due ad due vanno fora ad lor piacere et se servono de fantesche et molto signoril- mente et sempre che vogliano se ponno maritare legitimamente. La ditta cita dicano che sia de più de XV milia fochi et che da matina ad sera possano cacciare 30 fora XVIII milia fanti bene armati. Vi sono XII conventi di religiosi et XIII ecclesie parrochiali.

Et perchè Colonia secondo molti è fine de la Magna Alta et principio de la Bassa over de Fiandre, par conveniente dire succintamente le qualità de dicta Magna Alta. Advertendo principalmente che da cinque miglia da Verona, come 35 è decto, infine ad Inspruch et dalla quasi ad una jornata da Augusta, se va per monti asprissimi de saxi vivi che vanno infine al cielo et ce se cavalca conti- nuamente per valli che si va pianissimo, et similimente si fa per alcuni altri monti intervallati che havemo passati in fine ad Colonia, per dove si può andare con carrecte per tucto commodamente, come ja vanno et vengano infinite di con- 40 tinuo, essendo il constume loro de portare ogni cosa in carrecte di quactro rote, et tale è che porta più robba che non quactro di quelle di Lombardia et son tirate da molti cavalli et passanti. Per tucto se alloggia commodamente et, benchè, come passi Trento, non si trovano più vigne quasi in fine al Rheno, in tucte

11 relevata N 1. — 26 etiam N 1. — 27 pubblicamente *fehlt in* P. — 28 ad vesperas (?) N 1. — servendose N 1. — et molto signorilmente *fehlt in* P. — 29 et sempre che se vogliono mari- tare el ponno fare legitimamente N 1: *fehlt in* N 2. — 30 cavar N 1. — 34 succintamente *fehlt in* N 1. — la qualità N 1.

hostarie se hanno due sorti de vini, bianchi et russi, boni et delicati et de quelli alcuni salviati, sambucati et rosmarinati. La cervosa così in la Magna come in Flandre è universalmente ordinaria. Bone carne de vitelle, pulli assai et optimo pane. El vino in fine ad Colonia non è molto caro et le vitelle vilissime, de 5 modo che in alcuni lochi le mangiammo quactro al ducato d'oro. Non usano altro camino che quello dela cocina, el resto son tucte stufe et in ogni stufa è un stipo ben lavorato in certa foggia, dove è un vaso di stagno che serve per lavatoro; et si dilectano grandemente di tenere in quelle varii ucellecti in cabie[1] lavorate con molto artificio et bizarrie et alcuni liberi che escino et entrano ad 10 lor piacere. Tucti usano lecti de piume con sopra coperte pur de piume, ne in quelli se sente un pollice ne cemici alcuno, sì per la fredizza del paese come per untare le colcitre[2] di sopto et di sopra di certa mistura, quale secundo dicevano Todeschi ultra che sia contraria ad cemici et ad ogni altra brutticia indura tanto le faccie de dicte colcitre che parno dormendovi matarazzi pieni de fina lana et 15 quella usano solamente de estate. Li dicti lecti son grandi et capezzali grandissimi, havendo tanta quantita de oche che più volte ne ho viste per la Magna ad CCCC insieme. Ben vero che in una camera porranno tanti lecti quanti ce ne possano capere, el che è incommodo et inlaudabile; et dove se dorme ne ce è caldo de stufa ne camini do posservi fare del fuoco; cosa assai disproporcionata 20 ad uscire dal caldo et dispogliarse in così extremo et excessivo freddo; ma perchè entrando in quelle piume deventano subito fuocho, non se ne curano altrimente. Vi sono boschi assai et grandissimi più de abbeti et pini che de altre spetie et maxime la selva Arduenna et la Ericina[3] quali ambedue son celebratissime. L'Arduenna anchora che se annota in Franza incominza da la riva del Rheno. 25 La Ericina, quale principia a li Alvecii et tira per lo Danubio et tocca molte nationi, etiam che se scriva la larghezza sua de più de VIIII giornate bene expedite et la longheza XL^{ta}, non però dove l'habiamo cavalcata noi l'havemo vista assai largha et dissipata. Non hanno poche terre seminatorie, et benchè non usano gran frumenti et orgi, recoglino secala et biada in quantità et altri legumi 30 do poi de ceceri, che mai ne veddimo. Vi è anche gran copia de vacche rosse ma piccole, de pecore et porci ma non molta, de l'uno ad mio iudicio non possendovese governare per le continue nivi vi sono, de l'altro che non li mangiano si non salati. Li casi non son troppo boni, maxime che ad Todeschi si non è marcio il formagio non lor piace et essi hanno in stima un caso verde chel fanno arti- 35 ficiato con succhi d'erbe, che quantunche picca et sia odorifero niuno Italiano il mangiaria. De fructi trovaimo di bone visciole et quantità grande arbori de mela et pera assai per tucto, benchè non fussero maturi, et anche qualche prugno. Le donne anchora che li vasi loro tengano nectissimi, esse generalmente stanno spurcissime, tucte vestite ad un modo de panni vilissimi; però son belle et piacevole, 40 et benchè secondo la relatione di nostri de la compagnia fredde de natura, pur lascive. Le virgini per tucto il tempo se trovano fiori portano in testa corone lavorate di varii colorati fiori, et maxime li dì festivi, et anche li pucti chi servino a le ecclesie et li scolari. Le dicte donne per la magior parte vanno scalze,

---

1 f et de *bis* rosmarinati *fehlt in* N 2. — 8 ucelli N 1. — 13 bruttura N 1. — 18 et che N 1. — 22 grandi N 1. — 24 L'Arduenna *bis* 28 dissipata *fehlt in* N 2. — 25 Elvetii N 1. — 31 De l'uno *bis* 33 salati *fehlt in* N 2. — 38 tengano *fehlt in* N 1.

---

¹ = gabbie.   ² = coltrice.   ³ Silva Hercynia.

et quelle che hanno scarpe non han calcze, ne li vestiti son cussi lunghi che
lor copreno le gambe, perchè son tucti corti et strecti. Vanno con collecti et
barrecte di pieche sopra li capelli revolti in trezze et legate intorno la testa, et
questo per li gran freddi vi sono. Le donne grandi et ricche portano certi involti
larghissimi in testa et sopra un velo bianchissimo spesso et soptile sametato [1], 5
che sta fermo et reducto in certe pieche, di modo pareno molto maiestose, et ad
quelle che guardino o che vestino de corrutto et duolo, decto velo pende dietro
le spalle tre et quactri palmi. Tucte vanno in gonnella, et per la più parte di
saia negra et poche di seta. Hanno costume sempre che vedeno passar forestieri
et homini da bene maxime di externe nationi, levarse in piedi et fare reverentia. 10
In tucte hostarie son tre et quactre fantesche da servire jovane et belle; et tanto
la hostessa et figliole come le dicte fantesche, anchor che non si basano come le
ciambrere di Franza, per cortesia se tocca la mano ad tucte et se abrazano per
lo mezzo, dandoli anche una strecta di brazze, et se convitano spesso ad bevere
con usare libertà grande di parlare chi lo sa, et manigiare, pero sopra panni. 15
Tanto le donne come li homini frequentano molto le ecclesie, dentro de le quali
ciascuno parentato ha suo scabello propriato, de modo che tucte le ecclesie sono
intavolate et li sedili ordinati da una banda et da l'altra con un pocho de vacuo
per mezzo come stanno le scole dove se lege publico. Solamente per preti resta
vacuo el choro. Lli non se parla de mercantie ne se festegia come in Italia; 20
solo se actende ad ascultare le messe et l'officii divini et al dire de loro orationi
tucti ingenochioni. Generalmente per tucta la Magna sono bellissime fontane et
molti capi d'acque che macenano molina. Pesci de laghi et fiumi et bone tructe
non mancano mai, perchè non è hoste che non habia uno et doi vivarii inante
l'hostaria, facti de legnamo et serrati con chiavi, dove tengano pesci vivi, in li 25
quali intra et esce l'acqua de fontane talmente, che si conservano vivi longo tempo
et assai bene. El signore in tucte terre franche et anche in li doi cantoni de
Suizzari che passammo, fo visitato de le comunità et presentato de vini, biada et
pesce; benchè è lor constume fare el simile con tucti signori tanto spirituali come
temporali che vi passano. Da Verona in fine ad Trento per la strada da miglio 30
in miglio italiano et forse più vicino son poste croci tal di pietra, tal di legnamo, et
tal di ferro, sopra qualche colonna di pietra o di legno ben lavorato. Da Trento
inante in tucte le strate vicine alle ville, terre et cita usano nel scoperto ponere
crucifixi relevatissimi et grandissimi et li più con li latroni al lato, el che veramente induce non meno terrore che devotione. Et da passi in passi sono erecti 35
legni o saxi con qualche fenestrella cavata in essi, dove son reposti crucifixi con
le due Marie o altri misterii de la sanctissima passione de N. S. Iesu Christo;
et rarimente in picture todesche trovarete altri santi o sancte che non vi sia in-
mixta alcuna cosa de la dicta passione. Le case loro, anchora che generalmente
siano de legnamo, son molto belle et vaghe di fora et dentro non incommode, 40
usando essi molto le fenestre cacciate in fora con grande ornamento, tal con due
et tal con tre facciate per posser guardare commodamente quanto corre la strata,
et quelle tucte pintate coperte di tegole colorate con arme et altre figure di

6 in pieche N 1. — 18 luoco N 1. — 22 ginocchioni N 1. — 32 di pietre o di legni ben lavorati N 1. — 34 ad lato N 1.

---

[1] Zu lesen ist vielleicht „rammendato".

sancti bellissime. Le porte de dicte case, maxime quelle maestre che respondeno
a le strate, o son tucte de ferro o de legnamo fortissime con molte liste de ferro
et forti, vernicate tal di rosso, tal di verde, altre de azzurro et tal di zallo. Li
tecti si de le case come de le ecclesie usano assai ornati et erti, quelli de le case
5 coperti de cuppi, et li de le ecclesie di certe pianecte di crete colorate di varii
colori et molto lustre, in modo che da lunge fanno bellissima vista. Li campanili
de le ecclesie alti et acutissimi. Campane bellissime, et non è si poca villa che
non habia una bella ecclesia almeno con vitreate così grandi, belle et artificiose,
come se possano pensare. Non sepelliscono dentro le ecclesie se non grandi ho-
10 mini et ricchi; el resto tucti sono sepulti fora in li cimiterii scoperti, ma serrati
de mura, dove stanno molte croci, et in alcuni sepulchri pietre lavorate con lettere
et arme de octono con alcuni legni per mezzo dove stanno affixi secchiecti de
acqua benedecta. Al culto divino et a le ecclesie actendano tanto bene et tante
se ne edificano de nuovo, che considerando la cultura de le cose divine che se fa
15 in Italia et quante povere ecclesie sono dilapidate et se ruinano, ho invidia ad
queste parti non mediocre et mi doglio in fine a le viscere de la poca religione
de noi altri Italiani. Li homini de la Magna generalmente sono alti, ben propor-
tionati, robusti et di vivace incarnatura. Tucti da che nascono portano arme et
non è nulla cita o villa, che non habia un loco deputato dove ordinariamente ogni
20 dì festivo se tira di balestre et di schioppecti et si manegiano piche et ogni altro
gieno de arme che essi usano. Per tucto habiamo trovato rote et forche infinite,
quali non meno sonno ornate di fabrica, che in vero le fanno ornatissime et sumptuose, che di homini appicati et anche de alcune donne iustificate, de modo che
da ciò se comprende che se fa gran justitia, quale non è dubio in tali paesi sia
25 necessariissima. Perchè habitando tucti gentilhomini fora de le cita in loro castelli chi son fabricati in lochi fortissimi dove se retirano molti rubaldi, quando
la justicia non fusse così grande non vi se potria vivere. Et con tucto ciò fora
del contado de Tirolo se fanno assassinamenti assai. Però è da sapere che in
tucta la Magna maxime in terre franche governano populani facultosi et de
30 auctorità; che gentilhomini come è decto se stanno in lor castelli o in le possessioni dove hanno alcune stantie commode, et alle cita vengano una o due volte
el mese. Et lo governo et justicia de dicti populari è tale et tanto severa, che
in Nurimberch a li anni passati, secondo ne fo referito lli, successero doi gran
casi. L'uno che essendo constume loro de pagarse tanto per cento secundo la
35 facultà et pagamenti che occorreno a la communità, de che ne stanno, prestito
juramento, a la conscientia de ciascuno citadino, quale ha da remectere el pagamento contingente ad certa cascia deputata dove sonno più chiavi; alli ordinati
di quello anno venne suspecto che uno dei primi ricchissimo ma di malo nome
fraudasse el pagamento et così fusse perjuro; per lo che usorno industria che quel
40 tale ad fin che se scopresse, havesse ad buctare el primo il suo pagamento in
dicta cassa; et finalmente retrovato la fraude et lo periurio, subito et publicamente li ferno tagliare la mano dextra, et ad prevaricare et corrompere questa
justicia non valse ne il parentato suo, ne quanta recchezza tenea. L'altro che
havendo la dicta terra de Nurimbergh guerra contra il marchese de Brandiburch,

2 o de legnamo *bis* liste de ferro *fehlt in* N 1. — 11 cruci N 1. — 13 molto bene N 1. —
19 alcuna cita N 1. — 25 de la cita N 1. — 26 tirano N 1. — *Zeile* 28 Però *bis S. 109, Z.* 20 campo
fehlt in N 2. — 30 in le *fehlt in* N 1. — 34 pagare N 1. — 34 f le facultà et pagamento N 1. —
37 casa N 1. — 40 il *vor* suo pagamento *fehlt in* N 1.

come è stato narrato nel loco suo, un mal citadino per certo sdegno se retiro
puplicamente ad luj, et essendo più volte venuto ad dannificare la patria con le
genti de dicto marchese, presentito li ordinati o guvernatori di quel tempo che
el decto male citadino se conduceva ad certo loco vicino, tennero modo de haverlo
ne le mani, et dato l'ordine per lo effecto di tale negotio, uno de dicti ordinati 5
che era suo parente lo adverti per lettere o per internuntio che se guardasse di
farse prendere che saria mal capitato; il che essendo saputo da li compagni et
verificata la cosa, el decto ordinato fo in continente preso et senza remissione
deputato in una torre che è nelle mura de la terra, dove da l'hora in qua non
li è stato mai parlato, non ha vista luce, ne la videra mai, et la torre dove era 10
il decto pregione ne fu demostrata. Il tormento de le rote è questo che sopto
le brazze del condennato ad morte pongano doi legni distesi in terra, et lo boia
o manigoldo con la bocta de una rota de lignamo li spezza il brazzo, poi l'altro,
et similimente tucte due le gambe et per ultimo lo spezza con dicta rota per
mezzo de la schena, et così spezzato sopra de quella sullevato quanto è l'altura 15
de un gran trave piantato in terra, l'esce el misero fiate; et veramente che tal
morte è crudelissima, impero che molti disventorati per magior pena et distratio
in cotale horrendo spectaculo son stati vivi doi et tre giorni. Et di simili rote
che sciascuna desse havea il suo in cima, in tal luoco fu, che ne trovaimo piantato tucto un campo. 20

In Colonia gia se incominciano ad usare generalmente camini ne le camere
et fenestre grandi al proposito de la estate, al contrario de la Magna che le usano
molto piccole. Novi habiti et nova lengua; meglior vestiti et politia grande. Le
donne et homini sono de più bellezza che in la Magna Alta.

Li electori de lo Imperio sono sei: li tre prelati Maguntia, Colonia et Tre- 25
vere; tre principi temporali: conte Palentino, duca de Saxonia et lo marchese
di Brandiburch; et quando non concordino nce accede el re de Bohemia.

Luglio.

P°. Da Colonia dove se stecte doi giorni, se andò ad pranso et cena ad una 30
villecta dicta Jule [1] che è ducato distante sei miglia; tra il mezzo è solamente
un loco di qualche allogiamento.   VI

II. Da Jule ne andammo ad pranso ad Aquisgrana, distante quactro miglia,
terra edificata da Carlo Magno, quale è assai bella, grande et forte. Lli è una
ecclesia sub vocabulo sancte Marie in forma tonda, con uno ordine de lamie in
circha sopra pilastri facta pur per Carlo Magno; è piccola ma molto bella. Vi è 35
el corpo suo reposto sotto uno archecto dentro il muro a la banda dextra de lo
altare magiore, in un cantaro di marmore che se li demostra la fazzata de avante
sculta con alcune figure et cavalli de relevo perfectissimo, per il che se può far
juditio essere antiquo. Quello è longo da VII palmi et alto circha IV, con due
ferriate da alto ad basso quanto è l'arcato; et lui sta de relevo sopra decto se- 40
pulchro con una croce in mano et l'altro una palla; credo sia di materia lignea,
però secondo mi fu referito non di naturale. Vi è anche in dicta ecclesia in terra
il sepulchro de Henrico IV^to [2]. In la sacrestia la testa et lo brazzo del predicto

---

20 tucti in campo P. — 31 solamente è N 1. — 43 Et in la sacrestia N 1.

---

[1] Jülich.   [2] Vielmehr Ottos III.

Carlo Magno, posti in argento, quali lli sono venerati per reliquie; et in vero il predicto Imperatore fu de sancta vita et fe di gran beneficii a la fe di Christo. In quella se vedde anchora il corno de Orilando. Li canonici hanno fabricato in dicta ecclesia una mezza cuppula o tribuna assai bella dove hanno redducto lo altare

5 magiore et factonce un bellissimo choro, et al vacuo che responde a la cuppula de la ecclesia anticha nel mezo han facto un gran tabernaculo di pietra lavorato de intagli et figure bellissime, et ce hanno reposte le infrascritte reliquie: la cammisa de la Madonna; la tovaglia che tenne N. S. centa in la croce; le calze de san Josep, et la tovaglia tenta del sangue dove fu involto il capo di san Johan

10 Baptista che fu donato a la Herodiade saltatrice; et molte altre reliquie quali se mostrano da septi in septe anni in die sanctorum septem fratrum che è a li X de luglio, et vi è indulgentia plenaria et jubileo come loro dicano; che come intendo non nce è corroboratione apostolica; et per essere tale devotione tanta antiquata etiam che papa Alexandro VI se fusse deliberato toglierla del tucto

15 non fu possibile, et così continua. Per il che in decto septennio ce è tanto concurso de Hungari che ne spuzza l'aere de molti miglia intorno, et in questo anno che corre tal septennio ne havemo trovato una infinità in Colonia, dove el dì de san Pietro veddero tucte le prenominate reliquie che vi sono. Et benchè per venire alla dicta terra de Aquisgrana fanno magior camino per terra che venendo

20 in Roma, ce ne vene più moltitudine.   IV

Da Aquisgrana ne andammo ad annoctare ad Trajecto che è distante quactro miglia.   IV

Trajecto è villa murata ben grande, et quantunche le case siano de fazziate tucte lignee, son tanto ben lavorate et grandi, che fanno un bel vedere et dentro

25 son commodissime. Le strate sono assai larghe et ben silicate[1]; piazze bellissime. Per mezzo dicta terra passa un fiume che se dice Mosa, di bona larghezza et navigabile da XXV miglia totesche verso Burgugna, donde nasce, in fine ad Olanda, dove intra nel Rheno. Sopra la dicta Mosa è un bel ponte di pietra; et quantunche dicta terra sia del Re Catholico come signore di Fiandre, dal decto

30 ponte in lla el temporale et spirituale è del vescovo di Liegio, et tucta la villa insieme est Leodiensis diocesis. Et la ecclesia magiore che è fundata sopra una bella piazza passato il decto ponte sub vocabulo sancti Gervasii[2] è grande et assai bella. Tiene un choro molto relevato, sopto il quale è una bella capella in volte con sue colonne di pietre che sono in quelle parte, dove è reposto il corpo

35 del predicto san Gervaso. Dentro il decto choro è un cereo lavorato tanto variamente con arte mirabile et grandissimo, che non ne ho visto mai il più bello nè simile.

Leghe.

III.   Da Traiecto ne andammo ad pranso et cena ad Diste[3] distante septe

40 leghe; è villa murata, bella, forte et grande, et ce sono generalmente bellissime donne.   VII

IV.   Da Diste ne andammo ad pranso et cena ad Luvagna[4], villa ben grossa, murata et munita di molti canali d'acqua dentro, che hanno fluxo et refluxo per

---

5 factone N 1. — 6 di pietre N 1. — 10 Bactista P. — 12 secondo lor dicano N 1. — 12 che come bis 15 continua fehlt in N 2. — 28 di pietre N 1. — 39 et ad cena N 1.

---

[1] silicare jetzt selciare.   [2] Vielmehr Servatius.   [3] Diest.   [4] Löwen.

la marema del occeano.   Vi sono belle piazze et strate.   Una ecclesia grande et bellissima, dove è anche un bello organo.   Vi se vede una casa del commune posta in una gran piazza così bella come sia vista in tucto il resto del viaggio, lavorata di fogia manera tucta di pietre et intagliata di for via da basso in fine ad alto de fogliame suttilissime et artificiosissime, uno intaglio sopra l'altro come 5 se lavora in quelle parte.   Lli se rege studio de tucte facultà et secondo la relatione de li huomini de la terra ce sono da circha sei milia studenti.   Lli etiam si vedde un bel sepulchro de octono che si fa al vescovo di Cambraia quale è gia vivo.   Et ad tracto de balestra fora la porta monsignor di Ceures tiene un bel palazzo, ultra che dentro la terra ne ha un altro dove allogiava ad quel tempo 10 suo nepote el cardinale di Croi over Cameracense per essere coadiutore de quello.   IV

V.   Da Luvagna se andò ad pranso ad Malines, distante quactro leghe, villa murata assai grande, fortissima et bellissima, dove sono le più belle et larghe strate che habiamo anchora viste, silicate de pietre piccole in directura con sua 15 dependentia da le bande, che non vi se ritiene ne acqua ne fango alcuno.   La ecclesia magiore è bellissima, quale tiene una piazza inante più longa et molto più larga di campo di fiore di Roma, pur silicata del medesmo modo de le strate. Et per dentro la terra sono canali assai d'acqua con fluxo et refluxo che pervengono in fine al oceano.   Lli madonna Margarita figliola de la Cesᵃ Mᵗᵃ et cia 20 del Re Catholico tiene casa; et per la magior parte dimora in dicta terra o in Brusselles.   IV

Da Malines ne andammo ad cena in Anversa, distante quattro leghe; et ad spatio de un miglio italiano da dicta terra de Malines besognò passare con la schiafa un fiume qual viene ad intrare ad un brazzo di mare, quale passa per avante le 25 mura de Anversa et tene fluxo et refluxo.   Leghe   IV

Anversa è terra grande et assai populosa et secondo la relatione di mercanti italiani vi fan stantia, chi non son pochi, non è meno de la nostra Bologna italiana· Belle strate, piazze, case generalmente di pietre, et una ecclesia bellissima, dove è una torre quale come sarà finita anderà ad presso ad quella de Argentina.   Per 30 mezzo vi sono alcuni canali de acqua commodissimi.   Lli è una fiera che incomintia el giorno di Penthecoste et dura per un mese et mezzo, et quanto più la vogliano differire; et senza dubio è la prima de Christiani de ogni natura de mercantie, et un altra simile vi se fa nel septembre.   Noi perhò ne trovaimo circha il fine di quella di Penthecoste, et quantunche fussero partiti li Olandresi, 35 perchè in Olanda era intrato il duca de Ghellere et abrusata una bona villa, di tanto concurso de gente et quantità di varie robbe et opulentia de cose restaymo tucti admiratissimi.   Dinante dicta terra passa un brazzo de mare, come è decto, di largura de un miglio italiano, che è misto con un gran fiume quale sparte la Barbante, che incominza da Colonia o secondo molti da Aquisgrana, da la Fiandre. 40 Vi è un bel porto dove sono legni infiniti, et una bella piazza che esce fora il decto mare con mezzo tondo, dove è una bella selicata per commodità di caricare et discaricare le mercancie da le navi, quali per essere l'acqua così profonda come è, per grosse che siano se accostano tucte a la riva.   In la pescaria de

3 come si sia vista N 1. — 4 di nuova foggia N 2. — 6 et *fehlt in* N 1. — 11 Crois P. — 12 N 1: Leghe ... IV. — 24 f in fiume N 1. — 26 Leghe *fehlt in* N 1. — 34 Noi perhò *bis* 38 admiratissimi *fehlt in* N 2. — 38 tucti *fehlt in* P. — Davante a dicta terra N 2. — 44 se accostano tucte alla riva per grosse che siano N 1.

dicta terra una matina ultra li pesci maritimi et salmoni che vi era gran copia
ce furno quarantasei storioni et alcuni così grossi che una carrecta di lla, quali
son pur grandi, non ne haria possuto portare più che doi.

X.   Da Anversa, dove si demorò IIII jorni, se partì dopoi pranso et se andò ad
5 annoctare ad Berges[1], villa murata assai bona, distante sei leghe, quale è del
prencipe di Berges Cambracensis diocesis.   VI

XI.   Da Berges, dove se lassaro le cavalcature, ce imbarcaimo in un porto
distante da lli quasi un miglio italiano, dove erano molte barche et altri legni, et
lo brazzo di quel mare è largho appresso tre miglia italiani, et desso intrano al-
10 cuni canali in dicta villa. Lo inbarcare nostro con doi soli roczini per la persona
del signore fu tra le XIII in XIV hore, expectandose la marea, con la quale se
bisogna necessariamente navigare in quelli canali et mediterranei mari del oceano.
Et per esserne stato il vento contrario, per poca cosa non possectimo pigliare al
insola dove stava el Re Catholico dicta Zelanda; per il che fu necessario con
15 difficultà dismontare in terra su li argeri[2] et per quelli andare tucti in carrecte
per doi miglia italiani infine al extremo di certa lengua di terra, che è per l'incontro de una villa murata dicta Lavero[3] over Camfer[4], quale è posta in la extrema parte de la dicta insola de Zelanda, dove conducti da un bactello di nave
bischaina arrivaimo do poi tre hore de nocte; et con noi era il vescovo de
20 Corduba cappellano magiore de dicta altezza. Sono leghe   VIII

XII.   Da Camfer ne andaimo in carrecta di bon matino in Mildelburch, terra de
dicta insula dove dimorava el predicto Re Catholico expectando il tempo di poterse
inbarcare per Spagna. Distante legha   I

In ditta villa, quale è grande, bella et forto, et li viene un gran canale
25 d'acqua del mare un gran pezzo dentro, per la presentia del predicto Re Catholico
vi si dimorò X giorni. Et nel dì che monsignore ill[mo] arrivò lla, che fu de domenica, andò ad visitare sua alteza accompagnato dal signor priore di Castiglia,
dal marchese di Peschara, dal vescovo di Corduba et del Badayossa, da molti
altri signori et cavallieri spagnoli et italiani et principalmente da signori ambas-
30 satori de Napoli che se retrovavano in la corte ad quel tempo. Da la predicta
Maestà sua s. ill[ma] receppe honore grandissimo et accoglienze molte amorevole
et gratissime. Se andò con sua altezza in la messa cantata in lo monasterio che
è gionto con el palazzo dove quella allogiava del ordine de san Benedicto. Et
lo decto palazzo, che contiene stantie assai et commodissime con un spacioso cortile
35 tucto piantato de arbori de lindi et con ordine, è del dicto monasterio. Finita la
messa del Spiritu sancto cantata dal priore o abbate di quello con mitrea et croce,
con musica de li cantori del Re Catholico, sua altezza con monsignor nostro ill[mo]
che era stato in compagnia in la medesma cappellecta o trabaccha di seta come
se usa, ma in un altro sediale appresso quella, se levò et se ne andò innante lo
40 altare magiore, dove per lo conte de san Bonifacio Paduano camerero et nuntio
apostolico con certo sermonecto latino fu presentato il breve de la Santità di

11 fu le XIII et XIV hore N 1. — la marea o fluxo, con el quale N 1. — 16 ad extremo
N 1. — 18 de Zelanda *fehlt in* N 1. — 20 della predecta Altezza N 1. — 21 in carrecte N 1. —
25 predicto *fehlt in* N 1. — 29 f da li ambassatori N 1. — 30 retrovano N 1. — 39 se levò in piedi
N 1. — 40 magiore *fehlt in* P.

    [1] Bergen op Zoom.   [2] = argini.   [3] Vere.   [4] Campvere.

N. S. al vescovo di Badayossa, quale lecto che lo hebbe publicamente, donò il juramento in forma et lo cappello russo al nepote di monsignor di Ceures dicto il cardinale di Croi overo Cameracense per la causa predicta, quale era de XVII in XVIII anni et monaco de san Benedicto. Sua s. rev^{ma} fe una bella oratione latina rengratiatoria primamente de la Maestà de Dio, de la sedia Apostolica, et 5 poi del Re Catholico et del signor suo cio, con molta verecundia, tenerezza et lachrime. Finito questo officio, sua altezza, con chi ultra li signori fiandresi et spagnoli erano il marchese di Brandiburch et lo conte Palentino, signori alemani et dispostissimi giovani, non però li electori del Imperio ma li fratelli dessi, una con monsignor nostro ill^{mo} et lo nuovo gran cardinale se ne retornò in casa, et 10 con quella pransarno li predicti doi cardinali. Con Sua Maestà era uno alabardiero fiamingo, giovane di XX anni, che non ha un pelo in barba, de la magior statura et correspondentia di membri che se vedesse mai. El dì sequente sua s. ill^{ma} visitò madonna Margarita figliola de la Ces^a M^{tà}, quale può essere al mio juditio da XXXV anni, non brueta, de una presentia grande, et veramente de imperatrice, 15 con certo sgrignecto quale tiene molta gratia. Lei parlò un gran pezzo con monsignor rev^{mo} et sempre spagnolo et assai bene. Et in lo medesmo giorno visitò madonna Elionora sorella del Re Catholico, quale è de circha XVIIII in XX anni et di bona gratia. El Re Catholico mi parve multo giovane da XVII in XVIII anni, et quantunche sia de volto longo, scarne et con una boccha ciamfecta, 20 quale se non ne sta bene accorto la tiene volintieri aperta et lo labro de socto sempre calato, non però in quella sua faccia mostra decoro, gratia et magestà grandissima. Di corpo è bellissimo et di gran statura, con una gamba assucta, drecta et la più bella si vedesse mai in suo pare, et ad cavallo sua altezza secondo monsignor nostro ill^{mo}, che ne ha pur juditio, dice assai bene. Quella 25 ascolta il dì due messe ordinariamente, prima la lecta et poi la cantata, mangia assai sobriamente, et sempre, che io la vidi molte volte, sola et publicamente; non so però quel che se fazza adesso, ma ad quel tempo non molto sumptuoso; et tanto do poi pranso como do poi cena sua altezza al capo de la tavola dove se trovava sentata prestava audientia gratissima ad ciascuno, benchè monsignor 30 il vescovo de Badayossa Catalano de natione, quale assistea et faceva lo interpetre de tucte le lengue, replicava che la predicta Maestà adlhora non parlava ne respondea ad qualsivoglia che supplicava. A li XVII sua s. ill^{ma} andò ad visitare un'altra volta sua altezza, con chi stecte più de un hora retrayta, et ali XXI si expedì da quella et da le dicte due signure. 35

XXII. Da Mildelburch di bona matinata sua s. ill^{ma} con li altri andò in carrecte ad inbarcarse in uno porto decto Ramura distante una legha, dove anche se inbarcò poi il Re Catholico per Spagna. In decto porto è una competente villa. Lli tra barce biscaine, englese, portuese, flandrese et brittone erano circha CCC, ultra alcuni naviliocti et certe barche coperte che le chiamano ciarruche, che erano 40 infinite. Ivi se ascoltò messa et do poi pransato ce imbarcaimo per Olanda, et se andò ad dormire in una villa nominata Dordrecht, quale è murata, bellissima et de tremilia fochi et nel principio de la insula de Olanda da quella parte; et dico insula perchè da un canto ha il mare e del resto è insulata per doi canali ben

---

17 giorno *fehlt in* N 1. — 19 El Re *bis* 33 supplicava *fehlt in* N 2. — 21 si non sta N 1. — 24 drecta *fehlt in* N 1. — 24 f secondo ... juditio N 1; secondo il juditio de monsignor nostro ill^{mo} P. — 28 però *fehlt in* P. — 39 brittone N 1; brutone P. — 42 ad annoctare N 1. — 43 de Olanda *fehlt in* N 1.

étrecti, sopra dove sono doi ponti; in li quali canali intra l'acqua del Rheno et
Mosa, che se uniscano insiemi et passano in quelli brazzi di mare che vengano
dal oceano. Leghe   XVIII

XXIII.   Da Dordrecht passaimo per barcha el Rheno che li corre per avante le mura,
5 dove si hebbe grandissima tempesta di venti non senza alcun periculo. El spatio
o largura de dicto fiume è circha mezzo miglio italiano. Et dalla se montò in
carrecte et ad una legha vicino se trovò una terra dicta Rotterdam, patria de
Herasmo, persona doctissima in greco et in latino, quale ha composto molti volumi
de libri in ogni facultà; assai bella, et di MDCCC fochi, et lli se pransò. Do poi
10 disnato di nuovo montaimo in carrecta, et ad due altre leghe da dicta terra trovaimo una villa assai bella nominata Delphi [1], de circha MMMMM fochi, dove se
vedde in la parrochiale magiore el brazzo de la Madalena. Dicta terra è accommo-
data di multi canali de acqua profundi et larghi. Dalla ad hore tre todesche che
italiane sono XVIIII se remontò in carrecta, et ad una legha trovaimo un villaggio
15 senza mura, decto Lahaya, così bello come sia in parte del mondo, quale può
stare in comparatione di qualsivoglia grande et bella cita. Et benchè in Olanda
siano generalmente le più belle donne di Fiandre, lli sono sopra tucte bellissimo.
Habita appresso MMMMM fochi. In decto villagio se vedde un palazzo del Re
Catholico molto bello con uno laghecto d'acqua inante et una bella ecclesia. Et
20 lli se annoctò. In la dicta giornata se forono leghe   VI

XXIIII.   Da lla se retornò ad udire messa in Rocterdam; et passaimo per Delphi,
et in Rotterdam disnaimo, et sempre se andò in carrecte; et ad tre leghe trovaimo
una bellissima terra, nominata Organ [2], che habita da MMMM fochi, et per dentro
li passa un canale de acqua grossissimo, dove de continuo sono infiniti vascelli
25 et grossi. Da lla tiraimo via pur in carrecte, et ad tre altre leghe trovaimo un
altra terra nominata Scionau [3] assai bella, dove passaimo. Et ad tre altre leghe
trovaimo una bella terra anche de circha MMM fochi che se chiama Gorchum [4];
et lli è il fine de Olanda per quella parte; donde ce inbarcaimo. Dopoi passaimo
una legha de acqua del Rheno et Mosa quali, come è dicto, sono uniti insiemi.
30 Et a la mano sinistra de dicti fiumi è il paese de Ghellere, et da la dextra è
Barbantia. Et a la fine de dicta legha che navigaimo per pagura del duca de
Ghellere chi era vicino con sue genti, trovaimo una terra nominata Orchun [5], che
sta su la riva, che non è ne bella ne grande, et è del conte de Orna. Discosto
da lla una balestrata è un forte castello del Re Catholico, che sta a le frontere
35 del decto paese de Ghellere. In la predecta terra de Rottardam sono più de
300 navi et in tucto il resto de l'insula assai più de mille. In dicta giornata che
se annoctò ad Orchun se fero leghe   XIII

XXV.   Da Orchun ce partemmo in carrecte ascultata messa et ne andaimo ad disnare ad uno villaggio dicto Lon [6], quattro leghe distante. Disnato remontaimo in
40 carrecte et ad tre altre leghe trovaimo una terra nominata Breda molto bella;
è di monsignor de Nassau; et lli annoctaimo. La decta terra è di MM fochi,

2 Mossa P. — 5 alcun *fehlt in* P. — 10 di nuovo *fehlt in* N 1. — 10 *und* 14 in carrecte N 1.
— 20 ferno N 1. — 27 che se chiamava N 1. — Gorgun P. — 28 dove ce barcaimo N 1. — Poi N 1.
— 40 ad altre tre leghe N 1.

---

[1] Delft.   [2] Gouda?   [3] Schoonhoven?   [4] Gorimchen.
[5] *Workum.*   [6] Loon op Zand.

et ce vedimo una bella ecclesia, che è la parroghiale magiore, intorno de la quale
sono piantati ad ordine XIII arbori sechi grandissimi et ben forniti de rami, et
in ogni uno de quelli erano cinque et sei nidi de ayroni, ne i quali erano infiniti ayroni giovani et li vecchi ancho con loro molto domestici, cosa assai bella
ad videre. Et a le case che sono in frontispitio de dicti arbori in cima de tecti 5
sono anche nidi de li prefati ayroni. Et como li piccoli son grandi, se vanno
via, et poi ogni anno retornano ad nidificare in decto loco, nè da li homini de la
terra loro è dato fastidio alcuno; de modo se può dire che più ayroni son lli,
che in X lochi gionti dove ne sia moltitudine.   VII

Lli se stecte per tucti li XXVI expectandose le cavalcature che erano 10
restate in Berges quando ne inbarcaimo per Zelanda, donde decta terra di Breda
è distante octo leghe; et ce se vedde un castello del predicto monsignor de Nassau,
molto bello con uno zardino assai grande con tre quatri forniti de molti arbori
fructiferi che comporta quel paese et talmente acconzo che basteria in Italia.

XXVII.   Da Breda se cavalcò et se andò ad pranso et cena in Amversa, dicta 15
in fiamingho Antiverpia, conforme al latino che la chiama Amverpia, distante
leghe   VIII

XXIX.   Da Amversa, dove stectemo un giorno, ne andaimo ad pranso et cena
ad Malines che è distante quactro leghe; et in difecto de la prima volta, che solamente ce pransaimo et ne tiraimo via subito, veddimo quasi tucta la terra, quale 20
è bellissima de sito, de case, de strate et ogni altre parti necessarie sopra tucte
le terre di Barbantia et di Fiandre. Per dentro ce passano tre o quactro canali
grossi de acqua et tucti navigabili. Ce è anche una bella et grande ecclesia,
dinante la quale, come è decto di sopra nel passare che fecimo per dicta terra,
è una grandissima piazza. Lli se vedde la casa di madamma Margarita, quale è 25
molto bella et assai in ordine, benchè non di molta vista, dove è una libraria per
donne assai ornata et riccha. Li libri sono tucti scripti in francese, copertati di
velluto, con ciappecte de argento dorate. Et vi sono de belle tavole et altre
picture de diverse et tucte bone mane. Et di marmore vi sono le teste del duca
di Savoya di fe. me. suo marito, che mostra essere stato bellissimo giovene come 30
dicono che era, et de sua s. illᵐᵃ quando era jovenecta, con molto artificio facte
et secondo la relatione naturalissime. In dicta terra se lavora excellentissimamente
de balestre d' ogni sorte, tanto de fusti o archi, come di sinieri, di carcasi, di marti-
necti et di tucti fornimenti necessarii; et gia il signore ni fe lavorare una multi-
tudine, che li vennero poi in Roma. Dalla il signor con pochi andò ad cena et 35
ad dormire in un loco del gran falconiero del Re Catholico, discosto da la terra
duo miglia italiani. Dicto loco è un palazzo assai commodo et bello, posto in
una campagnia, dove è gran copia di starne, intorniato de acqua, et ce se intra
per ponte levaturo. Sua s. illᵐᵃ lli hebbe assai bona cera et lo dicto gran fal-
cunero qual se dice messer Iohanne de Aa, è molto gentil persona et de circha 40
anni LXᵗᵃ. Leghe   IV

XXX.   Parte da Malines et parte dal dicto palazzo, dove andaimo tucti ad trovare sua s. illᵐᵃ, ne condussimo ad pranso et cena in Brusselles, che son quactre

6 predecti N 1. — poccoli P. — 13 fornito N 1. — 25 una piazza grandissima N 1. — 28 velluti P. — clappecti ... dorato N 1. — 29 in marmore N 1. — 32 In dicta terra bis 35 in Roma
fehlt in N 2. — 32 excellentemente N 1. — 33 o archi fehlt in P. — 35 che vennero N 1. —
35 f et dormire N 1. — 41 Leghe fehlt in P.

8*

leghe; et ad due leghe da Malines trovaimo una villa non molto habitata dicta
Vilbruch [1]. dove è un bel castello.   IV

    Brusselles è terra assai grande et bella; parte d'essa sta in piano et parte
in monte; et è il capo di Barbantia. Vi habbiamo visto uno palazzo de la com-
5 munità con una alta et grossa torre; inante a una piazza ben spatiosa, silicata
di certe pietre piccole, come se usa per tucte quelle parte, et veramente che sono
assai belle. Per tucto decto palazzo che è ben grande se può andare ad cavallo
commodamente, dove dentro sono XXXVI fontane de quali alcune ne ascendeno
in fine al mezzo de dicta torre. In la piazza è una fontana bellissima; et per
10 tucta la terra, secundo ne referì il burgomastro, che è il principale officio de tucte
le terre tanto de la Magna Alta come de la Bassa et se muta ogni anno, sono
fontane CCCL[u]. Lli anche se vedde el palazzo del Re Catholico, dove nacque
Re Philippo suo padre; et vi è una grande et molto aerosa sala dove se justra
ad selle rase quando è mal tempo che non si può giostrare di fuora in una gran
15 piazza che è avante dicto palazzo. Al lato del quale è un gran parco con cervi
caprei et altri animali, et un zardino qual consiste in uno laberinto grandissimo
con molte camere et strate larghe più de doi passi et alte da XII palmi, lamiate
et intessute molto strecte de certi virgulti che nascono in li boschi, di frondi
simili ad nocelle, ma più lisse et lustre, quale in vero è cosa molto bella. Lli
20 ancora è un bel gioco di palla con soi mezzi tecti o suppinnati intorno dove se
buctano le palle, et socto di quelli et de sopra le mura, per che il decto gioco
è facto in certo basso, ce possano commodamente videre de molte brigate; et ce
se gioca con ricchecte et assai bene. Veddimo anche el palazzo di monsignor
di Nassau, quale è situato in parte montuosa, benchè lui è in piano vicino alla
25 piazza di quello del Re Catholico. Dicto palazzo è assai grande et bello per lo
modo todescho, et tale per quanto si è visto et se intende come sia in tucta l'una
Magna et l'altra. Tiene un spatioso cortile, di stantie è copiosissimo et di bella
facciata; per tucto è intavolato; dentro vi a tanto camere come sale che son grandissime etiam in fine alle volte, et de tavole de rovere che son vaghissime un-
30 date in modo di ciambellocto, come si dirà appresso. In quello sono bellissime
picture, et tra le altre uno Hercule con Dehyanira nudi di bona statura, et la
historia di Paris con le tre dee perfectissimamente lavorate. Ce son poi alcune
tavole de diverse bizzerrie, dove se contrafanno mari, aeri, boschi, campagne et
molte altre cose, tali che escono da una cozza marina, altri che cacano grue,
35 donne et homini et bianchi et negri de diversi acti et modi, ucelli, animali de
ogni sorte et con molta naturalità, cose tanto piacevole et fantastiche che ad
quelli che non ne hanno cognitione in nullo modo se li potriano ben descrivere.
Vi sono alcune camere, dove ce notaimo un secreto et artificio molto ingenioso,
zo è un reposto in un cantone bene ornato et lavorato del medesmo legnamo che
40 è decto di sopra, che servea anche per serrare una porta che intrava in l'altra
camera, de modo che chi non ne fusse stato advertito, non se haria mai pensato
vi fusse stata porta alcuna. Vi è anche una gran camera dove è un lecto di

---

16 crapei P. — 19 assai bella N 1. — 27 è *fehlt in* N 1. — 28 quanto sale N 1. — 29 per
fine le volte N 1. — 35 et bianchi et negri *fehlt in* P. — 42 che vi fusse N 1.

---

[1] Vilvoorden.

larghezza di palmi XXXIIII di canna et di longhezza XXVI ad ordine, con soi
capezzali di capo et di piedi, con linzoli et una cultra biancha, quale intesimo
chel predicto signore fe fare ad effecto che delectandose di stare spesso in banchecti, et havere piacere di vedere inbriachi li convitati, come erano tanto pieni
che non possevano stare più in piedi, li facea buctare sopra il dicto lecto. Vi 5
vedimo etiam una cocina bellissima, in mezzo de la quale era un camino molto
grande con un muro alto circha due canne, che se potea fare focho da una banda
et da l'altra, per stare in mezzo, et così se servea per doi fochi assai commodamente. Lli papa Leone fa lavorare XVI panni de razza, secondo dicano per la
cappella de Sixto quale è nel palazzo Apostolico de Roma, per la magior parte 10
di seta et d'oro; consta il pezzo MM ducati d'oro. Fuimo al loco ad vederli
lavorare, et un pezzo de la demostratione quando Christo donò le chiavi ad
san Pietro, che è bellissimo, il vedimo fornito; dal quale el signore fe juditio che
saranno de più belli de Christiani. La detta terra habita più de MMMMMMMM fochi,
et li arciduchi passati, per esservi molta caccia, bonissime acque et aere frescho, 15
essendo come è decto montuosa, ce solevano stare volintiero.

Ult°. Da Brusselles ad pranso et cena ad Gantes, che son diece leghe; et ad
tre leghe da Brusselles trovaimo un villagio dicto Asch[1], che è di monsignor
di Nassau, et ad doi altre leghe una terra assai bella nominata Alus[2], quale è in
Barbante et del Re Catholico. X 20

Agosto.

P°. Demoraimo in Gantes quale è capo di Fiandre. La terra è assai bella et
grossissima sopra tucte le altre, et de circa XX milia fochi, et de circuito è tre
volte Napoli et più, come facilmente consideraimo da sopra la torre dove è un
bellissimo horilogio, et vi se ascende per un caragolo de più de CCC scalini, in 25
la quale fu el signore et tucti noi altri. Non è pero universalmente habitata,
perchè dentro vi sono pratarie et molti zardini; et anchora che non sia murata,
de tucto il circuito è munita et torniata da tre fiumi, che anchora che siano
quactro, l'uno se unisce un pezzo fora da la terra, et la fanno fortissima. Li
nomi loro sono la Laia et lo Schelder, lo Live et lo Muro. Lli nacque il Re 30
Catholico et lli fu allevato. Ce è studio generale. Et in la ecclesia magiore
parroghiale che è decta san Iohanne molto bella, quale ha un choro relevato et
molto grande, et socto un succorpo quanto tene dicto choro aeroso con molte
cappelle al torno. A la man dextra de quello è una cappella, dove è una tavola
che in li doi lochi extremi ha due figure, a la dextra Adam et a la sinistra Eva, 35
de statura quasi naturale et nudi, lavorati ad oglio di tanta perfectione et naturalità si de proportione di membri et carnatura come de ombratura, che senza
dubio si può dire di pictura piana che sia la più bella opera de Christiani; et
secondo dicevano quelli canonici, è che forno facte da un maestro de la Magna
Alta decto Roberto[3] gia cento anni, et parno che adesso escano di mane dì 40
maestro. Et la historia de dicta tavola è de la ascensione de la Madonna, quale

---

5 ricti N 1. — 7 con muro N 1. — 13 quale N 1. — 14 8000, *korrigiert aus* 7000 P; septe
milia N 1. — 22 P° *fehlt in* P. — 23 sopra tucte le altre *fehlt in* P. — XX milia P *und* N 1;
XII milia N 2. — 34 dove ha N 1.

---

[1] Assche.   [2] Aalst.   [3] Hubert van Eyck.

non havendola decto maestro possuto finire, perchè se morse, fu compita dal fratello, quale anche era gran pictore. In la dicta terra sono molte parroghie et
due grosse abbatie; parte dessa è de la diocesi di Cambraia et parte di Tornay.
La terra come è decto è fortissima et inexpugnabile, perchè quando vogliano
5 possano allagare et annecare tucto el paese per una legha intorno. Et per mezzo
quella corre el decto fiume Laia, che è assai grosso, sopra dove sonno più ponti
de petra et belli. Lli se vedde el palazzo del Re Catholico, che è circuito de
acqua; vi se va per ponte, et ce sonno più leoni, tra quali è uno mascolo grandissimo, et al judicio del signore et de tucti li altri magiore di qualsivoglia di
10 quelli che stanno in Firenzza.

II.   Da Gantes ad pranso et cena ad Bruges; et per via trovaino molti villaggi
ma di poca qualità; distante octo leghe;   VIII.
La dicta terra anchora che non sia de le più grande è pur de le più belle
de Fiandre, Tornacensis diocesis. Et veramente si de strate, come de piazze et
15 de ogni altre parti monstra essere molto magnifica. Vi sono molti canali de
acqua larghi et navigabili con ponti di pietre bellissimi. Et benchè per la guerra
che tenne con lo Imperatore per causa che presero pregione el figliolo moderno
Imperatore et alhora signore de Fiandre per ragione di dote, che durò molti
anni, sia molto ruinata, et ne perse la fera che fu transferita in Amversa, per il
20 che quella terra ni è facta così grande et riccha, non però ce sono molti mercanti, et ce se fanno artificii et industrie assai, sì de panni come di cappelli et
pelosi et rasi li più belli se faccino in loco del mundo, de lana che pare vera
seta. È distante da la marina tre leghe; et benchè ce sia un canale che viene
da la marina, per donde navigano barche assai, come non ce è facta dispesa son
25 molti anni do poi che fu tolta la fera, non ce possano intrare legni grossi. Lli
per si pocho spatio, partendoce la matina di bona hora, se veddero poche cose
particularmente, pur se fo in la ecclesia di nostra Damma, dove è la sepultura
de la Imperatrice Maria, matre del re Philippo, muglie de lo Imperatore Maximiliano, quale è de octono indorata et ben lavorata.

30 III.   Da Bruges se andò ad pranso et cena ad Niport [1], che sono septe leghe; et
per via se trovarno assai villecte et case pastorali da passo in passo; et ad
quactro leghe da Burges è una terra murata dicta Imbruch. La predicta terra
de Niport è sul mare occeano et del Re Catholico; habbita circha mille fochi; è
molto grande di circuito, ma vacua assai de habbitationi.   VII

35 IIII.   Da Niport ad pranso et cena ad Gravellina, terra di madama di Vendom,
distante octo leghe; et benchè la decta madama sia francesa, è pur socto la jurisdictione del Re Catholico come signore di Fiandre. Dicta terra è piccola et
bructa, ma tene una bella ecclesia. Ad una legha da Niport cavalcaimo per la
marina et mezzo miglio italiano dentro mare per harena, essendo ad quel tempo
40 il refluxo, quale in vero pare una strania et mirabil cosa; et vi cavalcaimo cinque
leghe fine ad una terra dicta Dincherch, quale è pur di madama di Vendom;
et dalla in fine ad Gravellina ne scostaimo dal mare un pezzo.   VIII

7 di pietre N 1. — 20 et riccha *fehlt in* P. — 29 dorata N 1. — 30 Burges P. — et ad cena
N 1. — 31 se retrovanno N 1. — 33 Captolico P.   habbitata de circa mille fochi N 1. — 34 assai
vacuo (*sic!*) N 1. — 36 la decta *fehlt* in P.

[1] Nieuport.

V. Da Gravellina ad pranso et cena ad Cales. Et ad una balestrata da dicta villa de Gravellina se passa un fiume non molto largo con barcha, quale non essendo il refluxo non si può guazzare, et questo non troppo distante dal mare. Et lli se parte la Fiandre da Picardia, quale in fine a la dicta terra de Cales è del re Anglico, et di più se extende sua iurisdictione in fine ad Tornai; che Sua 5 Maestà essendoce ad campo una con la Maestà Ces* la tolse ad Franciosi nel primo anno de Leone. Son leghe   III

Essendo intrato già in Piccardia et lassato la Fiandre come è decto, mi par conveniente, havendo di sopra parlato in genere de li costumi et qualità de la Magna Alta, non dover passarmi con silentio di non dire il medesimo de la Fiandre, 10 essendo maxime patria del Re Catholico N. S. I.

La Fiandre è tucta piana et da Brusselles in po, che è in parte montuosa, come è decto, non credo che in villa alcuna ve siano fontane, benchè habiano pur alcuni fiumi. Usano generalmente puzi et in quelli, che sono in terre de marina et in l'insula de Zelanda et Olanda, son acque molle et mezzo salate. Hanno 15 uso de carrecte come in la Magna Alta. Le terre molto polite, belle generalmente de strate, piazze et de ecclesie, et molte case hanno zardino con qualche her- becte, rose, gariofali et quantità de lavendola o spica et per defecto de uve usano grandemente de l'uve spine; et si ben ce sono molte pergole piantate in zardini et per le strate inante le porte de le case, non producano fructi, o si li producano, 20 son tardissimi et gia non hanno sapore naturale alcuno, dico de la agresta, che de uve non ce ne son mai che non possano maturare. Le più parte de le case son con facciate de legnamo et lo resto de muri de mactoni come in la Magna Alta. Non però in Amversa, Malines, Brusseles, Gantes, Bruges et alcune altre terre bone son molte case tucte de fabrica, et bene intese; et quelle de legno 25 son così ingeniosamente lavorate, che non solo non offendeno la vista, ma la dilec- tano. Usano le intemplature et fodere de le camere, porte, fenestre et quanto se vede lavorato de legnamo tucto de rovore, che è de un colore leonato chiaro et undato in modo de ciambellocto; è forte et se lavora molto bene. Li lecti non così grande como in la Magna Alta, pure de pluma, con certi ornati intorno et 30 di sopra, del decto legno bene intagliato et straforato. Et veramente che tanto in la Magna Alta, come in Fiandre et de intagli de pietre et de legni se lavora molto soctilmente; benchè in la dicta Magna non nce è del rovere; quale etiam che ne sia in Italia, non ha similitudine alcuna di quello di Fiandre, che gia vene per acqua da le parte de Rossea et da le montagne, pur in parte niuna se ne 35 lavora così bene come in dicta Fiandre, maxime di certi stipi che usano in tucte le camere, che son bellissimi. Tucte le marine come è dicto hanno fluxo et re- fluxo, et li fiumi et canali desse, che lor dicano la marea. Li tecti son coperti generalmente de certe tavolecte di pietre negre, che se trovano alla riva del Rheno, et veramente che fanno una bella coperta et delicata, di colore di vero piumbo. 40 Sì in la Magna come in Fiandre le ecclesie generalmente sono in volta, et con le più bizzarre lamie et diversità de cordoni che se possano considerare. Et ve sono per tucto campanili alti et acutissimi, et belle campane. Li horilogii loro sono da XII in XII hore, incominciando dal mezzo dì; et prima che sonano le hore,

3 è questo N 1. — 7 Son leghe *fehlt in* N 1. — 10 non dovermi passare N 1. — 11 l. *fehlt in* N 1. — 15 molte et *fehlt in* P. — 16 et belle N 1. — 19 grandemente *fehlt in* N 1. — 26 che non solo . . dilectano N 1; che non offendeno niente la vista P. — 30 pur N 1; puro P. — 31 et straforato *fehlt in* P. — 32 de legno N 1. — 36 come in Fiandra N 1. — 38 maria P.

per fare actente le gente sonano certi squilli, che solfezzano alcuni muctecti ad tre voci ben concertati; et in molti lochi dicti squilli toccano le mezze ore. Tanto in la Magna come in Fiandre, come in tucte quelle parti accostate al septentrione trovaimo in la estate la nocte una hora più breve che in Italia. In tucte 5 ecclesie di Fiandre sono arbori nel coro et lectorili ben lavorati et altri ornamenti de altari et cappelle de octono, de che ve ni è copia grande. Caldare, pignate, caczole[1] et tucti instrumenti de cocina usano de simile metallo, quale viene da Ingliterra, dove si cava in gran quantità, et n'è barracto et mercato grandissimo. Vacche et pecore hanno in gran numero, ma poche capre. Vi sono 10 pascoli bellissimi. Le vacche sono assai più grande di quelle de la Magna, et poche rosse, la più parte negre et bianche pezzate, et alcune tucte negre, altre barrectine con certe pezzecte muscate di tanta vaghezza, che più in tali animali non se saperia desiderare. Le pecore hanno lana che par seta. Et fanno de boni casi; tra quali vi ni è uno che conforma al ravagiolo, però non fresco, ma de 15 alcuni jorni; et ce è un altro caso verde che lor mangino volentiero, facto per quanto intesimo con succo de più herbe odorifere come anche si fa in la Magna Alta, che picca molto. Li cavalli et giomente son grandissimi, maxime in Olanda. Dove ultra la politezza de vestiti et persone loro, son tanto tenere de non bructare li solari de le case, che in tucte le stantie prima che se intra tengano un 20 panno per annectare li piedi et ne' solari tengano sparsa certa harena. Le donne che partoriscano figlioli mascoli han questo segno, che al bactente de la porta de la casa (usando esse havere in tucte le porte bactenti) legano un facciolo; et qualunche delinquente et malfactore etiam che havesse ammazato mille homini, qual se salva in tal casa, per fin tanto che la figliata non va in chesia in termine 25 di XL^ta giorni, come anche se constume in Italia, vi sta securissimo, et la justicia non lo può prendere in modo niuno. In tucta Fiandre son cauli assai maxime de cappuzzi, et in Olanda, secondo dicano, sono alcuni così grossi, che uno solo basta ad caricare un huomo; et così in Fiandre come in la Magna ne fanno munitione grandissima, conditi con sale, et lo inverno che tucto il paese è converto de neve 30 si li mangiano consi in diversi modi. Tucte le donne generalmente vanno con veli soctilissimi in testa, o de Olandra o de Cambraia sammentati. Le gonnelle strecte, che tu vide gia tocte lor fazzioni, et per la magior parte sono de saia negra, quali portano sopra un altra soctana; et quando vanno in facende alzano le falde dinante et dietro et le appontano ad certo ferrecto che portano al cento 35 ad tale effecto. Esse son grandi generalmente et dispostissime, bianche et rosse et de carnatura vivacissima, senza bellecti, fuco, conzo et artificio alcuno. Calzano certe calzecte assectate con pantofali alti doi diti; con capecte che coprano solamente le spalle; et alcune altre veghie usano cappe longhe crispate in testa con un pizzo inante el fronte, assai consimili a la portatura de le donne 40 nostre de terra de Bari; et le matrone et gentildonne portano pur cappe longhe

---

8 barracche N 1. — 14 tra i quali N 1. — 16 odorifere *fehlt in* P. — 18 *Vor* Dove ultra la politezza *in* N 2: Li homini similmente più grandi che in la Magna, più politi, di miglior cera et bene in ordine, ma non tanto armigeri; le donne bellissime et nettissime spetialmente in Olanda, dove oltra la politezza de li vestiti e persone loro.... — 24 in fin N 1. — 27 solo *fehlt in* P. — 34 al certo N 1. — 35 generalmente grandi N 1. — 36 senza bellecti et conzo N 1. 40 nostre *fehlt in* P.

---

[1] = cazzuole.

et di saia negra con certe pieche dietro le spalle come le bizoche ytaliane, et certo è un bello et honestissimo habito. Non si può però denegare, che tanto in la Magna, come in tucta Fiandre, le donne o per lo butiro o per la cervosa non habiano tucte generalmente mali denti, non gia mali fiati per esserno sane et di bonissimo stomacho; et se alcuna de le belle ha bon denti, se può ben dire che 5 è sopra tucte le belle. Tanto in la Magna come in Fiandre per lo butiro et lacticinii che mangiano ci son molti leprosi, quali habitano fora de le terre, come anche in Italia. Usano de abrusare certa terra in loco de carboni, di che vi è gran quantità, et abrusa assai bene. De vini anchor che sia più caro che in la Magna, bianchi et rossi boni se ne trovano in ogni hostaria. Bone carne, pulli, 10 et coneghi assai, non molte starne et fasani. In tucti li condimenti loro, in loco de oglio che essi non ne hanno, si non di nuci, usano butiro. Et benchè il signore per minar seco doi coci, che l'uno con lo appresentatore o forriero andava sempre inante ad apparighiare, non mangiava nè sua s. illᵐᵃ nè la fameglia de li condimenti loro, pur per provare due volte et in la Magna et in 15 Fiandre sì de carne come di pesce se ni è mangiato, et non hanno piaciuto come quelli de Franza, che hanno meglior modi assai de apparighiare con mille guazecti et sapori. Le case in molte ville et cita, che sono lavorate di pietre et de mactoni, hanno più foggia di quelle de Italia di camini, fenestre et porte, che non in la Magna. Però le schale per non perder loco son tucte in lumaca o in 20 caragolo, ma assai bene lavorate. Et tanto in la Magna come in Fiandre, non è vi poco reducto de case de villani, che non habbia un quadrante da conoscere le hore senza sole con artificio di contrapesi et rote, come li horilogii, benchè non sonano; et hanno anche una conveniente ecclesia. Le tele che son fine tanto de Olanda come de Cambraia, son lavorate per la magior parte in li monasterii de 25 donne, de quali lli è gran numero. De cannapo che non è del modo di quello de Italia, per essere soctile quasi como lino nostro, fanno le altre tele che le chiamano mezze Olande, quali son più grossecte et non così larghe per uso de casa. Et de dicte tele se ne lavora per tucta Fiandre, benchè le più belle et per la magior copia se fanno in Olanda, et però ne pigliano la denominatione. Advertendo che 30 si li lini et cannapi non venessero da Rossea, Brutia et da Forvia, quel che nasce nel paese non basteria per la minor parte che se ne lavora. Quelle fanno così bianche con acqua chiara fandole stare la nocte al sereno et lo dì al sole sopra certe stire, bagnandole più et più volte et sempre che assuttano de acqua chiara et freda. Li lini et cannapi scappano assai verdi et li maturano volintieri in 35 acque fangose et putride. Le donne quando fanno questo exercicio del scappare usano molte insieme saltare in le strate et impedire li itineranti con legare le staffe et le gamme[1] a li staffili con li dicti lini, ne lassarli fin tanto che non donano qualche cortesia de denari, perchè di quello recoglino, finito di scappare et conzare dicti lini, se ne fanno festa et triunphano tra loro. El parlare et idioma 40 proprio de fiamenghi, benchè quasi tucti sappiano parlare francese, è molto più dolce del alamanno, et in molte parole non conformano, de modo che l'uno l'altro non se possano bene intendere. Le cervose di queste parte sono meglioredi

---

1 f et in certo N 1. — 10 boni *fehlt in* P. — 11 coneghi N 1. — 19 sì de camini N 1. — 27 che le chiama P. — 30 et però ne pigliano la denominatione *fehlt in* P. — 33 nel sereno N 1. — 34 et sempre che assuttano *fehlt in* P. — 36 Le donne *bis* 40 tra loro *fehlt in* N 2.

¹ = gambe.

quelle de la Magna et ce se ne fa quantità grandissima. Usano molina ad vento
infiniti. Hanno visciole assai, prugna, pera, noci et nochie. Pesci di mare de
ogni sorte assai boni, coze negre et ostriche tenerissime, benchè non molto grandi;
molti pisci de fiumi, maxime storioni et salmoni. Frumenti secala et havena in
5 gran quantità, et altri legumi, da ceceri impo; et a li X de Augusto erano li
grani et havena in herba. Dapoi che entrassimo in dicta Fiandre non ne he scam-
pato appena un giorno che non habia piovuto et facti venti crudelissimi, de
modo che ni è parso il Luglio et Agosto de lli un Novembre di Roma; et veramente che si non haveamo cinque o sei dì de caldo in Spira, tre dì nante san Jo-
10 hanne et tre dì dopo, tanti extremi et excessivi che non se poteano comportare
ne di giorno ne di nocte, et assai più che mai havemo sentuto in Italia, de tucto
il resto del tempo non patemmo fastidio de caldo alcuno. Le gente son bone et
amorevole tanto in la Magna Alta come in la Bassa, et sopra tucto reali, che, se
andasse per casa sua buctato tucto l'oro del mundo, non lo saperiano toccare.
15 Le hostarie se tengano per li megliori, et le donne sono di tanto essere, che com-
mandano, tengano il conto et fanno il tucto; et similmente del comprare in le
piazze et vendere de mercantie et lavorare de ogni arte publicamente tanto huomini come donne. Vanno in le ecclesie de continuo che non è mai dì etiam de
lavoro, che quelle a le hore de li officii non siano piene, et così ne le navi de
20 le ecclesie come ne le ale et capelle sono sedili assai intavolati in modo che se
fa nelle scole de studii publici, et molti ne sono appatronati, che niuno vi pò stare
altri che patroni. Nullo passeggia ne le ecclesie, ne meno festegiano come in
Italia. Et molte donne sono che governano altari et tengano reliquie de sancti
in poter loro, el che ancora che non sia laudabile, si può attribuire ad gran de-
25 votione del sexo femmineo et ad bona fede di quella gente. In tucte ecclesie
parrochiale se dicano el dì almeno due messe cantate, del sancto corrente et de
morti; et ogni sera se canta la salve. Et non è ecclesia che non habia una infinita de jaconi da X in XII anni. Li preti son molto longhi a le messe loro, in
le quali discrepano et differiscano pur in assai cose da Italiani, et le celebrano
30 tanto basse che niuno lo intende, ne se fanno respondere da jaconi ne da altre
persone et al fine di ciascuna messa donano l'acqua sancta ad tucti circumstanti.

In Cales, quale si non è terra molto bella, è pur fortissima, vi stectimo in
fine alli VIII del mese. Dicta terra è in piano, et dal septentrione ha il porto,
dove li batte l'acqua vicino alli fossi, et quando non è il refluxo, quale in questo
35 loco è quasi un miglio italiano, nce acqua grande. Le mura son grossissimi et
fossati larghi tucti pieni de acqua; dal canto del levante, ponente et mezzo dì ha
il medesmo ordine di mura et fossati et de più un contrafosso larghissimo con
acqua grossissima; et quello che la fa inexpugnabile, è che dal mare entrano in
la terra tre o quactri canali sutteranei in modo di chiaviche, che si serrano con
40 porte, quali sempre che se vogliano aprire intrarà tanta acqua, che in mezza hora
annecaranno quattro miglia italiani intorno de campagna. Non però lo re Anglico
ce tene de ordinanza cinquecenti huomini d'arme ad piedi, tra quali son molti cavalli,
et tucti oprano archi et accie. Poi ce sono tre fortellezze che tucte se guardano,
et vi sono Inglesi assai. La porta che è una solamente se apre ad tal tempo ad
45 due hore di giorno, et la sera se serra ad hora di cena, zoè ad XXII hore, nè

---

8 vi N 1. — 8 et veramente *bis* 12 alcuno *fehlt in* N 2. — 30 lo, *korrigiert aus* le P; le N 1.
— 32 pur *fehlt in* N 1. — 40 in mezhora N 1. — 42 ce *fehlt in* N 1. — 44 solamente una N 1.

se apre, se ce andasse el re in persona, in fine al jorno sequente in l'hora predicta; et similimente sta serrata la matina, finchè le gente pransano. Li Inglesi che sono in dicta villa, incominciando dal governatore dicto messer Riccardo Wyngfeld con quanti soldati vi sono, son così alti, fazzonati et belli huomini come vedesse mai; donde si può facilmente fare coniectura de la generalità de li Inglesi. 5 Et tucti se dilectano de tirare d'archi, quali son di tasso grandi come son loro; et benchè tucti tirano ad segno et fortimente, per quanto ce referi il predicto signor gobernatore, che era molto gentil persona, practico in Italia et se pigliò in quelli di monsignor nostro r^{mo} per conpatre, tenendoli in la cresma un suo figliolo: el re Anglico predicto ha appresso di se uno arciero così possante, che 10 sempre che tira con suo archo passa una bocta di tre some piena de vino da tompagno ad tompagno, et la vira o saecta se cazzia fora, el che ancora che pare molto difficile, non però è impossibile. Et quello re dicano che lo fa vedere ad tucti grandi che vanno alla corte sua. Lli sbarcano tucte le mercantie de Ingliterra, et lli se imbarcano quelli che vogliano passare in la decta insula. Dicta 15 terra per essere ad lo predicto re inportantissima, non havendo altro porto in terra ferma che essa, come è detto la fa custodire con molta tenerezza et gelosia; per la qual cosa alli gubernatori è prohibito sotto pena capitale non uscire per qualsivoglia necessità la porta di quella durante il tempo de loro officii. Vi se stecte da li cinque in fine a li octo per passare in Ingliterra; et gia si era accor- 20 data la nave che ne deva passare, et devendose montare in acqua la matina, il predicto messer Riccardo governatore notificò ad monsignor nostro ill^{mo} come in quella insula se morea grandimente de un morbo che li dicano il soderino, perchè ammazza sudando, et a la più longa in XXIIII hore, quale è contagioso grandimente, et che in Londres, che è regia di quel regno, in un giorno 25 erano morte di tal male CCCCC anime; per il che sua s. ill^{ma} se revocò de l'andata con deliberatione de andare ad trovare el re Christianissimo quale era in Rohano.

VIII.   Da Cales se andò ad pranso et cena ad Bologna sopra mare in Piccardia, che sono septe leghe; per via sono infiniti villagi. La dicta terra è signoria, 30 pero de la jurisdictione del roy de Franza, et vi è governatore monsignor de la Fogliecta. La predicta villa è grande, posta sopra un pogecto et bene habitata; al basso ha un gran burgo, et est diocesis Morinensis[1]. Il roi per essere quella al opposito de Cales la tene molto ben fortificata, et ne le porte sono bastioni terribili. Vi è anche un mediocre castello et una ecclesia assai bella che se dice 35 nostra Donna de Bologna devotissima non solo a li convicini, ma anchora ad exteri et de parti longinque. La dicta ecclesia è tucta in volte molto aerosa et la Madonna è de relievo di materea lingnea, devotissima figura et di color negro; ha intorno lo altare suo che sta vicino la porta del choro a la man dextra quactro colonne de marmi, sopra de quali è uno ornamento de octono bellissimo, et nel 40 choro predicto è uno arbore pur de octono, che da quello de Spira in po non habbiamo visto lo più bello. In la thesauraria vedimo molti tabernacoli de ar-

---

1 sel ce andasse P. — in persona *fehlt in* N 1. — in hora P. — 3 dicto *fehlt in* N 1. — 6 Et tucti *bis* 14 corte sua *fehlt in* N 2. — 6 de tirare archi N 1. — 7 al segno N 1. — forzatamente N 1. — 9 r^{mo} *fehlt in* N 1. — 13 è *fehlt in* N 1. — 20 cinque fine N 1. — 26 CCCC° N 1. — 31 di re N 1. — 33 Marinensis N 1. — 34 ad opposito N 1. — 36 Damma N 1.

[1] Therouanne.

gento dorati, con assai reliquie: de li capelli de la Madonna, del lacte, del sangue
de Jesu Christo, una spina de sua corona, del legno de la croce un pezzo più de un
palmo et mezzo, un quatro de la prima camisa de Christo, con molte altre reliquie de sancti; una croce non molto piccola tucta de oro, certi cori de oro massizzi,
5 et uno de XII marchi cel donò re Loysi patre di re Carlo, che fu in Napoli;
certi altri voti de li duci de Burgugna, che sono essi ad cavallo, facti artificiosamente pur d'oro massizzi, benche piccoli quasi di un palmo il magiore. Vi era
anche in decta thesauraria una gran biblia qual dicano essere stata de la Madonna. Et la edificatione de la dicta ecclesia, in mezzo de la quale pende una
10 gran granfa de ucello grifone, fu in questo modo, che gia novecento anni con
una barcha qual se trovò in seco nel porto de dicta villa venne miraculosamente
la predicta imagine con tucte le predicte reliquie, et finchè si edificò la dicta
ecclesia sua, dove è adesso collocata la prefata imagine, ogni matino se trovava
certa quantità de denari, con che è stata edificata la magior parte di quella.
15 L' insula d' Ingliterra, anchor che l' havessimo vista da una torre di Cales, donde
con bon tempo ce se suole passare in VI hore, da Bologna quale è posta nel
alto, come è decto, la vedeamo più specificatamente, et parea assai biancha
et lunga.   VII

IX.   Da Bologna se andò ad pranso et cena ad Monteron[1], terra de la corona
20 de Franza, bella di strate et piazze, et ce se refanno tre belle ecclesie. Le genti
tanto huomini come donne de le dicte due terre, etiam che parlano francese,
hanno l' habito et tucto del Fiamingo.   VII

X.   Da Monteron ad pranso et cena ad Abavilla terra de la corona et diocesis
Ambianensis. Non vi son belle case, ma è grossa quasi di quactro milia fochi
25 et ce va per mezzo un fiume dicto Soma, quale è distante dal mare oceano cinque
leghe et ha fluxo et refluxo; è navigabile da molte leghe ad alto infine a la
marina. Lli tucte le donne portano barrecte di preti sopra li veli, che dicano
molto male, essendo esse generalmente bructissime. Et la sorella del re Anglico,
quando andò ad marito a re Lodovico, passando da decta terra et visitata da le
30 dicte donne, donosamente disse, che tucte erano amiche et inamorate di preti,
portandono per amor loro le barrecte.   X

XI.   Da Abbavilla se andò ad pranso et cena ad Blangni, villa aperta et posta
in una valle. È de la corona et per dentro li va un fiumicello, che termina la
Picardia da questa parte et dà principio a la Normandia, de modo che la villa
35 una parte è picarda et l' altra normanda, la picarda Ambiensis diocesis et la
normanda Rotomagensis. Lli venne monsignor il vescovo de Baiossa[2] ad scontrare monsignor nostro ill·mo. Le donne sono bructe et non usano barrecte ma
veli bianchi bastardati da Flamminghi. Sono leghe   VI
In questa parte di Picardia ve se va per piano et è un bel paese con
40 alcuni boschi belli, fertile de victovaglie, et hanno molte vacche di quella
qualità de la Magna Alta, non gia de la Fiandre etiam che confinano. Hanno

3 con *fehlt in* N 1. — 4 massizzo N 1. — 7 ma N 1. — 9 de dicta N 1. — 12 sopradecte
reliquie N 1. — 13 predecta N 1. — 18 Leghe VII N 1. — 21 quanto N 1. — 28 Et la sorella *bis*
31 barrecte *fehlt in* N 2. — 35 picardia — normandia N 1. — 36 normandia N 1.   Baiona N 1.
— 40 belli boschi N 1.

---

[1] Montreuil.   [2] Bayeux.

anche porci rossi et pecore assai.   Usano carrecte tirate da cavalli.   Et in le
hostarie sono camere in ordine generalmente, in ciascuna di quelle sono doi lecti,
per patrono et per garzone, non però cariole, ma lectuccio con sue lectere lavorate
al modo de Flandre et de legnamo de rovore, ma non così bello.   Et benchè per
li freddi grandi non ce nascono vini, in tucte le hostarie trovati vini rossi, buoni   5
ma cari.   Et le donne brutte, non so però che sia al resto de Picardia, quale è
gran provintia et politica assai.

XII.   Da Blangni se andò ad pranso et cena ad Neusciateo, che in italiano
vol dire Castello nuovo; è villa murata, non gia bella, et de la corona.   Sono
leghe   VI 10

XIII.   Da Neusciateo facta colatione se andò ad cena in Rohano; et se intrò
tardo, per causa che signori franciosi non venessero incontro ad sua s. illᵐᵃ.   Vi
se hebbe un commodo allogiamento dato per ordine de la Maestà Christianissima.

A li XIIII che fu la vigilia de la Ascensione de la Madonna ad hore XVIII
monsignor illᵐᵒ accompagnato da monsignor de Lutrech [1], dal Gran scodiero, da   15
monsignor di san Valier parente di sua s. rᵐᵃ et da molti altri signori francesi
et gentilhomini italiani andò ad visitare el Re Christianissimo, chi allogiava nel
arcivescovato.   Et da Sua Mᵗᵃ li fu facto assai honore et bona cera; et do poi
stato ad ragionare con quella nel suo retrecto circa una hora, si elicentiò et andò
ad visitare la regina, quale era in un altro appartamento del medesimo palazzo   20
insieme con la matre del predicto Re Christianissimo, et con essa anche la sorella
che fu moglie del quondam duca de Naumurs [2] gia magnifico Juliano de Medici.
Dicta regina è giovane, et benchè sia piccola di statura, bructa et coscia de tucte
due l'anche et grandimente, dicano che sia molto virtuosa, liberale et pia.   Il re
suo marito quantunche sia dedito ad lascivia et volintieri intra in zardini de altri   25
et beve acqua de diversi fonti, non però ad la regina predicta sua muglie ha
tanto respecto et honore che pur che sia stato in Franza et appresso lei non
è mancato mai nocte di dormire seco, secondo dicano lli communemente.   Et
sempre che Sua Mᵗᵃ dice di volere andare ad visitare il suo ducato di Bertagna,
essendo quello de molta importancia et le gente sue naturalmente inimice de   30
Franciosi et terribili huomini, el predicto re ne spaventa et trema.   La matre di
quello è grandissima di statura, anchora bella de carnatura, molto vivace et
robicunda, di età al mio parere de circha quaranta anni, de modo che si può dire
et reputare per più de diece altri anni excellente robba.   Lei va sempre appresso
al figliolo una con la regina et fa de la governatrice absolutamente.   El re è   35
di una gran statura, di bona faccia et tucto disposto, allegro et piacevolissimo,
benchè habbia gran naso et al juditio de multi, maxime de monsignor nostro illᵐᵒ
sottile gambe per si gran corpo.   Se dilecta grandimente de cazzia et maxime
di correre cervi ad forza.   El dì de la Madonna Sua Mᵗᵃ se confexò et comunicò
como gia è solito fare in più sollennità del anno, secundo lo arbitrio de quella,   40
per guarire li pover homini chi hanno le scrofule; essendo tal virtù, come dicano,

9 morata P. — 9 f Sono leghe *fehlt in* N 1. — 11 *In* N 1 *hier und weiterhin:* Rhoano. —
22 Namur N 1. — 23 Dicta regina *bis* 31 et trema *fehlt in* N 2. — 27 honore et respecto N 1. —
28 *In* N 1 *steht* secondo dicano lli communemente *vor* non è mancato etc. — 34 excellente robba
per più di dieci altri anni N 1. — 35 et fa absolutamente de la governature N 1. — 41 homininj P.

[1] Lautrec.   [2] Nemours.

concessa ad tucti ri de Franza, et dicte scrofule guariscano seccandose ad pocho
ad poco con toccarle Sua M^{tà} solamente et farli lo segno de la croce. A li XVI
sua s. r^{ma} et ill^{ma} andò un'altra volta ad visitare el Re Christianissimo, la
regina et la matre, con chi stecte ad piacere do poi disnare in fine ad XXII hore,
5 che Sua M^{tà} cavalcò con sua s. ill^{ma} ad andare ad un giocho de palla, dove la
predicta M^{tà} con molti altri signori giovani giocò; et finito il dicto joco condusse
seco ad cena sua s. ill^{ma} nel palazzo del arcivescovato dove era suo allogiamento;
et lli se fe bona cera et balli assai, dove etiam ballò sua M^{tà} Christianissima.
Il dì sequente monsignor ill^{mo} andò ad visitare el cardinale de Burges, quale fu
10 ad visitare sua s. ill^{ma} subbito che quella arrivò in Rohano. Dicto cardinale
allogiava nel monasterio di San Tui[1], quale adesso per permutatione del dicto
vescovato di Burges è de monsignor rev^{mo} de Cibo, alias del predicto cardinale,
quale ce ha facta una bellissima ecclesia, benchè non sia del tucto finita. Stantie
son commodissime et sumptuose, bel zardino, più che un cortile et grandi, con una
15 piazza inante decto monasterio assai spatiosa. In la sacrestia sono de molte reliquie ornate de argento et d'oro; et fra le altre cose ce è una cassecta d'oro,
dove sono le ossa de un sancto martire, facta pur per lo decto cardinale prima
che lo resignasse, in che forno spesi diece milia franchi. In decto monasterio
serveno multi monaci, ultra il victo et vestito de quali esso per quanto fui in-
20 formato vale annuatim da circa cinque milia scuti. Dicta città quale è posta in
una valle è molto populosa et grossissima; in essa se fanno molte mercantie et
varie arti, maxime de panni che son finissimi tanto de colori come de grana, et
quasi tucti suppressati, quale mesurano ad aune, mesura che le due fanno una
canna et un palmo della nostra mesura. Le case etiam che siano lavorate de
25 legnamo, investiti de fabrica al modo de la Magna, sono grandi et commodissime.
Ha belle piazze, benchè le strate non siano molto larghe et un poco fangose. Vi
sono molte fontane, et per mezzo li correno alcuni canali de acqua. A la banda
sinistra venendo da Parisi avante una gran parte de le mura la passa una rivera
o fiume, che li dicano Sena, latine Secana, che è grossissimo, navigabile da Parisi,
30 per mezzo de la quale essa corre, dividendose in più brazzi in fin al oceano,
donde la dicta cita de Rohano è distante XVIII leghe, et fine lli ha fluxo et refluxo. In la riva de decto fiume erano molte navi et altri vascelli, et in terra
una munitione de legna per abrusare gionte insieme così grande come habia mai
visto. Vi se passa per un ponte di pietre bellissimo et di XVIII archi, octo nel
35 mezzo che son molto grandi, et li altri secondo competino. Da l'altra riva è un
bello et gran burgo. La predicta cita ultra che sia copiosa di varii fructi, non
però de meloni, fiche et uve, che, per essere paese assai fredo, non ve ne seno;
de pesce tanto de fiumi, come son tructe, salmoni et storioni, quanto di mare de
ogni specie, maxime di conchili, ostriche et cozze bianche et negre, ne è copiosis-
40 sima. La ecclesia del arcivescovato è grande et tiene una bella fazziata lavorata
de intagli et figure, dove son doi campanili altissimi, che l'uno non è anchora
finito, de pietre benchè molli similmente intagliate con molto artificio. Et vi è
una campana grossissima, quanto altra habiamo vista. In mezzo de decta ecclesia

2 et fare il segno de la croce N 1. — 5 et P *und* N 1. — 13 quale ce fe N 1. — Le stantie
N 1. — 15 molte N 1. — 20 circa *fehlt in* P. — 33 habiamo visto N 1.

[1] St-Ouen.

è il sepulchro di monsignor r^{mo} el cardinale di Rhoano di fe. me. in un vase de
pietra marme relevato da sei palmi; et sopra il coverchio è lui de naturale et in
relievo con certa cancellata ferrea d'intorno. Le stantie de dicto arcivescovato,
quali forno fabricate per sua s. rev^{ma}, son bellissime et tucte lavorate de pietre,
ben sumptuose con sale, camere riccamente intemplate, appartamenti assai et bene 5
intesi. Tiene anche un bel quatro de zardino, però senza arbori, come è l'uso di
quelle parti; in mezzo del quale è una fontana marmorea molto ornata, et butta
in alto assai. Sono anche in dicta cita molte parroghie et bene officiate. In
quella se allogia assai bene et ce se beve di bon vini rozi, benchè non ve
siano de le vigne. 10

A li XVIII Sua M^{ta} Christianissima cavalcò quattro leghe distante da Rohano
per andare ad correre certi cervi ad forza et fare altre cazze, et dalla tirarse
cacciando et visitando quelle valle la volta di Mulines, terra di monsignor di Burbona, per lo baptesmo del figliolo che ad quel signore era novamente nato. Sua
s. ill^{ma} non andò con Sua M^{ta}, come tenea desiderio essendone stata convitata, 15
perchè la nocte li successe la podagra in tocti doi li piedi et li durò per più de
XV giorni con più dolore et fastidio che l'havesse havuta mai. All'incontro de
la cita è un montecto non molto distante et gionto con certo borgo, dove è fabricato un monasterio sub vocabulo sancte Catherine, dove sonno di molte fabriche,
et ce habitano XXV monaci de l'ordine di san Bernardo. In la ecclesia mostrano 20
el digito de la predicta sancta el l'oglio de la lampa del monte Sinai, dove il
suo corpo fu transportato da li angeli. Vale da diece milia franchi l'anno.
Lo abbate si fa per electione di monaci et ad confirmatione del roy, essendo
dicto monasterio patronato regio. In mezzo del cortile è un puzzo profundissimo,
donde se tira l'acqua con una rota grandissima, con la quale lavorano due altre 25
rote piccole, in che sono involte le funi de due secchie che son molto grande et
forse de una soma l'una, de quali l'una discende et l'altra sale, et la decta gran
rota è voltata da cani admaistrati ad quello, et talmente che a le parole de uno
che ne ha cura obediscano come una persona, et con tanto sentire, che, subito
come la sechia piena è sopra, se fermeno et se buctano fora da la dicta rota. Li 30
cani son ben grossi et di minor numero che possano voltarla et con fatigha grande
son tre quactro in fine ad octo; et veramente che è un bel vedere. In lo decto
monasterio se sale per una scala di pietre di septicento septanta scalini, quale da
vinti in vinti scalini ha circha X palmi de piano per reposare, essendo quella
cossì fatichosa; lei non è molto larga, ma bella, et in qualche parte di scalini et 35
de le bande è gia ruinata.

Settembre.

III de Septembre sua s. ill^{ma} do poi pranso partì da Rohano in lectica accompagnato dal Moro Maximiliano Sforza gia duca de Milano, dal contino di
Caiazza [1] et da molti altri gentilhomini francesi et italiani, non obstante che la 40

2 f di relievo N 1. — 9 de bon vino rosso N 1. — 12 per correre N 1. — con fare anchora
altre caccie N 1. — 13 cacciando et visitando quelle valle *fehlt in* P. — 13 f monsignor ill^{mo} di
Burbona N 1. — 14 che li era N 1. — 19 Chaterine P. — 29 che vi ha N 1. — 36 de bande N 1.
— 38 N 1 *ohne Datumangabe:* Do poi pranso sua s. ill^{ma} partì da Rhoano. — 39 Sforza *fehlt
in* P. — 40 Caiazza P *im Register*, N 1 *im Text;* P *im Text* Caraza, *am Rand des Textes* Caiza.

[1] Roberto Ambrosio Sanseverino; s. Arch. stor. Nap. I 110.

magior parte fussero appresso il Re Christianissimo, et ne andò ad annoctare ad una villa distante tre leghe dicta Ponte d'Arce, ab effecto che gia è posta sopra il fiume Sena, et in capo del ponte de pietre bellissimo è un castello, a li fossi del quale entra un brazzo de decto fiume, quale per tucto il discorso suo fa de
5 infinite insolecte che tengano gratia et amenità grande. Ad una leghe et mezza da Rohano bisognò passare decto fiume con barcha, perche al insire da la cita el passaimo per lo ponte de pietre sopra scripto. Et in questo porto trovaimo Alonso garzone de don Alvaro Osorio con el pagecto francese et lettere del decto don Alvaro, quale in fine ad quel'hora, per non se ne havere havuta mai nova da
10 che partemmo da Inspruch, dove era restato con decto pagio ammalato, in che erano corso tre mesi de tempo, si teneva da tucti che fusse stato morto in qualche bosco con tucti soi. Leghe III

IV. Da Ponte d'Arce sua s. ill^ma parti do poi disnare pur in lectica per andare ad trovare el re predicto in Gaglione[1] che è distante IV leghe per dispedirse da
15 Sua M^tà. Et intrando al parco dove se spectava la predicta Maestà per correre certi cervi ad forza, sua s. ill^ma smontò da la lectica et cavalcò un cavallo, et venendo Sua M^tà se corsero più cervi, ma per essere stata l'hora tarda non se ne ammazò niuno. Da qua sua s. ill^ma accompagnata dal cardinale di Boysi[2] fratello di monsignor il Gran Maestro de Franza et da monsignor de Lutrech,
20 andò per il parco ad intrare nel zardino del palazzo predicto, et passando per dentro quello se ne calò al villagio ad suo posamento com parte di servitori, perchè nel palazzo sua s. ill^ma non possea stare per la moltitudine de signori et donne vi erano con la regina et matre del Roy, etiam che in quello fussero de multe stantie. L'altra gente nostra con la magior parte di cavalli andarno ad allo-
25 giare in Toni villaggio sopra la riva sinistra de la Sena, distante una legha et mezza. De quali lochi et giornata io, che ad vedere et non vedere essendo allo-giato nel villagio con monsignor r^mo appresso una hora de nocte mi fu tolta dal arcione la mia bugecta[3] con alcune supellectile usuali, scripture et dinari che montavano dicine de ducati, ne tengo bona memoria. Et come de Thodeschi et
30 Fiamminghi, quali più volte lassandose per rescordo del repostero alcun pezzo de argento in loro hosterie ce li restituevano gratiosamente, ho scripto assai bene, essendo con effecto grandissima lealità et fede in tucta quella gente etiam in poverhomini et disgratiati, che è tanto più laudabile, cusì de Franciosi, havendo da essi recevuto tal burla et ad tempo che mi ferno assai malcontento, son con-
35 strecto non occultare il vero; et certo che de tucte quelle provintie franciose, postponendo li gentilhomini, quali lli più che in parte de Christiani viveno franchi, splendidi et liberalmente per li respecti che si diranno appresso, la plebe è tanto vile, pultrona et viciosa, quanto homo si possa pensare. El decto palazzo over castello fu edificato da monsignor rev^mo di Rohano sopra un monte, donde verso
40 levante ha la più bella prospectiva de pratarie, acque et monti, che se potesse desiderare. Lli è un parco che gira due leghe, murato de grosse et alte mura, quale viene ad serrare con lo zardino de decto palazzo. La moraglia perche se vedesse da la parte del basso tira per la costera del monte. In esso sono più

---

2 una *fehlt in* N 1. — 7 retroscritto N 1. — 7 Et in questo *bis* 12 *sol fehlt in* N 2. — 13 do poi pranso N 1. — 18 Da lla N 1. — 26 De quali *bis* 38 pensare *fehlt in* N 2. — 26 f allo-giato *fehlt in* N 1. — 27 tolto P.

---

[1] Gaillon. [2] Boisy. [3] = bolgia, franz. bougette.

---

pezzi di belli et folti boschetti et pianure de correre animali; vi sono anche molti palazzocti per dentro et belli cervi, caprii, daini communi et anchora de bianchi, lepri et conegli infiniti. El zardino è de un gran quatro, quale è ornatissimo de strate dispartito in quatri con certe cancellate de legnamo ben lavorato et colorito di colore verde, et con sue porte galante in ciascun quatro. Ad un lato, che è 5
la tirata del muro verso il parco, ha una ucellera bellissima fornita di multi ucelli, maxime di fasani, pernici et starne et di altri varii ucellecti, quali hanno per mezzo un rivo de acqua de fontana; et in tucta la meta de la logia verso il zardeno, che è scoverta dal aere benchè serrata de reti di ferro filato, una piantata de arbori et socto alcune herbette per piacere de decti ucelli. Da doi altri 10
lati in fine a la porta grande, che riesce in una gran piazza di prataria, per donde se entra nel cortile del palazo, ha due strate larghissime et molte longhe intemplate et foderate con sopto celo lamiato sequitamente et lavorato tucto de legno di rovere con sì limpio lavoro che pare de argento. Li tecti son converti ad una acqua de certe tavolecte di pietre negre che pareno de piumbo vero. Le 15
mura sonno tucte hystoriate di diverse fantasie et di bella pictura. Verso il zardino sonno aperte con uno ordine di collonne de legnamo pur tento de verde, sopra soi pogi et bene pavimentate. In Franza simili strate coperte chiamano gallerie, in Italia claustri o logge. Da la dicta porta infine al' altra chi esce al parco donde incomincia la ucellera mancano le dicte gallerie, quali secondo il 20
desegno deveno sequire. In mezzo de decto zardino è una bellissima fontana con vasi marmorei intagliati de figure et in cima un puctino chi gecta acqua da più lochi et molto alto; et quella se copre de un gran paviglione lavorato de legnamo intagliato et molto riccho de azzurro fino et d'oro; lui è di octo faccie et in ciascuna ha la mezza cuppula sua, cuperto pur al modo de le galerie molto aeroso 25
et superbo. Dentro il prefato zardino per incontro la porta del parco è facta una camera pur ad octo faccie de legnamo investita de fabrica de mactoni, pintata di bona mano et tucta posta d'oro et de azzurro con octo fenestre conveniente a le dicte fazziate con vitreate bellissime, et coperta del modo del paviglione, et così anche tucto il palazzo; dicta camera serve per dormire di mezzo giorno la 30
estate. In li quatri de decto jardino sonno alcuni arbori, ma per la magiore parte herbe, bussi et rosmarine. In che son lavorate mille fantasie, come son huomini ad cavalli, navi et altre sorte de ucelli et animali; et in un quatro in certe herbecte terrene sonno signate le arme del roy et alcune lettere antiche molto artificiosamente. Dal zardino si esce in una piazza di prataria, donde, come è decto, 35
si entra nel cortile che è nel mezzo del palazzo per ponte levaturo. El decto palazzo tira un gran quatro, et lo cortile, chi è in mezzo, anche è spacioso, et tanto dentro come di fora quanto appare tucto è di pietre et ben lavorato. Et vi sonno tucti conzi di fenestre et porte con teste retracte dal antiquo de marmi, et quelle sonno fabricate sopra dicte porte et a le fazziate che respondeno al cortile, 40
in mezzo de chi è un fonte sumptuosissimo marmoreo con grandissimi pili de un pezzo et intagliato con molte et belle figure, et butta molto forte. In decto palazzo, quale è posto in fortallezza per un gran fosso che li va intorno, sonno infinite stantie, et due logge l'una sopra l'altra in la banda de la sopradecta prospectiva ornatissime, grandi et con colonne marmoree molto alte et airose; in 45

---

2 crapij P. — 21 doveano N 1. — 26 Detro N 1. — 30 servea N 1; *in P stand anscheinend auch so, korrigiert in* serve. — 34 f artificiose N 1. — 38 lavorate P. — 41 un fonte marmoreo sumptuosissimo N 1. — 42 molte *(?)* forte P; assai forte N 1.

una de quali loggie sono per ordine de naturale l'effigie del roy Carlo, roy
Ludovico et regina, di monsignor r^{mo} die Rhoano, di monsignor r^{mo} il cardinale
di San Severino[1], naturalissima de la principessa de Bisignano[2], et de alcuni altri
signori et madonne Franzese, et tucti de relievo colorati, non so però si son facte
5 di legno o di pietra. Vi è anche una cappella bellissima et di grandezza conveniente al palazzo, intorno de la quale di dentro vi sonno de naturale in pietra
tucti li signori de casa de Ambois, di che era il predicto monsignor di Rohano.
Le intemplature de le sale, camere et retrecti sonno variamente lavorate con
molto artificio et ricchissime, et una vi è in la camera dove alloggiò el signore
10 una nocte do poi che partì el Re Christianissimo recercato dal arcivescovo di
Rohano nepote del predicto cardinale, tucta intagliata de legnamo de rovere in
modo di lamia ad spiculo, con foderatura per tucte le mura de decta camera del
medesmo legnamo tanto artificiosamente, che benchè non sia gran quatro constò
XII milia franchi. Le sale son dubate[3] ad non mancare niuna di bellissimi razzi
15 et camere de velluti, rasi, damaschi et de burchati in ciascuna sua trabaccha
conforme. Le vitreate son tante et così belle historiate, che costorno XII milia
scuti. Ve vedimo etiam una bella libraria per quello tanto che è; dove sonno alcuni libri con l'arme di casa de Aragona, quali furno de la fe. me. di re Ferrando
primo[4] et venduti lli per extrema necessità de quella infelicissima regina muglie
20 di re Federico[5] di sancta gloria. El prefato palazzo ancora che sia bellissimo et
cussì vagho maxime for via de intaglie de pietre, d'ornamenti de octono et ordine
de tecti, come cosa habia visto mai, et per essere stato fabricato su un monte,
come è decto, quale fu necessario spianare per gran parte, habia constato (secundo
la relatione de Franciosi et de auctorità) septecento miglia franchi, el che ad chi
25 lo ha visto non parera cosa incredibile, non si può però denegare, che si de
stantie come de le facciate che respondeno al cortile, non sia stato male inteso.
Monsignor rev^{mo} di Rohano fe fabricare decto palazzo ad emulatione di quello
del Vergero quale descriverò appresso. Et benchè in la morte sua il lassasse al
arcivescovato de Rohano, pur se ne fe conscientia, et havendo facta cussì gran
30 spesa per vanità ne dimostrò grandissimo pentimento, dicendo: places a Dio che
l'argento che ge dispesi in Gaglion l'haves bagliat ad povera gent.

VII. Da Gaglion do poi pranso sua s. ill^{ma} cavalcò et ne venimmo ad annoctare in Mante[6], che sono octo leghe; et ad tre leghe da Gaglion trovaimo una
villa dicta Vernon su Sena, donde incomintia la vera Franza; da altri lati Nor-
35 mandia quale è grande va più vicino ad Parisi. Dicta villa de Mante è assai
bona et civile, con case perho di legni investiti de fabrica come se usa in tucta
Franza; dove ultra che ce sia una bella ecclesia secondo la qualità del loco vi si
edifica un'altra bellissima. Leghe   VIII

VIII. Da Mante se andò ad pranso ad Poysi[7] che sonno VI leghe longe; et al
40 insire de la terra se passò la Sena sopra un gran ponte di pietra; et ad tre leghe
da Mante se trovò un villaggio che è mezzo de una banda del fiume et mezzo de

9 vi N 1; ni P. — 25 pareva N 1. — 28 quale si descriverà N 1.

---

[1] Federigo Sanseverino, † 7. August 1516.
[2] Wahrscheinlich Eleonora de' Piccolomini d'Aragona, † 1511; s. Arch. stor.
Nap. I 110.   [3] = addobbate.   [4] Ferrante I. von Neapel, † 1494.
[5] Vgl. Arch. stor. Nap. a. a. O.   [6] Mantes.   [7] Poissy.

l' altra et vi se passa pur per un bel ponte de pietre; se chiama Mela. Poysi anchora è villaggio assai buono et di bonissimi allogiamenti, in l' altra riva del fiume, et ce se passa sopra un ponte di pietre grandissimo et larghissimo, assai bello, sopra il quale in la banda dextra verso dove corre l' acqua sono cinque gran molina. In dicto villaggio è uno monasterio moniale del ordine di san Dominico, 5 dove son più de cento monache, quale se vedero tucte insieme nel choro serrato con cancelli di grossi ferri, che cantavano nona. La ecclesia è assai bella, et lo monasterio molto grande. Furo l' una et l' altro edificati da re Ludovico qual sanctificò sub invocatione di san Ludovico. Lli in la hostaria dove pransaimo cognobbi fra Janno cavalliero di Rhodes et priore di grandissima intrata, che è 10 stato cosi gran corsaro et grandissimo huomo in mare, et ivi se retrovava per transito. Lui è bello huomo et de volto et de statura assucto, et per la età, che si trova che gia passa LXX^{ta} anni, assai robusto et prosperoso. Leghe   VI

Da Poysi facto il pranso se andò ad cena ad Parisi, che son sei altre leghe; et se passò il decto fiume di Sena cinque volte con schiafe, perchè quello se dis- 15 parte in molti rami. Et ad due leghe che si passa la prima acqua ce è vicino un boschecto de stirpare de querce et de altri arbori, che non è mai più cresciuto, che se dice el boscho de la traicione, perchè Gayno de Maganza in decto boscho tradì Carlo, et percio ne tiene anchora il nome con vedersene segno grande. Imperochè pigliando uno ramo de dicto boscho, o piccolo o grande che sia, subito 20 buctato in l' acqua se ne va al fondo, el che fu provato da molti de li nostri che buctarno de dicti rami in Sena. Et perchè non se credesse che tale successo se potesse causare da la natura de l' acqua, ogni altro legno dopo quelli del dicto boschecto che vi se bucta sopra nota ad piacere.   VI

Parisi è cita, qual' è, secondo si può videre da su il campanile di Nostra 25 Damma, che è la ecclesia cathedrale, donde si scopra tucta, non di minore habitato de Roma, et diria forsi de più, si non timesse de cascare in errore de juditio temerario, non possendose per una sola vista così facilmente considerare. Lei è posta in piano et in un bellissimo paese, dove d' intorno ad una et due leghe è un gran numero di belli et gran villaggi, et vineti assai, che producano optimi 30 vini et li più gratiosi che habia bevuto mai. Per dentro li va il fiume Sena, che vi se sparte in più brazzi, et tucti navigabili, sopra li quali son cinque ponti, tre di pietre et doi de legname larghissimi; et in quelli sono da l' una banda et da l' altra edificate case, che correno con l' ordine de la strata talmente che non se conosceriano se quelle non fussero facte ad una medesma foggia et grandezza 35 Tra quali ponti quello de li aurefici credo sia longo appresso cento passi, dove se lavora d' oro et d' argento tanto et così artificiosamente, come in parte del mundo. Le intrate de dicti ponti, che non son poche, sono del roy. Et la dicta ecclesia cathedrale, quale è edificata sopra il fiume, è una largha et grande ecclesia, ma non molto bella. Al primo pilastro de la gran nave, ad man dextra quando vi si 40 entra, è contrafacto un gran monte de pietra, dove sta appogiato un san Cristoforo di pietra, di grandezza quasi di Morfoi [1]. Le case de la dicta cita general-

10 Rhodes *am Rand*, Rode *im Text* P; Rhodo N 1. — 10 f che è stato ... in mare N 1; che è stato così grande homo in mare P. — 12 un bel huomo N 1. — 13 Son leghe N 1. — 19 però N 1. — 24 boscho N 1.   35 se dicte case non fussero N 1; *auch in* P *stand anscheinend* dicte case, *wurde aber ausradiert und durch* quelle *ersetzt.* — 42 di grandezza come Marforio quasi N 2.

[1] Marforio, die bekannte Statue in Rom.

mente sono de legni, benchè grandi et commode et bene intese. Le strate un
pocho strecte per la magior parte et molto fangose, et per dentro vi tracorreno
tante carrecte, che cavalcare per esse è magior pericolo che navigare per le Sirte
de Barbaria. Le dicte strate et piazze son tucte selicate de pietre negre et grandi
5 assai ben resectate. Et per tucta la terra se lavora publicamente de diverse arti,
cosi da li homini come da le donne, di modo ch'io credo, che non è terra del
mondo che habia la meta de le arti che ha quella. In la quale essendo stato
pochi dì et non senza occupatione, non ho possuto vedere ne tucta ne la magior
parte, per il che non posso scrivere cosi particularmente le condictione sue, et de
10 molte di quelle ha facto bisogno starne ad relatione. Le porte de la decta cita
secondo dicano sono XIII. Studii de tucte scientie, excepto di negromancia che
è prohibito; li studenti, connumerandonce quelli de le scole de grammatica, sono
da circha XXX milia¹; el che mi par gran cosa; et pur così me certificavano
molti religiosi preti et fratri et Franciosi et Italiani che vi studiavano. Vi è il
15 palazzo del commune, dove è una gran sala, et così la chiamano, con certi ordini
de pilastri per mezzo; et intorno vi stavano reposti de relievo tucti li ri de Franza
passati infine al roi Ludovico². Et decti vi stanno con le spade in mano; quelli
chi son stato bellicosi, li tengono levate in ala, et li pacifici et inbelli con la ponta
ad basso. In dicta sala sonno multe banche dove si tiene justicia, et ce se ven-
20 deno etiam gran mercerie d'ogni sorte, quali incomenzano dal intrare de le scale,
dove sonno multe potteghecte. Do poi vi è un'altra sala ben longa, ma non così
larga, che tucta d'intorno è piena di banche, in che se vendeno tucte le cose
d'oro et di smalto che se lavorano in Parisi; et sempre inventioni et opere nove
maxime ad filo, gioye infinite et ogni altre gentilezze de merzarie. Vi è etiam
25 la riccha sala, dove si tiene parlamento, et benchè vi sia dificultoso intrare, el
signore ce intrò con li ambassatori napolitani, quali retornavano dal Re Catholico,
et tucti noi altri in l'hora che se tenea parlamento, per l'ordine che havea dato
il Re Cristianissimo ad un suo gentilhomo che donò in compagnia ad sua s. illmᵃ
da Gaglione, ad effecto che con la commissione di sua Mᵗᵃ havesse ad fare mostrare
30 al prefato signore illmᵒ quanto vi era. Il primo parlamento, dove intrano molti
prelati et persune ecclesiastice, era in la prefata riccha sala, quale è grande con
una intemplatura de molto relievo, intagliata artificiosamente et tucta dorata, dove
era un gran numero di consiglieri, che sentavano con ordine et gravità grandissima; però ad monsignor nostro illmᵒ molti de dicti consiglieri uscerno incontro in
35 fine a la gran sala. Vi erano poi tre altri parlamenti in altre camere pur ornatissime, ma ciascuno per se, di assai minor numero. In lo cortile de decto palazzo
è la santa ciappella, quale non è grande, et son due ecclesie di sotto et di sopra,
et l'una et l'altra se officia assai bene con canonici honorati et de bone intrate.
In quella di sopra è uno altare ornatissimo d'oro, et sopra quello è un taberna-
40 culo dove se sale da tucte due le bande da dietro dicto altare per certe lumache
de octono, in che non cape più che una persona strectamente. Et di sopra al

6 assai resectate N 1. — 11 studio N 1. — 13 più di XXX milia N 1. — 14 studiano N 1. —
17 Et decti bis 18 ad basso fehlt in N 1; in P am Rande nachgetragen. — 21 potteghecte (= bot-
teghette) P; pontechecte N 1. — 24 mercezanrie N 1. — 34 dicti fehlt in P. — 36 et di minor
numero N 1. — 41 de octono in P über der Zeile nachgetragen; fehlt in N 1. — N 2 nach strectamente: facte di octone molto bizzarrescamente.

¹ Vgl. die oben S. 76 zitierte Description de Paris (1517), herausg. von
Beltrami, S. 24, N.   ² Vgl. ebd. S. 15 f.

pare de decto tabernaculo è un pocho de piano dove el signore con tucti noy altri
veddimo le infrascritte reliquie: In un tabernaculo di cristallo ornato d'oro con
uno carbunculo de grandeza de uno uovo che straluce come un sole, quale essendo
fino come il tengono vale un thesoro inextimabile, la corona de Nostro S. Jhesu
Christo integramente però senza spine, quali gia se mostrano esserne state tolte; 5
et è corona di gran tondo et grossissima, di certi vimini sottili, quali, quantunche
dal signore et da tucti noi fussero stato visti molto bene, non si possecte comprendere di che cosa siano. Vi era anche incastato in una croce d'oro un pezzo de
più de un palmo et mezzo del legno de la sancta croce; et in uno altro tabernaculo
pur d'oro mostrano un'altra lanza de Christo. Ce vedimo etiam una croce d'oro 10
con molte perle assai grosse, robini et altre gioye di prezzo, et certe altre reliquie
pur locate in oro. Et in mezzo de dicta cappella, quale anchora che non sia grande
è ornatissima maxime de vitreate che son de le grandi et belle habbia ancora
viste, pende una granfa de ucello grifone, che ciascuna ogna d'essa è un palmo
et mezzo, quale si gli è vera se può dire che è gran cosa, essendo artificiosa, che 15
sia facta con grande ingegno. Le dicte due cappelle construxe sancto Ludovico
re di Franza, do poi che retornò dal sancto sepulchro, et in quella di sopra, quale
è chiamata la sancta cappella, come è decto, collocò le sopradicte gloriosissime
reliquie, che sua M.^tà reportò seco da Hierusalem. In Parisi è un monasterio decto
de le repentite, quale fu facto dal roy Ludovico ultimo, et nel proprio palazzo di 20
sua M.^tà di fe. me., dove stanno da circa LXXX.^tà donne vestite de biancho, che
sonno state tucte meretrice publice, et abbatessa ni è una parente del roy predicto. Loro viveno de elemosine et di quel che faticano di mane proprie; stanno
serrate nè ce entra alcuna persona senza licentia et difficultà; nè lli se receve
alcuna che non sia stata puplica meretrice. Vi vanno ad imparare di legere quasi 25
tucte le pucte de la villa. In dicta cita sono questi valenthomini: Jacobo Faber [1],
doctissimo in ogni facultà et latino et greco; Gulielmo Burdeus [2], regio consiliario,
el quale anchora che sia legista ha scripto in altra facultà, et Copus [3], phisico
del Re Christianissimo ben docto in l'una et l'altra lengua. Vi è anche Assensus
bibliopola [4], huomo assai docto et di buona vita.   30

X. Se andò ad san Donisi [5] villagio due leghe distante da Parisi, dove è la abbatia di san Donisi, assai bella ecclesia et ultra la devotione credo la più riccha
d'oro, argento et gioye che sia in cristianità; et le habitationi son grandi et
commode, dove anche sono molte case de villani. Lli son sepulti tucti li ri de
Franza et regine che son morte, ben vero che li cori loro se sepelliscano in 35
diverse ecclesie secondo le devotioni. Li dicti sepulchri posano in terra et per la
più parte dentro il choro et sono de marmore relevati da circha septe palmi, non

8. 9 u. 10 † P; croce N 1. — 16 Le dicte bis 19 Hierusalem fehlt in N 2. — 17 se retorno
N 1. — 18 la fehlt in N 1. — 23 viveno P; invero N 1. — 24 ce P; vi N 1. — 33 d'argento,
oro et gioye N 1. — 34 f li ri et regine di Franza N 1. — 36 f et per la più parte fehlt in P. —
37 dl marmi N 1.

---

[1] Iac. Faber Stapulensis, † 1536.
[2] Guillaume Budé (Budaeus), † 1540.
[3] Guillaume Cop, Leibarzt Ludwigs XII. und Franz' I., † 2. Dezember 1532.
Vgl. Nouvelle Biographie générale XI 742 f.
[4] Damit ist wohl Henri Estienne, der Begründer der bekannten Buchdrucker-
familie, gemeint, † 1520.   [5] Vgl. Description de Paris (1517) S. 19 f.

gia sumptuosi, et nel coverghio di quelli sono le imagine loro di mezzo relievo
et di naturale, ma sopra quello di re Carlo ultimo [1] sta lui ingenoghiono; alcuni
ne sono circumdati con legnami cancellati et serrati con chiavi et alcuni no; de
modo che de decti ri franciosi di poi morti se ne conosce humilità grande. In lo
5 altare magiore si sale con alcuni scalini; et dentro de la conca che è tucta d'oro
con ornamento di molte gioye, sta il corpo di san Donisi martire, quale è reposto
in una cassecta d'oro, et sempre che li ri de Franza vogliano andare personal-
mente in qualche impresa, cavano decta cassecta con le proprie mane et la pongano sopra il decto altare, dove sta in fin tanto che sua M^{tà} ritorni da l'impresa
10 et li reponga di man sue al proprio loco. Vi è anche un bastone de argento
quale dicano fu donato ad Carlo Magno dal angelo, è detto gloria magna et vulgarmente gloria fiamma [2]. Questo li ri franzosi non lo possano portare si non in
guerra contro infedeli. Da la banda dextra de decto altare dentro una fenestra
ferriata sta la testa di san Donisi reposta in oro massizzo, et alla sinistra un
15 tabernaculo d'oro, dove è un chiodo et una spina de la corona de Christo; vi è
anche una croce d'oro de più de VIII palmi, benchè non di massizzo, ma de placte
d'oro, con uno crucifixo de circha IIII palmi; et un'altra sotto la dicta croce che
sta relevata in alto et legata con una catena di grosso ferro, è pur d'oro et quasi
di VII palmi. Vi vedimo etiam un pezzo de alicorno de VIIII palmi. Do poi ce
20 ne andammo ad alto dove è il thesoro, et lli principalmente vedimo un piviale
grandissimo lavorato alla moresca tucto de magliecte d'oro et perle molto ricche.
In uno reposto assai grande era gran numero de reliquie et tucte poste in oro
con ornamento di gioye di ogni sorte, di bellissime et grossissime perle; certe
corone di ri et regine preciosissime, alcuni vasi di calcedonia et agathe bellis-
25 simi; un gran pezzo del legno de la sancta croce; de spine de la corona de Christo;
il cozzecto de la testa di san Benedecto; li dui diti di sancto Thoma qual pose
nella piagha de Christo, et molte altre reliquie. La spada di re Pipino, del arcivescovo Torpeo, et alcune altre arme di paladini con li paramenti et sceptro, con
li quali se coronano li ri di Franza, son reposti in una cascia che è dentro
30 un'altra cascia ferrata. Decto monasterio è di monaci de san Benedecto, et abbate
nì è el fratello del gran mastro di Franza. Lli pransò il signore con tucti noi
altri suoi convitato da decti monaci. Et facto il pranso da la un pezzo sua s. ill^{ma}
cavalcò et se ne retornò ad Parisi, et furno leghe   IV

XII.   Partemmo da Parisi et ne andaymo ad pranso ad Vilpro [3], che sono sei
35 leghe; et ad due leghe da Parisi ascoltammo messa in una ecclesia che se dice
Nostra Damma de Bologna molto devota, et immediate passaymo un bel ponte di
pietre che è sopra un brazzo de la Sena, decto il ponte di san Clo [4], perchè passato il prefato ponte è un villagio del nome di questo sancto [5]. Se dice che mai
re de Franza lo ha voluto passare ne ad piede ne ad cavallo, per una prophecia

3 legnami P und N 2; legami N 1. — 4 conosce P; vede N 1. — 5 et fehlt in P. — 16, 17
und 25 † P; croce N 1. — 16 f benchè non di massizzo, ma de placte d'oro N 1; P auf einer
Rasur; et secondo dicano Franciosi tucto de massizo. — 17 uno altare P und N 1. — 28 padalini P.
— 31 con tucti noi altri suoi N 1; con tucti soi P. — 34 Partemmo da pransi P (Schreibfehler).

[1] Karl VIII., † 1498.
[2] Gemeint ist wohl die Oriflamme, wobei es auffällt, daß der Verfasser dieselbe nur als „un bastone de argento" bezeichnet.
[3] Villepreux.   [4] St-Cloud.   [5] Cloud = Clodoaldus.

che trovano, che al passare de un re di Franza ha da ruinare; et quando re di
Franza son soliti capitare in tal loco, per non passare sopra decto ponte si son
posto ad passare el fiume con barcha.   Pransato da Vilpro, che è pocha villa, ne
andaimo ad cena ad Monteforte che sono cinque leghe; dicta villa anche è pocha
cosa et di mediocri allogiamenti.   XI   5

XIII.   Da Monteforte se andò ad pranso ad Droso[1], mediocre villagio, sono leghe
septe, et ad cena andaimo ad Rugule[2], pur mediocre villaggio distante sei leghe,
sono in tucto   XIII

XIV.   Da Rugule ad pranso ad Rogilis[3] distante VII leghe et ad cena ad Ciambre
da longe VI leghe et l' uno et l' altro son piccoli villagi.   XIII 10

XV.   Da Ciambre ad pranso et cena ad Legius[4] in un palazzo fora de dicta città
che è del vescovo di quella, dove era il cardinale di Boysi una con decto vescovo;
et lli con havere assai bona cera se dimorò doi giorni.   Et alli XVI che furno le
quactro tempora de sancta croce se andò ad pranso in la città ne le stantie vescovali,
dove si vedero do poi pranso doi cantine o cellari in che erano molte bocte grosse, 15
et tra le altre vi ni era una de XI palmi in tompagno et XXI longa, in le quali
conserveno la cetra, che si fa de succo de mela et di pera, però ciascuno per se.
La città non è gran cosa ne bella, ma sta situata in bellissimo loco, è fertile de
frumenti, vini, acqua et de multe altre cose, maxime de caccie de animali.   Tiene
belle ecclesie, et se ne fabrica una bella de nuovo in lo palazzo de dicto vescovo, 20
dove allogiaimo for de la terra, ultra che vi siano bone habitatione et bene in
ordine.   Ce è un gran quatro de zardino assai ordinato, però de herbe, che arbori
per lo gran freddo non ce ponno fare.   In mezzo de dicto zardino è una fontana
di marmore grande et bene lavorata con certi puctini che buctano l' acqua molto
alto.   Leghe   VI 25

XVII.   Da Legius do poi pranso se andò ad cena in la abbatia di sancta Barbara, qual è di canonici regulari ordinis sancti Augustini.   La ecclesia è molto
bella et vi è la testa di sancta Barbara, quale per tucta Franza è devotissima.
La decta abbatia è grande et di boni allogiamenti, et in certe sue cannave o cantine veddimo tra le altre bucte pur per conservare la cetra una che de mesura 30
trovaimo alta in tompagni palmi XVII et longa XXVII.   Distante leghe   VI

XVIII.   Da sancta Barbara se andò ad pranso et cena ad Can[5] in la abbatia di
san Stefano, che è fora da la terra verso Baiossa et vicino le mura, del ordine
de san Benedecto.   Et ni è abbate el vescovo de Castro, quale è monaco, perchè
el vescovato suo che è in lingua d' oca è regulare, et lui è vascone.   La abbatia 35
predicta è situata in assai bel loco, ha grandi et belle stantie, et fra le altre due
gran sale et altissime tucte in volte.   La ecclesia è grande et novamente restau-
rata, così bene intesa come qualsivoglia ecclesia che habiamo vista in Franza.
Vi son molte reliquie, et maxime el cozzetto de la testa di san Stefano protho-
martyre, et in una cassecta de argento di gran peso bene indorata et artificiosa- 40
mente lavorata secondo la lista vi son dentro reliquie infinite.   La villa è grossa,
ce sono molte arti, belle ecclesie, et la magiore che si dimanda san Pietro è

9 in Ciambre N 1. — 14 † P; croce N 1. — 21 f ad ordine N 1. — 34 ni P; vi N 1. —
35 che è P; quale è N 1.

_____

[1] Dreux.   [2] Rugles.   [3] Vielleicht Broglie.
[4] Lisieux.   [5] Caen.

coperta de piumbo. Ce se rege studio dove sonno circa IV milia studenti; et ce
se stampano libri assai. El spirituale è del vescovo de Baiossa, quale ha anche
il vescovato de Tricarico, et quello de Baiossa optenne da re Francesco essendo
stato nuncio apostolico alquanti mesi da parte de la santità di papa Leone appresso
5 sua Mᵗⁱ Christianissima. Lui essendo layco era chiamato conte Ludovico de Canossa da Averona. Certo che gli è persona molto qualificata, gentil cortisano,
litterato et di grande ingegno. Per essere il predicto vescovo tanto caro del
signore come era, venne ad scontrare sua s. illᵐᵃ qualche legha in lla prima che
se arrivasse in dicta terra di Can. VII

10 XIX. Da Can ad pranso et cena ad Bayossa che è distante VII leghe. La cità
non è grande ne molto bella, però sta posta in un bel loco et ha gran fertilità,
non però de vini. Ha la ecclesia cathedrale che è bellissima et ben grande. Vi
sono de molte reliquie incastate in argento et oro, et due casse de argento dorate
che l'una constò XII milia franchi. Vi è un gran pezzo del legno de la bᵗᵃ croce
15 et doi pezzi de alicorni che sono da VIIII in X palmi l'uno. VII

XX. Da Bayossa una con decto vescovo do poi pranso ne andaimo ad un castello
del suo vescovato che si chiama Nogli ¹ distante VII leghe. El decto castello è
fortissimo da longe del mare occeano una legha et mezza; et quando è il fluxo,
l'acqua se spande per tucti quelli prati d'intorno. Vicino quello, in su la strata
20 che viene da Baiossa, vi sono molte case de villani. In dicto castello dove sono
bone stantie ce si intra per più ponti, et tucti con fossati de acqua; in uno de
essi sono doi belli molina, quali non possano macinare si non quando è il refluxo
de occeano con lo corso de la rivera o fiume, chi è ben fundo et circunda dicto
castello. Dove si stecte un giorno ad fare bona cera con forza de polli, uccelli
25 d'acqua, tordi, conegli, capponi et pavoni. VII

XXII. Da Nogli andaimo ad uno loco distante due leghe, quale è di decto vescovo
di Baiossa, posto in insula tra due acque, dove si fe una gran caccia de volpi;
et quantunche dicto loco fusse famosissimo et copiosissimo di quella specie de
animali, per loro bona sorte se ne pigliò solamente una. Da lli poi pranso decto
30 vescovo se licentiò da monsignor illᵐᵒ, et con sua s. illᵐᵃ ne cavalcaimo ad Sanlopo²,
quale è villa del cardinale de Boysi, posta sopra un montecto. Ha una bella ecclesia, et anchora che la terra non sia grande, tene in circha tanti burghi che la
fanno grossa assai; è distante da Baiossa leghe VI

XXIII. Da Sanlopo dopoi pranso se andò ad cena ad Villadio³, quale è pocha
35 cosa et non boni allogiamenti, non essendo via maestra et practica, si non da peregrini che vanno al monte San Micele per lor devotione. È distante leghe septe. VII
XXIV. Da Villadio poi pranso se andò ad cena nel monte San Micele, che sono
VII leghe; et ad cinque leghe da Villadio se trova Branci⁴, terra piccola posta
sopra un monte et bene ordinata; è vescovato. Et vi passaimo per mezzo, et
40 come passaimo al piano, trovaimo un gran campo di harena che viene quasi in
fine ale radice de decto montecto; et per cqua se cavalcò con guida al hora del

---

2 quale ha *bis* 9 terra di Can *fehlt in* N 2. — 6 Hauerona P. — 7 cosa P *und* N 1. —
32 la terra N 1; essa P. — 35 non essendo P; non *fehlt in* N 1. — 36 al P; ad N 1. — 37 nel
P; al N 1.

---

¹ Neuilly-la-Forêt.   ² St-Lô.   ⁸ Villedieu.   ⁴ Avranches.

refluxo, donde in fine al monte di San Micele sono due leghe, et in tucto da Villadio leghe   VII

Questo monte di San Micele è un monte tondo de saxo vivo, non già di gran
circuito, posto in su la harena, et da le radice incominciando ad perdere sorge in
altura grande in forma piramidale o de diamante, con assai commode habitationi 5
dal basso in fine a la cima, strecte in modo de pigna, le quali fanno da longe
una vista bellissima. El decto monte è murato per la magior parte di bona fabrica,
con torrioni bene intesi, et si va drieto fabricando tucta via, de modo che, si non
se prende per fame, altrimente ad tucte le forze del mondo, essendovi dentro suf-
ficiente defencione, è inexpugnabile, maxime venendoce il fluxo del oceano ogni 10
sei hore; et quando è il plenilunio, ad due leghe intorno è tucto mare. Vi si
entra per una sola porta chi è fortissima, et lo Re Christianissimo per la importancia del loco ce tiene di molti arcieri. La ecclesia di San Micele è fabricata
ne la summità de decto monte, dove è un campanile così alto, che li huomini di
lla dicano, che da la cima desso si vede Ingliterra et li confini de la Spagna; et 15
quanto sia per l'altura, essendo altissimo loco et expeditissimo, bastando la potentia visiva facilmente il crederia. Decta ecclesia non è molto grande, ma facen-
dovesi de presente un choro de nuovo che è assai grande, sarà non poca adiunc-
tione. Vi habitano monaci de san Benedecto, quali hanno belle et commode stantie,
et fra le altre certe logette intorno che hanno la più longe et bella prospectiva 20
che si potesse imaginare persona.

La prefata ecclesia è posta in forteza come un castello, et ve se intra per
due o tre porte guardate da li decti arcieri del roy. Questa devotione è grandissima ad tucti occidentali et successa per quanto si è possuto intendere da la
hystoria sua che vi è scripta del modo si dirà appresso. In decto monte è con- 25
corso grandissimo de genti, quali vanno lla solamente per devotione del angelo;
et ad tale effecto se fanno bone hostarie. Lo exercitio loro tanto de huomini
quanto de donne generalmente non è altro che di colorire le cozze marine che
deveno trovare in quelle harene del oceano de varii colori, quali cosono in certe
liste de tela tente tal di rosso, tal di zallo, et tal di morato, et le vendeno ad 30
peregrini che se le pongano in su le spalle ad traverso come una stola; et similmente lavorano di san Miceli de argento et stagno de varii sorte. Fannovi anche
una infinità de corna de rama, de creta colorita et de vetri, non però così grandi
come le trombe se fanno in Milano, ma assai più piccole; et de simili cose se ne
spaccia un gran numero. Imperocchè non è peregrino alcuno che non ne compra 35
per andare ornato de cozze et san Miceli et per andar sonando corna per tucta
la via in fine alle patrie loro. La edificatione de dicta ecclesia fu in tal modo.

Regnando Childeberto re di Franza, qual dominava non solo l'occidente, el
septentrione, ma anchora parte del meridionale, nel anno del Signore   essendo
Antiberto vescovo Abricatense, questo monte si chiamava Mons Tumbe, per essere 40
facto in forma de sepulchro antiquo, et intorno desso era una gran selva, ne lo
oceano li pervenea per gran spatio; dove alcuni heremite andorno ad habitare,
parendo loro loco solitario et commodo al servitio de Dio, et vi construxero due
ecclesiole che in fin hogi ce apparene. Et un prete del convicino mandando de
continuo un suo asinello con provisione de mangiare a li dicti heremite, et andando 45

8 dietro N 1. — 11 pleno lunio N 1. — 20 loghette P. — 30 tenta N 1. — *Das erste* tal *fehlt
in* N 1. — 39 *In den Handschriften ist der Raum für die Jahreszahl freigelassen.* — 43 el P, ed
N 1. — 44 ecclesie N 1.

quello et retornando sempre per vie secrete, senza che niuna persona il minasse, se levò la fama che in quel monte habitavano li angeli. Et piacendo ad Dio che cussi essere dovesse, venne in visione al dicto vescovo che devesse edificare in cima di quel monte una ecclesia ad honore di san Micele che saria tanto celebre
5 et frequentata ne le parti occidentali, quanto quella del Monte Gargano in le orientale. El predicto vescovo non credendo a la prima visione ne a la seconda, in la terza li fò dato un segno che troveria in quella parte dove se dovea edificare la dicta ecclesia un gencho robbato da latro et nascosto in una grocta; et che così trovato credendo sua p.ta che fusse veramente voluntà de Dio et non
10 illusione de li demonii, fè oratione ad Dio che li piacesse revelare quanto spatio dovea pigliare per la edificatione de quella; et udendo una voce resonare da quella grocta, che edificasse in quello spatio che non vederia bagnato de rosata, talmente exeguì. Et desiderando sua p.ta havere in quella ecclesia alcuna reliquia et comunicatione de le cose del Monte Gargano, li venne in visione che dovesse mandare
15 lli un paro de soi canonici, quali andati per gratia del governatore di quel tempo de la ecclesia del Monte Gargano ne reportarno un pezzo de la pietra dove esso angelo si firmò in dicta ecclesia, et un pezzo de panno russo de lo altare che in quel loco construxe el decto angelo Michaele propriis manibus, come più ordinatamente si può videre in la dicta historia latina de la quale ho preso copia.
20 XXV. Dal monte San Micele do poi pranso se andò ad cena ad Basoylis [1] che è distante septe leghe; et ad due leghe dal decto monte trovaimo una villa che si dice Ponteurcione [2], quale ha una rivera inante le mura, non molto larga, che se passa sopra un ponte de legno; et dalla de decto fiume incomincia la Britagna, però la alta; che la bascia, quali son Britoni britonanti, ha altri confini. Lo decto
25 villagio de Basoylis è solamente una strata di mali allogiamenti et pegiori habitationi. Leghe   VII
XXVI. Da Basoylis do poi pranso se andò ad cena ad Rhenes, che son septe leghe. Et incontro ad sua s. r.ma uscì monsignor de la Valle con suo figliolo, affini di quella, per havere havuto per muglie la figliola de la fe. me. de re Fede-
30 rico fe in Franza da la prima consorte francesa [3], et molti altri gentilhomini che se retrovavano congregati lli, dove in quel tempo se tenea parlamento. Vi si hebbe dal predicto signore honore et cera grandissima. Leghe   VII
Dicta villa è grande quanto qualsivoglia altra di Britagna, molto strecta habitata, assai populosa, ben fornita de arti et forte. Tene in circha gran borghi,
35 et per dentro li correno due mediocri rivere. Le strate son pocho strecte et fangose. Le ecclesie per la qualità de la terra non molto belle. È città et posta in piano. Più de la mietà d'essa è del predicto monsignor de la Valle, quale ha tucto el resto del stato suo al convicino, et li fructa da XXV milia ducati l'anno, et con la provisione che sua s. ill.ma tene essendo governatore de Britagna fructa
40 più de XXX milia. Lui è persona di gran statura, assucto et di circa XXXXV in L.ta anni. Ha preso nova moglie, però da la figliola del predicto Re Federico di fe. me. ne fe uno figliolo che ha da XVI in XVII anni, molto disposto et gentile,

2 habitassero N 1. — 3 devesse P; volesse N 1. — 6 prima P; predecta N 1. — 10 ad Dio P; ad sua M.ta N 1. — 11 f da la prefata grotta N 1. — 12 non in P über der Zeile nachgetragen; che vederia N 1. — 14 una visione N 1. — 31 trovarno N 1.

[1] Wohl Bazouges.   [2] Pontorson.   [3] Vgl. Arch. stor. Nap. I 111.

et due figliole, l' una de XIIII anni et l' altra de XII, quali sono in Turso con la
figlia del Roy Christianissimo in lo Placis, palazzo che si descriverà appresso. Lli
se demorò doi giorni; et ce mangiaimo un pesce che si prende in lo occeano, quale
è come un porcho et cussi ha il grasso, sapore et il nome. Essendo il predicto
monsignor de la Valle ad tavola con el signore, dove era anche monsignor il 5
vescovo de Nantes, quale era venuto per trovare sua s. rᵐᵃ con molti altri gentilhomini, racontò la cosa de l' anetra et anatrelle di san Nicolasso loco di sua s.
distante da Renes IIII leghe, affirmando che ogni anno ne la festività de decto
sancto viene una anetra con soi figli appresso la sera del vespere et sale sopra
lo altare dove stata che è un pezzo, da una volta intorno dicto altare, et restando 10
uno del numero de anatrelli che niuno vede dove se vada, ne chi lo piglia, per
molto che le gente ce stanno advertenti ogni anno, se ne torna ad piacere ad sua
masone; et che in persona di quelli chi in dispregio de decto sancto hanno voluto
offendere le dicte anatre se son visti miraculi grandissimi. Do poi racontò sua
s. illᵐˢ havere un boscho dove non è pur una mosca, et quanti hanno voluto fare 15
prova di portarcene vive in qualche modo, como sono arrivate in decto boscho,
son morte subito. Ultra questo che in certi soi confini dove è affixo un gran
saxo per termino, ce è un gran fontana, et sempre che sua s. confexa et communicata piglia una brancha de acqua con sue mane da dicta fontana et la butta
sopra decto saxo, etiam che fusse aere serenissimo, inmediate piove, essendo tal 20
gratia concessa da Dio ad lo primogenito de casa sua, el che vede fare al signor
suo patre più volte, et che lui havendone facta experientia non li è mai fallato.
Disse anchora sua s. che monsignor illᵐᵒ di Rohano, qual compete con quella de
precedentia, essendo le due predicte case le principali de Britagna, ha un boscho
dove è un lagho, et in tucti li ligni di quello di qualsivoglia specie che tagliate, 25
ce trovarete le arme sue, et similmente ne le ossa et spine de li pesci che si
prendeno in dicto lagho, et in tucte le pietre che sono in decto boscho rompendoli
secondo la quantità de li pezzi ce trovate le arme de la casa de Rohano, et in
tucti ucelli de rapina che nascono in dicto boscho in le piume loro trovate equalmente le dicte arme. Et in uno altro boscho del pridecto monsignor de Rohano, 30
essendo alias uno di sua casa di sancta vita dentro quello ad fare oratione, dis-
turbato dal garrire et cantare de roscignoli li maledisse; per il che do poi non
ve ni è trovato mai più uno, ne ucello alcuno che dentro vi cantasse; de modo
che in la controversia et contesa de le due illᵐᵉ case queste antiquità, privilegii
et gratie de Dio et de natura in defensioni de le precedentie loro son state pro- 35
ducte et allegate nel parlamento de Parisi. Però dicte due case precedeno mo
l' una, mo l' altra, secondo il favore che hanno da ri soi superiori.

XXVIII.   Da Rhenes do poi pranso sua s. illᵐᵃ partì con el predicto vescovo
de Nantes et monsignor di Monforte il figliolo de monsignor de la Valle gia predicto, et se andò ad annoctare ad Baigni[1], villagio de una sola strata, di- 40
stante leghe   VII
XXIX.   Da Baigni prausato che se hebbe se andò ad Nugiel[2], villaggio de la
medesma qualità et distante pur leghe   VII

8 ne la P; in la N 1. — 21 ad lo P; al N 1. — 22 fallita N 1. — 26 ce trovarete P; re-
trovarete N 1. — et spine *fehlt in* N 1. — 28 de casa N 1. — 37 et mo l'altra N 1.

[1] Bain.   [2] Wohl Nozny.

Ult°.   Da Nugiel se andò ad pranso ad un villagio di poche case dicto Aerich [1],
distante IIII leghe, et ad cena in Nantes, donde uscereno incontro ad sua s. r^ma
il governatore et molti gentilomini.   Sono in tucte leghe   VIII
   Nantes si non è cita molto grossa non è de le piccole, però la più bella et
5 la più forte de Britagna; et la forteza sua è che per la magiore parte è circundata da una rivera ben grossa et largha che si chiama Lero [2], latine Ligeris, quale
passa vicino Leone XII leghe et poco più lla nasce.   Dicta cita è distante dal
mare occeano II leghe, et decto fiume ha fluxo et refluxo, gran pesci et de ogni
sorte.   Lei sta posta in piano, ma dentro valli; li mura son grossissimi, nova-
10 mente fabricati et bene intesi, li fossati multo larghi et profondi; per dentro li
corre un altro fiumicello dicto Udun [3]; da la parte de le valli è tucto palude, che
non se potria accampare.   Tiene un bello et gran castello in la riva del decto
fiume Lero, molto forte de moraglie et fossati, et dentro vi sonno commode habitationi con assai conveniente artellaria et di belli pezzi, ultra quelle dicano che
15 ni ha tolto il Re Christianissimo.   In una ecclesia de carmelitani è il sepulchro
del duca et duchessa de Britagna, avi di questa regina di Franza, quale è di doi
quatri riposto in terra in mezzo del choro de dicta ecclesia, con proporcionata altura.
Esso è de un marmore negro, et le figure son tucte do alabastro con sue suaggie
o cortade intorno pur de finissimo alabastro.   In li quactro cantoni sono le quactre
20 virtù, forteza, temperantia, justicia et prudentia de tucto relievo et de statura de
circha VII palmi ben lavorate.   Di sopra posano le effigie de li predicti duca et
duchessa pur de alabastro et de tucto relievo.   A la dextra il marito con un
leone ad piedi, a la sinistra la muglie con un cane pur sopto li piedi, quali, secondo dicano quelli fratri, sono de naturale.   Et per opera moderna veramente
25 è assai bella cosa.   Dicti fratri lo tengono con cerimonie cancellato de legnamo
serrato et coverto de cortine de tela negra.   Lli se stecte doi giorni, el primo et
lo secondo de octobre, allogiati nelle case vescovali, quali sono al lato de la ecclesia cathedrale che è assai bella.   Dal decto vescovo de Nantes quale è genti-
lissima persona, litterata, virtuosa et liberalissima, se receppero molte carezze et
30 accoglienze amorevolissime, con offerta de dinari sigillatim ad ciascuno de noi altri
servitori, de quali ancora che alcuno ne fosse in bisogno, niuno per honore del
patrono ne volse acceptare, benchè come è decto da quel signore non restò de
forzarne et reponerenceli infine a la borsa, con tanta gentilezza et cortesia che
più non se potria dire.   Ad monsignor nostro ill^mo donò una achinea [4] et duoi
35 cortaldi anxiandosi tucto per servirli.

Octobre.

III.   Do poi pranso da Nantes accompagnato sua s. ill^ma dal decto vescovo, dal
capitaneo et da monsignor de Monforte per una legha andò ad cena ad Anxinis [5]
40 distante VII leghe; per via trovaimo pochi et tristi allogiamenti et per la più
parte si cavalcò per la riva del Lero.   Leghe   VII

---

1 Ult° *fehlt in* N 1. — 3 De la predecta cita sono leghe VIII N 1. — 10 multi larghi P.
19 o cortade *fehlt in* N 1; *in* P *über der Zeile beigefügt.* — 26 cortine P; tendine N 1. — 30 con
offerta *bis* 35 per servirli *fehlt in* N 2. — 33 reponerceli N 1. — 34 nostro *fehlt in* P. — 35 et
si anxiava N 1. — 41 de Lero P.

---

   [1] Héric.   [2] Loire.   [3] Erdre.   [4] achinea = chinea.
   [5] *Ancenis.*

IIII. Da Anxinis se andò ad pranso ad un villagio dicto San Georgio distante sei leghe; et ad IIII leghe da Anxinis è un villagio sopra Lero che se dice Ingrand[1], dove è un saxo grossissimo, che termina la Britagna et da principio alla Franza. Ad cena se andò ad Ange[2], zo è Angioya secondo Italiani et dalla decti Angioyni, che son IIII altre leghe, et in tucte leghe   X 5

Dicta villa, de la quale è vescovo il fratello di monsignor de la Ghisa, marito de la figliola del quondam prencipe de Bisignano[3], chi è anche vescovo de Leone, è assai grande et forte et circundata tucta de burghi; et per mezo li va la dicta rivera de Lero, quale se sparte in più brazzi et sopra tucti tiene ponti de legno con case de sopra in modo che è decto di quelli di Parisi. El roy ha 10 donato dicta villa alla matre, quale pervenne alla corona de Franza per la heredità che lassò el duca del Rheno[4] che era de casa de Angioya al roy Ludovico, essendo quello morto senza herede. In la ecclesia cathedrale che se dice santo Mauritio, quale è assai grande ma non bella, per essere in modo de una cappella longa et strecta, senza ale alcune da le bande, in la mano sinistra è il sepulchro del 15 re Raynero che fu in Napoli al tempo de re Alfonso primo, dove anche insieme è sepulta la muglie; et nel epitaphio suo è titulato re de Napoli. El decto sepulchro è di pietra negra, et le due figure che son sopra il quadro di re et regina con altri intagli de tucto relievo sono de un marmore tanto fino che pare alabastro. Vi è etiam un sepulchro de un vescovo de dicta cita decto mastro 20 Joan Michele Surrentino che è tenuto per beato. In decta ecclesia è anche uno organo grossissimo quanto altro ne habiamo anchor visto da quello di Constantia in po, che come è decto non era finito; et havendose audito sonare per lo signore et noi altri respondea assai bene; et la grossa canna secondo la relatione de quelli canonici era di XXVI palmi. Vi era etiam un altro organecto che respondea bonis- 25 simo, però non quanto quello de Inspruch, che come è decto sopra tucti gli altri per noi visti è excellentissimo.

V. Da Ange andaimo ad pranso et cena ad lo Vergero[5], distante IIII leghe. Questo è un palazzo in piano posto in forteza con fossi profondi et pieni de acqua, quale fu edificato da monsignor il merciale di Ge[6], patre di monsignor de la Ghisa 30 predicto, consorte de la figliola del quondam principe de Bisignano, come è decto; et benchè decto palazo non sia constato tanto quanto Gaglione che fe edificare monsignor r[mo] de Rohano di bo. me., nè di tanta vista, per essere quello locato in monte et questo in piano, è molto megliore inteso et de più commode habitatiuni. Tiene un bel parco murato di gran mura et zardino, ma non così belli 35 come quelli de Gaglione. Vi trovaimo la predicta signora muglie de monsignor de la Ghisa, che è bellissima et molto gratiata; se dimanda madonna Johanna, quale anchora che se sia Italiana se maritò così piccola, che non parla una parola italiana, et veste et parla tucto a la francesa, come s'ella ce fusse veramente nata.

3 Britaglia P. — 4 zo è N 1; i. P. — 9 sopra tucto P. — 12 de Angoya N 1. — 16 f di re Rayniero N 1. — 16 del re Alfonso N 1. — 23 auduto P. — 23 f per lo signore et noi altri fehlt in N 1. — 28 Die Datumzahl V fehlt in P. — 31 figlia N 1. — come è decto P; già detto N 1. — 39 come s' ella ce fusse veramente nata fehlt in P.

[1] Ingrande.   [2] Angers.   [3] Vgl. Arch. stor. Nap. I 411.
[4] Soll heißen: Herzog René II. von Anjou.
[5] Le Verger.   [6] Marschall de Gié.

Vi se stecte un giorno ad piacere et con gran carezze de la predicta signora,
quale ultra che sia bella come è decto è molto gentile. El signore suo marito
ad quel tempo se retrovava in Parisi per certe sue liti de importantia. Leghe   IIII

VI.   Dal Vergero do poi pranso sè andò ad cena ad Flescia [1] distante VI leghe;
5 et ad IIII leghe è un villaggio dicto Doretal [2] con alcuni altri di poche case et
tristi allogiamenti.   Leghe   VI

VII.   Da Flescia se andò ad odire messa ad Lotre [3] villagio distante IIII leghe;
et dalla se andò ad pranso ad Sciatea [4] distante IIII altre leghe, et ad cena ad
un villagio dicto Sunseghi, che sono due altre leghe; in tucto leghe   X

10 VIII.   Da Sunseghi se andò ad pranso et cena ad Turso; sono sei leghe, et vicino
la terra besogno passare el fiume Lero con schiafa, non havendo voluto passare
sopra il ponte per causa de andare ad vedere el corpo del beato fra Francesco
de Paula Calabrese, decto il buono homo et devotissimo ad tucti Franciosi, quale
è in una ecclesia constructa in suo nome che è vicina al parco del Roy Christia-
15 nissimo.   Decta ecclesia che fo facta dal prefato fra Francesco, quale morse lli
in uno oratorio sopra certo lecto di paglia con una pietra per capezzale, che habiamo vista, sono gia X anni in la nocte del veneridì sancto et di età de circa
nonanta anni [5], è molto piccola.   Ad quel tempo anchora che la regula del predicto sancto fusse stata approbata et confirmata fin dal pontificato de papa Julio II
20 de sanctissima et inmortal gloria, non però era canonizzato et posto nel catalogo
de gli altri sancti.   In una tabella si è anche visto il retracto del buono homo
de naturale, quale tenea una gran barba biancha, scarno et una faccia grave et
piena di sanctità, del modo si potrà in parte comprendere da la qui apposta et
attaccata stampa.

25   Nel lato senestro del altar magiore sta in alto il deposito del corpo de la
fe. me. di re Federico de Aragonia [6] coverto con una coltra de borcato sopra setà
negra.   Da lli ne andaimo ad pranso ne la terra.   El signore fu al Placis, quale
è pocho distante da dicta terra, ad visitare o vedere la figliola del decto Re Christianissimo, muglie, si in effecto sarà, del Re Catholico, et le due figlie de mon-
30 signor de la Valle.   Quella di re è de circha tre anni et di bel principio. De le
altre due l'una è di XIIII anni che può passar tempo, et la piccola de XII non
molto bella.   El Placis è palazo regio molto nominato, ma in effecto non par cosa
degna de tanta lode.   La decta villa non è molto meno de Rohano de Normandia;
posta in piano de un bel sito; et il prefato fiume li va intorno per la magior
35 parte, quale come è decto è grossissimo, et un poco più distante li correno doi
altri fiumi non così grandi.   È cercondata de borghi come tucte le altre ville di
Franza.   Lli se fanno lame de spade perfectissime.   VI

X.   Da Turso, dove se dimorò per tucti li nove, do poi pranso se andò ad Amboys
distante VII leghe, quale si bene è poca villa, è allegra et ben posta; lei è in

---

7 a Lotre N 1. — 9 et in tucto N 1. — 10 Die Zahl VIII fehlt in P. — che sono N 1. —
11 la terra P; la villa N 1. — 17 f di cento et tre anni N 2. — 18 Ad quel tempo bis 21 altri
sancti fehlt in N 2. — 19 Il fehlt in P. — 20 f et posto nel catalogo de gli altri sancti fehlt in P.
— 24 In N 1 folgt hier das Bild; in P ist eine halbe Seite für dasselbe leer gelassen, es fehlt
aber. — 28 decto fehlt in N 1. — 38 per tucte le nove del mese N 1.

---

[1] La Flèche.   [2] Durtal.   [3] Vielleicht Le Lude.
[4] Château-du-Loir.   [5] Geboren 1416, † 2. April 1507.
[6] Vgl. Arch. stor. Nap. I 413.

piano, ma ha un castello in un pogecto, che si non è di fortezza è commodo de stantie et ha bellissima prospectiva. Aqui il roy Carlo [1] che fu in Napoli stava molto volintieri, roy Loysi [2] il patre in Turso, el roy Ludovico [3] successore in Bles. In uno de li borghi el signore con noi altri andò ad videre messer Lunardo Vinci fiorentino, veghio de più de LXX anni, pictore in la età nostra excellentissimo, 5 quale mostrò ad sua s. illᵐᵃ tre quatri, uno di certa donna firentina, facta di naturale, ad instantia del quondam magnifico Juliano de Medicis, l'altro di san Johanne Baptista jovane, et uno de la madonna et del figliolo che stan posti in gremmo de sancta Anna, tucti perfectissimi, ben vero che da lui per esserli venuta certa paralesi ne la dextra, non se ne può expectare più cosa bona. Ha ben facto 10 un creato milanese, chi lavora assai bene. Et benchè il predicto messer Lunardo non possa colorire con quella dolceza che solea, pur serve ad fare desegni et insignare a gli altri. Questo gentilhomo ha composto de notomia tanto particularmente con la demostratione de la pictura, si de membri, come de muscoli, nervi, vene, giunture, d'intestini, et di quanto si può ragionare tanto di corpi de homini, 15 come de donne, de modo non è stato mai facto anchora da altra persona. Il che habbiamo visto oculatamente; et gia lui ne dixe haver facta notomia de più de XXX corpi tra mascoli et femine de ogni età. Ha anche composto de la natura de le acque, de diverse machine et d'altre cose, secondo ha referito lui, infinità de volumi, et tucti in lingua vulgare, quali si vengono in luce, saranno profigui 20 et molto dilectevoli. Leghe   VII

XI. Da Amboys se andò ad pranso et cena ad Bles [4] che sonno X leghe et per via se cavalcò quasi sempre per la riva del fiume Lero. Trovaimo per camino molti villagi, ma non di gran portata.   X

Dicta villa è più grande de Amboys, ma non quanto Turso, posta in collina, 25 maxime il castello. El fiume Lero predicto li corre per avante. Qualche cosa è nobilita per la residentia ce facea il roy Ludovico quale ultra che ce nacque ce volse anche morire. Il castello non è forte, ma ce sonno de bellissime habitationi et facciate molto vaghe dentro et di fora lavorate de pietre molli intagliate. Dentro il cortile è una ecclesia collegiata, per la qualità sua assai bella, et se officia 30 molto bene. Li canonicati fructano annuatim CCCC franchi l'uno, et è patronato regio. In decto castello o palacio si è vista una libraria non piccola, ordinata non solo di banchi da capo ad pie ma anchora de scantie intorno da bascio in fine ad cima et tucta piena de libri. Ultra quelli sono in un retrecto reposti in cascia. Li decti libri son tucti de pergameno scritti ad mano di bellissima lectera coperti 35 di seta di diversi colori et con pompose serrature et ciappecte de argento dorate. Lli forono monstrati li triomphi del Petrarcha historiati de mano de Flammingo de una minia excellentissima. El remedio contra adversam fortunam del medesmo messer Francisco. Certe hore de la madonna in gran volume con sue historie, et li misterii de la passione di pictura greca assai bella et anticha. Un metamor- 40 phosio scripto latino et francese, tucto historiato, con molti altri bellissimi libri,

---

1 f de stantie è commodo N 1. — 2 Aqui P; Lñ N 1. — 3 et lo roy Ludovico N 1. — 4 borchi P. — 8 Bactista P. — 13 ad altri N 1. — 16 anchora facto N 1. — 17 ne *fehlt in* N 1. — 19 altre cose N 1. — 31 fructano annuatim CCCC franchi l'uno N 1; fructano CCCC franchi l'anno P. — 40 puctura P.

---

[1] Karl VIII.   [2] Dessen Vater Ludwig XI.
[3] Ludwig XII.   [4] Blois.

quali non si vedero per non bastare il tempo. Et in uno de li decti libri visti erano ne li cantoni et nel mezzo X bozze o cozze di camei o caminni in forma di un gran mezo ovo per longo, lavorati molto soctilmente. Tra dicti libri ne son molti che per le arme de le ciappecte se monstrano esserno gia stati del re Fer-
5 rando primo et del duca Ludovico Sforza; quelli del re Ferrando comprati in Franza da la infelicissima regina Isabella do poi la morte de re Federico, et l'altri credo guadagnati ne la invasione del ducato de Milano. Vi era anche un quatro dove è pintata ad oglio una certa signora de Lombardia di naturale assai bella, ma al mio juditio non tanto come la signora Gualanda. Ce fu anchora
10 mostrato uno astrolabio molto bello et grande, dove è depenta tucta la cosmo-graphia; et in uno de retrecti, che son doi, ce è uno ingeniosissimo horilogio, dove si dimostrano molte cose de astrologia et di segni celesti. Decto palazzo ha sopto desso tre zardini de fructi et de fogliame dove ce si va per una galleria coperta, la quale da l'uno canto et da l'altro è ornata de corna di veri cervi posti sopra
15 li ficti et lavorati di legni con lor colori assai ben facti; però son fabricati nel muro in altura de circha X palmi l'uno scontra l'altro et non mostrano altro che il collo, el pecto et li doi piedi de avante. Et con lo midesmo ordine sono re-posti sopra certe pietre che escano dal muro molti cani pur de legno, si de livreri come de cian correnti facti de naturale tanto de grandezza et factioni come de
20 pelo. Et similmente alcuni falconi posti sopra certe mani che sono pur fabri-cate nel muro quali cani et falconi erano stati favoriti del decto roy Ludovico. Vi è anche contrafacto un rangiero con le corna vere, quali ne li rami se span-dono più largo de una mano; el resto ha tucto del cervo salvo che è più longo et ha una gran barba di peli sotto il mustazzo. Intrato la porta del zardino ad
25 man dextra è contrafacta una cerva con uno paro de corna grandi de una vera cerva, quale secondo diceva la inscriptione fu ammazata dal marchese di Bau et la donò al duca del Rheno [1] et quello al roy Ludovico. El gran zardino è tucto intornegiato de gallarie, quali son larghe et lunghe ad una gran carrera de cavalli, con una bella volta de legnamo coverta di pergole, ma per quanto disse monsignor
30 nostro illᵐᵒ un poco bassa per manegio alto et forti salti di possanti corsieri. In mezzo è una cuppula o paviglione, sotto il quale è una bella fontana, che dà acqua a le fontane de li altri zardini, quali stanno situati più basso del sopra-decto forse più de sei canne. Tucti dicti zardini, dove era prima terreno montuoso et sterile, ha facto un donno Pacello prete napolitano, quale per delectarse molto
35 di questo exercitio, fu conducto in Franza dal roy Carlo quando fu in Napoli. Et vi sono quasi de tucti fructi che sonno in Terra de Lavoro, do poi de fichi, de quali ancora che ce ne siano alcun arbori fanno li fructi piccolissimi et rare volte vengano ad maturità. Ce ho visto molti arbori di melangoli et altri agrumi grandi et chi producano assai convenienti fructi, ma son piantati in certe cascie
40 de legno piene de terra, et de inverno li retira sotto una gran logia coverta da neve et venti nocivi, quale logia è in decto zardeno, sopra dove sono le habbita-tioni de decto prete zardinero, quale ve si è facto molto riccho de benefizii, respec-tivo ad quello che era. De piante et herbe per insalate vi sono assai; endivie et cauli tursuti così belli come in Roma. El signore ha visto in dicta villa, quale

9 P *am Rande:* 8ᵗᵃ Isabella Gualanda. — 24 Intrando N 1. — 33 prima N 1; primo P. — 43 piante P; prati N 1. — 44 El signore *bis S. 145 Z. 22 fehlt in* N 2. — 44 ha visto P; vedde N 1.

[1] *Herzog René* von Anjou.

è Carnatensis diocesis, una stalla del roy Francesco, dove sono XXXVIIII cavalli, tra quali ne son circha XVI corsieri. Et monsignor il Gran Cudiero Galeazzo Sanseverino [1], quale per essere cavallarizzo magiore de la predicta Maestà ne ha cura, li fe cavalcare da un suo ragazzo francese di XIII anni, che cavalcava tanto gratiamente et bene, quanto sia possibile ad garzone di quella età; et de quelli   5 che erano tucti del regno alcuni saltavano et andavano asprissimi; et fra li altri era uno de la razza de la ill^{ma} signora mia la signora duchessa de Milano [2], donato al roy dal signor ducha de Ferrara, et un altro del merco del signor ducha de Termine [3], che andaro singularissimamente, et lo liardo de la razza del signor Vincenzo Monsolino [4], quale vendì fra Anniballe Monsorio magiordomo di monsignor 10 nostro ill^{mo} cento ducati al magnifico Lorenzo de Medici in Roma, et quello il donò al Re Christianissimo; anchor che non sia gran corsiero, ma più tosto taglia de cortaldo, a la Maestà predicta è molto caro, et quel dì andò assai bene et con salti bravissimi. De più vi era un grandissimo polletro [5] baio che il signore lo indicò così grande come il leardo di messer Bartholomeo de la Valle, quale diceano 15 essere nato in certa terra del ducato del Rheno. Certi grisoni chi andaro assai bene et legieri, alcune belle acche et una dozena di cavalli sardi, quali erano venuti novamente ad sua maestà che vi havea per essi mandato ad posta, li più belli savii di bona boccha che fussero usciti da quella insula un gran tempo; quali vedimo remectere come ginnecti, manigiarsi da corsieri et andare più saldo 20 et dolce che ubini. De decti sardi la Maestà Christianissima era stato servita per ordine et commissione del Re Catholico.

XIII.   Da Bles dove se demorò doi giorni se andò do poi pranso ad cena ad Remorentino [6], che sono VIII leghe; et nel mezzo del camino è un villagio di boni allogiamenti dicto Fonlen.   VIII 25

XIV.   Da Remorentino chi è mediocre villa se andò ad pranso ad Varon [7] distante VII leghe, et dalla per non possere allogiare in una villa dicta Simaina [8] da longe quattro leghe; perchè si trovò allogiata lli a caso quella sera la matre di monsignor di Burbona, besognò andarene ad cena in Burges, che era distante IIII altre leghe. In tucto leghe   XV 30
    In dicta cita, quale è molto grande et bella di strate et piazze, quanto villa di Franza, il signore ad contemplatione del cardinale Bituricense [9] alloggiò nel vescovato quale è di sua s. r^{ma}, et ne ha anche il titulo; et benchè quella non vi fusse stata, da soi agenti si hebbe assai bona cera et gran carezze. In la predicta villa se lavora assai de panni de lana, et tengono di ogni colore, et vi sono 35 arti assai. Non si è molto recercata et caminata per causa de la peste che vi

---

2 ne son circha P; vi erano (circha *fehlt*) N 1. — 3 per essere P; essendo N 1. — 4 f tanto gratiamente et bene N 1; tanto bene P. — 7 la signora duchessa N 1; la duchessa P. — 9 singularissimamente P; excellentissimamente N 1. — 13 *Das zweite et fehlt in* N 1. — 14 polletro N 1; pelletro P. — lo P; il N 1. — 16 terra P; villa N 1. — 22 Captholico P. — 30 In tucto leghe *fehlt in* P.

---

[1] Vgl. Arch. stor. Nap. I 114.   [2] Isabella d'Aragona; s. a. a. O. 115.
[3] Ferrante di Capua; s. ebd.   [4] S. ebd.   [5] = poledro, puledro.
[6] Romorantin.   [7] Vierzon.   [8] Méhun.
[9] Antoine Bohier, Erzbischof von Bourges, am 1. April 1517 von Leo X. zum Kardinal ernannt, tit. S. Anastasiae; † 27. November 1519. Vgl. Ciaconius III 345.

era. Però vi veddimo una bellissima ecclesia et grande, benchè non sia cruciata come la magior parte de le ecclesie moderne. Nel choro è un grande arbore de octono et bello. Nel thesauro è una croce tucta d'oro artificiosissimamente lavorata, con uno bellissimo pastorale dove è molto oro, quali ha facto fare el predicto
5 cardinale et donatoli a la predicta ecclesia, etiam che l'habbia havuta non sono molti mesi. De reliquie ce sono in argento dorato il capo di san Gulielmo, el capo di sancta Lucia, et parte di quello di san Stefano protomartire, la mano di santo Andrea in carne et ossa, del legno de la sancta croce, et altre reliquie; dove sono anche d'oro smaltato due conecte di pace; in l'una è un crucifixo con
10 le due Marie; in l'altra la madonna che tiene il figliolo morto in seno, quali in vero sono de un delicato lavoro. Vi sono poi de croci grandi et assai altre cose de argento. In la sancta ciappella, quale è poco distante da la cathedrale, ce sono le infrascritte reliquie: El capo de sancto Cosma, le duoi diti di san Joan Baptista: Ecce agnus Dei; tre spine de la corona de Christo poste in una corona facta in
15 modo de un camauro, ma non così alto, tucta d'oro et ben lavorata; del legno de la croce; de la veste insutile de Christo, et più altre reliquie ornate de oro et de argento. Dicta sancta ciappella è più grande de quella di Parisi, non gia tanto ornata, ma se serve con più canonici et clerici de la predicta de Parisi. Fu edificata et dotata dal duca de Burges, figliulo secundogenito de un roy Carlo, qual
20 duca è sepulto in mezzo del choro in un gran sepulchro marmoreo posto in terra con relievo de VII palmi. Però è da advertere che ne in la Magna alta ne in la bascia ne in Franza habbiamo trovati sepulchri relevati con soi archeti accostati ad mura de gran lavori et superbi al modo italiano, ma solo sepulchri de doi quatri, quali o bassi o alti relevati, tucti posano in terra. Lli li canonici ne
25 monstraro un gran calice de certa materia che loro dicano calcedonia ornato d'oro. Però al signore parve de cristallino, ma è tanto ben lavorato con una patena onnipotente di certi fiorecti et altri artificii delicati, che non so si ad tempi nostri se ne faria un simile. Vi veddimo etiam certi anelli d'oro con camei lavorati suttilissimamente et altre pietre preciose, con un pare de guanti coperti de perle,
30 per quando si celebra pontificalmente in dicta sancta cappella.

XV. Da Burges do poi pranso ad cena ad Dunroy [1], quale è distante VII leghe et bona villa. Lli passa certa acqua per mezzo; è decta Don del roy, che essendo antiquitus de casa de Burbona se donò al roy da se midesma. Ha molti borghi intorno; per camino essendo paese piano et sterile non vi son villagi altro che
35 uno di poche et triste case.   VII

XVI. Da Dunroy se andò ad pranso in Burghera, villagio piccolo et de tristi allogiamenti, distante VIII leghe; et ad circha cinque leghe da Dunroy se cavalcò un boscho di due leghe larghissimo, tucto folto de querce grandissime et necto di bascio al possibile, et fra le altre vicino la strata ni è una serrata de certi
40 aschoni grossissima et altissima, quale meritamente franciosi la dicano regina de le querce. Da cqua se andò ad cena ad Cona [2], pur villaggio di mediocri allogiamenti, distante tre altre leghe; et in tucto sono leghe   XI

3 † P; croce N 1. — artificiosamente N 1. — 9 smaltato N 1; smaltate P. — 11 † P; croci N 1. — 16 † P; croce N 1. — 29 pietre N 1; prete P. — 34 intorno P; attorno N 1. — 36 *Die Zahl* XVI *fehlt in* N 1. — 41 Da lla N 1.

[1] Dun-le-Roi.   [2] Cosne.

XVII.   Da Cona se andò ad pranso ad Vernoia, che sono VIII gran leghe; dalla
ad cena ad Varenes[1]; che in tucto sono leghe   XI

XVIII.   Da Varenes ad pranso ad San Martino che sono VIII leghe; et ad due
leghe da San Martino è San Otieron villagio; et ad due altre leghe la Pellizza[2],
che è poca villa, ma di boni allogiamenti, et li passa per nante una certa acqua, 5
de modo che vi se intra per ponte quando l' acqua è grossa, che gia è poca cosa.
Da la decta villa è denominato monsignor de la Pelliza.   Et ad tre altre leghe
Paccadiere[3] et ad un altra San Martino.   Da lla ad cena ad San Germano[4], che
è un borgho bene ordinato di optime hostarie, distante tre altre leghe; che in
tucto sono leghe   XI 10

XVIII.   Da San Germano ad pranso ad San Zeferino[5], che son cinque leghe; et
ad Rohana[6], quale è competente villa de boni allogiamenti, dove Lero incomintia
ad essere navigabile in fine al occeano, se ascoltò messa.   Et ad cena se andò ad
Tarrara[7], che son tre leghe tristissime de saluta et scesa de montagne; et ad
una legha de dicta montagna è la hostaria de la Fontana, et ad un altra legha 15
che è il capo del calare è un altra hostaria nova grande commodissima dicta la
Cappella; et ad tal tempo vi trovammo doi palmi de neve; sono leghe   VIII

XX.   Da Tarrara ad pranso in Leone[8], sono sei leghe; et ad tre leghe è la Brella[9],
villagio di non molte case; leghe   VI

Leone è cita posta in una valle ben situata, et da la banda dextra venendose 20
da Franza è accostata al monte, sopra il quale incominciando da la porta per
dove se intra in la città, passato il borgo chi è sopra la riva del fiume Sona,
tirano le mura, quali arrivando ad altra porta, per donde si esce volendose andare
in Italia, chiudeno una bona parte del decto monte dove sono alcune habitationi
disseminate cqua et lla et non con ordine alcuno de strate. Et da la parte sinistra 25
è circumdata dal Rhodano, quale si viene ad giongere con la decta Sona, che corre
per mezzo la villa, sopra la quale è un bel ponte di pietre.   In una abbatia che
è nel capo de dicta villa nominata Ene[10], dove la Sona perde il nome e da lla
inante absolutamente è chiamato Rodano, quale ha origine dal lagho de Genevre,
et dentro quello ultra la Sona che viene dalla de Burgugna et è grosso fiume vi 30
entrano Sorga[11], Valenza[12] et doi altri fiumi quali si diranno appresso. La decta
cita o villa, de la quale è vescovo el fratello di monsignor de la Ghisa come è
decto parlandose de la cita de Ange, si in la porta dove se intra venendose da
Franza, come in quella donde si esce per cavalcare in Italia, ha un gran borgo,
et in quel loco dove Sona intra in Rhodano è un bello et longo ponte di pietra, 35
sopra del quale se passa al borgho, donde per essere da l' altra banda de decto
fiume incomintia il Delfinato.   La villa non è molto grande nè piccola, bene ordinata di strate, case generalmente di pietre, di maestranze et mercantie assai
et tucte in perfectione.   Donne bellissime, come in villa de Franza, habitata da
mercanti de ogni natione, maxime de Italiani; et per tanto commercio li huomini

1 XVII. *richtig in* N 2; *in* P *und* N 1 *irrtümlich* XVIII. — 9 distante N 1; dictante P. —
23 ad altra N 1; al altra P. — 24 chiudendo N 1. — 31 fiumi *fehlt in* N 1. — 35 di pietre N 1. —
36 f del detto fiume N 1.

[1] Varennes.   [2] La Palisse.   [3] La Pacaudière.
[4] St-Germain l' Espinasse.   [5] St-Symphorien-de-Lay.
[6] Roanne.   [7] Tarare.   [8] Lyon.   [9] L'Arbresle.
[10] Ainai.   [11] Sorgues.   [12] Wohl Valserine.

10*

soi, le donne et lo terreno sanno de non so che de la bella Italia, de modo che
per quel tanto che è la judico la più bella villa de Franza.

XXVI.   Da Leone dove se demorò cinque giorni da poi pranso se andò ad cena
ad Burgon[1] distante sei leghe; et al mezzo del camino è un villaggio decto San
5 Loren[2].   Leghe   VI

XXVII.   Da Burgon facto pranso se andò ad cena a la Gabellecta, che è
villaggio di poche case ma di bone hostarie, per essere loco dove necessariamente
hanno da capitare tucte le gente che passano et che ritornano da Franza, distante
septe leghe; et ad tre leghe da Burgon è la Torre[3], che è piccola villecta, et vi
10 se passa per mezzo; et ad due altre leghe è una mediocre villa decta il Ponte[4]
da un certo ponte che vi se passa sopra un fiume non molto grande, quale passato se intra in Savoya.   Le due ultime leghe in fine a la Gabellecta[5] sono di
captiva et maledecta via, cavalcandose sempre per pietre et sassi fastidiosissimi.
    Leghe   VII

15 **XXVIII.**   Da la Gabellecta do poi pranso andaimo ad cena ad Ciambri[6], che son
doe leghe, l'una che consiste in la montata et calata de un monte per quel poco
che glie altissimo et asprissimo, et l'altra de piano; et per salire decto monte la
magior parte de li nostri pigliarno rozzini, mulecti et somari dal decto villaggio
per la practica che quelle bestie di lla hanno del salire; leghe   II
20   Ciambri è villa piana posta in una valle, bella di case, strate et piazze et
di belle donne, fornita de molte maestranze et de huomini da bene. Lli per gratia
del ill^{mo} signor duca de Savoya, quale stava in Gebenne[7], donde, essendo stato
supplicato da monsignor nostro ill^{mo} fin da Leone per un cavallaro ad posta,
mandò doi prothonotarii de suoi con la chiave sua et ordine de le due altre che
25 sono in potere de li officiali de la villa, la sera ad XXII hore se vedde la sancta
sindone overo linteo dove fu involto nostro Signore Jhesu Christo quando fu tolto
da la croce, quale se conserva in una ecclesia fondata dentro del cortile del castello
per magiore custodia de dicta sancta sindone, et non se mostra secondo la relatione se ha havuta da quelli canonici chi serveno la decta ecclesia, quale è colle-
30 giata, si no al venerdì sancto et a li tre dì de magio che si celebra la inventione
de la croce, et da sopra li mura del castello verso certa prataria che vi è fora de la
terra per commodità de peregrini.   Et ad decti tempi per vederla ce concorre
gente infinita et de vicini et di molti longinqui.   Et veramente si può dire che la
predicta reliquia sia la più devota et mirabile che è tra christiani, quale per quanto
35 ne possectimo considerare appare de la infra designata similitudine.   Et ne fu

---

6 facto il pranso N 1. — 7 necessariamente *fehlt in* P. — 8 tucte le gente P; tucti quelli
N 1. — et retornano N 1. — 9 una piccola villecta N 1. — 13 *Der obige Text von* N 1; cavalcandose sempre per saxi et pietre P (fastidiosissimi *fehlt*). — 20 posta N 1; posto P. — 25 f la sancta
sindone N 1; la sindone P. — 33 molti P; molto N 1. — 35 Et ne fu *bis S. 149, Zeile* 5 *nur in* P.
In den Handschriften N 1 *und* N 2 *befindet sich statt dessen an dieser Stelle nach* appare de la infra
designata similitudine *eine Zeichnung, welche die beiden einander mit dem Kopfe zugekehrten Christus-
bilder auf dem Sudarium wiedergibt. In* N 1 *ist die Zeichnung stark verblaßt, in* N 2 *dagegen sehr
deutlich. In* P *ist am Ende der Seite nach* fu illuminato *zwar etwas Raum freigelassen, aber keine
Abbildung gegeben. In* N 2 *wird noch das Gebet beigefügt:* „Deus qui nobis in sancta sindone, in
qua corpus tuum sacratissimum de cruce depositum a Joseph involutum fuit, passionis tuae vestigia
reliquisti, concede propitius, ut per mortem et sepulturam tuam ad resurrectionis gloriam perdu-
camur. Qui vivis et regnas cum Deo Patre in unitate Spiritus Sancti, Deus per etc."

---

     [1] Bourgoin.   [2] St-Laurent-de-Mure.   [3] La Tour-du-Pin.
    [4] *Le Pont-de-Beauvoisin.*   [5] Aiguebelette.   [6] Chambéry.   [7] Genf.

referito che essendo alias doi fratelli de la decta ill^{ma} casa de Savoya in differentia chi de loro dovesse custodire la predicta sancta sindone, convennero tra essi di partirla per mezzo; et havendo un sarto poste le forfice per tagliarla, deventò cieco in continente, per lo che la lassaro integro; però il predicto mestro ad magior miraculo per clementia di Jesu crucifixo fu illuminato.   5

El decto linteo sindone o sancto sudario è alto da cinque palmi et mezzo in circha et longo poco più de la statura de Christo, però dupplicata de la parte de avante et drieto; quali stature del gloriosissimo corpo sonno impresse et umbrate del preciosissimo sangue de Jhesu Christo, dove appareno efficacissimamente li segni de li bactiture, de le corde de le mane, de la corona de la fronte, 10 de le ferite de le mane et piedi et maxime di quella del sanctissimo lato, con certe goccie di sangue sparso fora dal sacratissimo desegno, talmente che ad Turchi donariano devotione et terrore, non che ad christiani. Decto linteo ne fu mostrato ignudo senza altro velo inante et ben dispaso da sopra lo altare magiore dove sta locato. El signore basò et manigiò dicta sindone, nè possecte 15 sua s. ill^{ma} comprendere di che materia se fusse, pur certificò che non li parve ne di seta ne di lino. De la mesura di quelle divine stampe dicano, che quante volte si piglia tante differentemente si trova, et così bene si vedano da longe come d' appresso. Questa sanctissima reliquia, per quanto ne fu relato, li ill^{mi} signori de casa de Savoya l' hebero nel tempo de la impresa santa dove fu uno d' essi 20 insieme con Gottifredo Buglioni et Baldovino fratelli Normandi; tali dicano comprata da un soldato savoese, al quale essendo capitato un pregione che non havea modo de ricacto, la muglie per liberatione del marito li portò dicta sindone; altri ch' el medesmo signore de la casa de Savoya l' havesse recuperata da la donna del sopra decto modo. Li altri duci de Savoya portavano seco dicta reliquia, 25 però con grandissima veneratione, dovunche cavalcavano. Lo predecessore di questo per exortatione di madamma Margarita figliola de la Ces^a M^{tà}, sua muglie, la repose in la dicta cappella del castello, et da quel tempo in qua dicta terra rarissime volte è molestata di peste come di prima, che non ne scampava anno; et per questo havendo essi experientia che subito che dicta sindone è cavata di quella 30 terra, quale è camera del ducato de Savoya, la peste li assale, non comportariano in nullo modo ne fusse transportata; et per loro securità, ne tengano due chiavi.

XXIX.   Da Ciambri do poi pranso se andò a la Gran Certosa distante cinque leghe tucte de montagne, quali si non son molto sassose, son tanto rapte che judico sia il più longo et pegior camino se facesse mai. Leghe   V 35

El predicto monasterio dicto la Gran Certosa, quale fu fondato da sancto Bruno capo di questa religione per lo miraculo che si lege in la vita sua che è impressa, sta posto in una valle tra doi monti altissimi et de pietre vive molto horrendi, dove non è mai penuria de neve; et ad una legha distante vi se intra per un passo che si serra per porta, et dal canto di lla de decto monasterio non vi è 40 exito alcuno. Lo decto monasterio ne la edificatione facta di sancto Bruno fu posto in certa collina accostato al vivo saxo del monte, ne la parte dextra, dove una con li compagni decto sancto habbitò fin tanto che se redusse in Calabria ad

8 et de dietro N 1. — 10 f de la corona de la fronte, de le ferite de le mane *fehlt in* N 1. — 11 et maxime di quella N 1; et maxime quella P. — 13 ff *in* P *umstellt:* ne fu mostrato da sopra lo altare magiore, dove sta locato, ignudo, senza altro velo inante et ben dispaso. — 15 potecte N 1. — 22 il quale N 1. — 25 la detta reliquia N 1. — 28 cappella P; ecclesia N 1. — 38 altissimi N 1; altississimi P. — 40 con porta N 1. — 41 ne la P; in la N 1. — di P; da N 1.

edificare Sancto Stefano del Boscho, che fu il secondo monasterio, nel quale morse
et vi sta anchora sepulto il corpo suo. Ma perchè a li anni adietro la quantità
de la neve del predicto monte il ruinò con ammazzarince molti monaci che vi se
trovarno, fu poi redificato al basso; et gia da octo anni in qua che in questo
5 medesmo loco dove sta essendo edificato de legnamo per la più parte per incuria
de uno barbiero se abrusò quasi tucto, per diligentia et studio del donno chi è
generale di cartusiensi et dimora sempre in decto monasterio è stato restaurato
tucto in volte et con tante fabrice et belle habitationi, che sariano commode ad
uno exercito. Lli stantiano XXXXV monaci di messa, senza li chierici, conversi,
10 offerti, donati et altri servitori layci et seculari, che son più de CL^{ta} bocche; et ultra
li claustri dove è commodità de LXX^{ta} monaci, ce sono li appartamenti per tucte le nationi dove essi hanno monasterii, quali secondo una tavola che ne mostrarno sono più
di CC^{ti}, et cussi anchora hanno ad un mezzo miglio italiano basso decto monasterio
le stalle deputate per le dicte nationi, quali tucti insieme son capaci de CCC cavalli,
15 et quelle serveno al tempo del capitulo generale, che vi se celebra ogni anno. Dicta
gran Certosa non arriva secondo la relatione di monaci ad IV milia docati de intrata l'anno; però è loco aptissimo ad penitentia et al servitio de Dio, di magiore
solitudine che si possa pensare, dove le tre parte de l'anno è continua neve et
freddi excessivi, nè accesso di persona vivente si non di quelle che vi vanno ad
20 posta per vedere quel monasterio. Et Certosa è decta da una villa vicina et
anche da un piccolo fiume che corre per mezo quella valle, nominata Certosa.

[XXX.] Da la dicta Certosa, dove si cenò male et si pransò peggio, non se
mangiando carne, et vi se dormì pessime su lectucci de paglia senza lenzoli et
con coperte de pelle grosse pecorine, ne andammo ad annoctare ad Grannobile [1],
25 distante cinque leghe pur de montate et calate, ma non così aspre come da
Ciambri a la gran certosa per un gran pezzo, benchè lli per via trovassimo neve
assai; leghe   V
Grannobile, quale è terra del Dalfinato, dove si tiene parlamento come in
Parisi, è posta in piano, ma fra monti altissimi. La piana è bella et larga più de
30 una legha, tucta piena de vigne et anche le radice de li monti, dove sono molti
arbori fructiferi, et per mezzo dicta piana corre un fiume chiamato Drappo [2], quale
secondo se dimostra dal alto del monte venendose da la Certosa pare che forma
una δ greca. Dicto fiume, quale è di bona larghezza et profundità, passa per una
parte de la terra, sopra il quale è un ponte di pietra con alcune poteche assai
35 belle. Et un poco distante da la dicta villa corre un altro fiume decto Ligiero [3],
qual se unisce con Drappo non troppo da longe et è poi decto Legiero, quale
giontamente intrano nel Rhodano. Decta villa, quale è bella de case, strate et
piazze et populosa, è del roy. Lli se vedde il deposito di quel generoso et
bellissimo corpo (che gia il spirito indubitatamente è nel cielo) del ill^{mo} signor In-
40 fante Don Alfonso de Aragona [4], figliolo secondogenito de la fe. me. de re Federico
et de la infelicissima signora reina Isabella; quale deposito sta in sancta Clara
monasterio dentro decta terra de monache de dicto ordine observantissime et di
optima vita; quali non mangiano carne de niun tempo, geiunano ogni giorno et

---

2 sepulto *fehlt* in P. — 3 f che vi trovarno N 1. — 9 XXXXV P; XXXV N 1. — 19 f ad
posta P; apposta N 1. — 22 *Die Zahl* XXX *fehlt in den Handschriften.* — 26 a la detta gran
Certosa N 1. — 34 di pietre N 1.

---

[1] Grenoble.   [2] Drac.   [3] Isère.   [4] Arch. stor. Nap. I 115.

dormino sempre vestite su la paglia. Decto deposito sta in una cappellecta da
la banda sinistra de lo altare magiore, relevato et reposto dentro uno archecto
fabricato al muro coperto de borcato con coltra intorno de velluto negro. In due
cappelle de decta ecclesia di sancta Clara, quale è poca cosa, sono due cone de
alabastro lavorate con molte figure et intagli bellissimi.   5

Ult°. Da Grannobile se andò ad mangiare ad digiuno in San Marcellino, essendo
stato la vigilia di ogni sancto. La decta villa, quale è distante septe leghe ben
grosse, è assai bona et di bon allogiamenti. Ad due leghe da Grannobile è una
villecta murata et al resto del camino tre altre villecte et ad una legha distante
da San Marcellino vi è una de le decte chiamata Larbe, dove è una lunga strata 10
qual se passa per mezzo et da una parte et da l'altra è piena di maestri di
pectini de busso et di altri lavori ad torno.   VII

Novembre.

P°. Da San Marcellino se andò ad scoltare messa et pransare ad Sancto Antonio
di Bienna, che son due leghe. La ecclesia de decto santo, quale è fondata sopra 15
certa eminentia, è assai bella et grande. Vi è intrando ad man sinistra de la
nave appresso il choro un bello et grosso organo con molti registri et assai ornato
con la demostratione de l'angelo che annuntia la Madonna et molte altre galantarie. Lli se vedde et si basò il brazzo del glorioso sancto Antonio, che è remesso
in argento. Se sono anche viste le ossa del corpo de quello, quali stanno dentro 20
una cassecta ferriata reposta in un tabernaculo, et cosa de argento dorato quale
posa sopra due colonne de legno dietro lo altare magiore, qual cassecta ad contemplatione de monsignor nostro ill^mo fu posta sopra decto altare et vista osso
per osso; per li quali si ha possuto judicare, che decto sancto fu de gran statura.
Dentro decta cassecta è anchora il pallio de san Paulo primo heremita, che è 25
quasi tucto marcito. In decta ecclesia sono monaci assai, con habiti et sopra veste
con cappucci de negro, et molti chiricocti pur con habiti, che vi se allevano. Se
officia assai bene. Et ce è uno hospitale in qual se attende grandimente et vi
se fa gran bene. È decto Sancto Antonio de Bienna per essere diocesis Biennensis;
perhò la dicta cita li è distante circa septe leghe. Ultra dicta ecclesia ce è una 30
villecta parte in valle et parte in monte assai competente et di boni allogiamenti,
nominata Sancto Antonio dal nome di quello, come anche molte ville di Franza
son nominate da li nomi de sancti. Lli se vendeno gran quantità di sancti Antonii,
campanelli, de .T. tau, de brazzi, et di porcchetti de argento, quali se vendeno per
layci et seculari, et la magior parte dessi se trovano de basso argento et archimistati. 35

Da Sancto Antonio pransato se andò ad cena ad Valenza, che è distante sei
leghe; et ad tre leghe da la predicta terra è una bona villa dicta San Romano [1],
et al extremo dessa verso Valenza li corre il fiume Ligero [2], sopra il quale ha
un ponte di pietra; in tucto leghe   VIII

Valenza è bella villa, et vi se rege studio in jure canonico et in jure civili 40
et non in altra facultà. Da la decta villa in fine ad mezzo miglio italiano verso

4 quale è P; che è N 1. — 5 intaglio bellissimo N 1. — 10 da N 1; di P. — 11 da l'una
parte N 1. — 13 ad P; in N 1. — 16 intrandose N 1. — 22 f contemplatione N 1; comtemplatione P.
— 28 f et vi se fa gran bene *fehlt in* P; *der vorausgehende Teil des Satzes* et ce è *bis* grandimente
ist in P *am Rande nachgetragen.* — 34 di campanelli de Tau N 1. — 36 che è *fehlt in* N 1. —
39 di pietre N 1. — VIII N 1; VII P. — 41 in altre facultà N 1.

[1] Romans.   [2] Isère.

Montelimaro son constructe sei cappellecte con li misterij de la passione di nostro
Signor Jhesu Christo di bellissima pictura facta nel muro et secundo lor dicevano
di mano di Flammingho, et al ultimo è un Monte Calvario con la crucifixione,
dove si fabrica una bella ecclesia. Et veramente che tale ordine è di gran
5 devotione, impero chè non è dì, che non siano visitate da una infinità de huomini
et donne, quali in ciascuna fanno loro oratione ingenoghioni, incominciando da
quella che è vicina la porta de la villa. Da Valenza, da chi molto paese intorno,
dove son bone ville, è denominato et decto il Valentinois, è una piana larga et
bella infine Avignone, do poi certi passecti che son strecti da certi montecti; et
10 da man dextra verso li monti li corre il Rodano, dove sonno vigne assai, optimi
vini, qualche arbore de amendole et anche de olive. El duca Valentinois figliolo
di PP^a Alexandro VI° fu titulato de dicta villa [1], et da quella et dal resto del
ducato haveva XI milia ducati l'anno; però Valenza de poi la ruina et morte de
dicto duca è de la corona de Franza.
15 II.   Da Valenza ascoltata messa di morti et pransato se andò ad cena ad Montelimaro distante septe leghe. La villa è grande et de mediocre habitationi et strate,
et vi sono buoni alloggiamenti. Ad tre leghe da Montelimaro è una bona villa dicta
Liuron [2] et ad mezza legha dessa un' altra chiamata Lorio [3]; leghe   VII
III.   Da Montelimaro poi pranso se andò ad cena ad Nostra Damma de Plano,
20 che son cinque leghe; et ad due leghe da Montelimaro è una villa dicta Ciateo-
novo [4] del Roy, et ad un' altra legha un' altra villa chiamata Dongera [5]; et ad una
cappellecta passata dicta villa mezza legha incomincia il territorio de la Ecclesia;
et ad mezza altra legha è una villa de la decta Ecclesia quasi ruinata dicta Polu [6].
Et per andare ad vedere il ponte di san Spirito, quale è sopra il Rhodano, di-
25 vertemmo dal camino un miglio italiano. Decto ponte è de XX archate alte et
larghissime de una bella pietra ben lavorato et meglior selicato, quale secondo
la mesura chi prese uno de parafrenieri nostri con certo spago è longo CCCC°
passi ad braze spase. Questo è più largo et più drecto di quello de Avignone,
benchè non tanto lungo. In tal tempo però non era acqua per tucte le archate,
30 ma secondo dicono di primavera abunda tanto il fiume per lo dissolvere de le
nevi, che l' acqua se spande fora del ponte. Et al fine desso è la villa di sancto
Spiritu, che è assai bonicha, et del roy de Franza con tucto il resto del paese
che è dalla del decto Rhodano. Leghe   V
Nostra Damma di Plano è una pochissima ecclesia, dove son solamente septe
35 monache serrate di optima vita, che ogni dì dicano suo officio, et quactro cap-
pelani. Questa Madonna venne in devotione quaranta anni sono, di tal modo. Che
essendo stato questo villaggio sacchezzato et abrusiato con più altre ville intorno
gia ducento anni da un male capitaneo di fanti, questa figura che è de relievo
di statura di tre palmi con certe altre reliquie per alcuni soldati di quello timorosi
40 de Dio fo reposta in una fenestrella, dove adesso è fabricato lo altare de dicta
ecclesia, et coperta da le ruine è stato sepulta lli, donde essendo venuta in noticia

---

3 ad ultimo N 1. — 7 da chi P; da di N 1. — 8 è denominato et decto N 1; et denominato
et decto P. — 15 in Montelimaro N 1. — 32 et *fehlt in* N 1. — 39 di statura P; di grandeza N 1.

---

[1] Cesare Borja wurde, nachdem er die Kardinalswürde niedergelegt hatte,
1498 Herzog von Valence. Vgl. Pastor, Gesch. der Päpste III^{r—4} 442 f.
    [2] Livron.   [3] Loriol.   [4] Châteauneuf.   [5] Donzère.   [6] La Palud.

per revelatione divina facta ad uno huomo di bona vita et tolta dalla con gran devotione con reponerse nel loco dove è adesso, ha facto de molti miracoli et come dicano in quel paese ne fa de continuo, essendo come è decto devotissima et di gran concorso. Appresso dicta ecclesia son certe case che tengano hostarie, et vi se vendeno molte madonne de argento per devotione. 5

IV. Da Notra Damma de Plano udito messa ben matino se andò ad pranso et ad cena ad Ponte Sorga[1], che son cinque leghe; et ad una legha da la dicta Notra Damma è una villa dicta Monragona[2], et ad due leghe in lla è una villa che consiste in una strata lunga a le radice de un monte altissimo, sopra il quale è posta una roccha fortissima, che si chiama Mormara[3], sopra la riva del Rhodano, 10 et è del papa. Ad un altra legha inante in due insolecte che fa el decto fiume son doi forti castelli sopra saxi, quali sono de una de le sorelle de monsignor r[mo] de Auxi[4], legato de Avignone; et al inscontro ad man mancha sopra un montecto è una bellissima villa dicta Castellonuovo, pur de la Ecclesia. Passato Montelimaro quasi in fine Avignone se trovano bussi assai et quantità grande de 15 spiche o de lavendole, l'acqua et l'herba de le quali in la Magna, in Fiandre et anche in tucte le provintie di Franza se usa grandemente; leghe   V

VII. Da Ponte Sorga, dove si stecte tre giorni assai ad piacere con le due sorelle di monsignor r[mo] il cardinale de Auxi predicto, expectando sua s. r[ma] che venea da Auxi, se andò ad pranso ad Avignone, che son due piticte leghe, et ad loro 20 signorie r[me] li uscero incontro tucta la nobilità et clero, officiali et soldati del predecto monsignor r[mo] legato in gran numero; leghe   II

Avignone come è notorio ad tucti è cita de la Ecclesia, et da lei piglia denominatione il contato, in che se contiene Carpentras, quale è cita, et molte altre ville. Lei è posta in piano dal palazzo in po et l'arcivescovato, che è posto sopra 25 certo montecto di pietra viva. Dicta cita è molto tonda et centa de mura di pietra alti et grossi et ben lavorati con ornamento di torre assai grosse, et in tucte quelle che vi son porte de intrare in la cita, che son molte, vi stanno le campanelle; et da torre ad torre per essere la distantia lunga escano fora circha sei palmi due mezze torrecte in spatio proportionato con certi archete for 30 via, con dentature socto li merguli de la dicta muraglia, che ornano grandemente. Li fossi son ben larghi et, benchè non molto profundi, se li ponno però dare XII palmi d'acqua ad piacere. In la cita anchora che non sia piena tucta, pur vi son dentro habitationi assai et belle tucte de pietre, et belle strate si non fussero male selicate, de modo che vi è male cavalcare et caminare ad piedi malissime, 35 essendo quelle strate de certi lapelli tondi che ruinano li piedi. Le donne son bellissime, quali, anchora che vestino alla francesca, in testa per la magior parte non usano li ciapparoni di Franza, ma certo modo appartato assai più bello, et sono molte donne de palazzo et più che gentili. Vi veddimo anche molte ecclesie parrochiali et molti religioni, di san Dominico, di sancto Augustino, di san Fran- 40

2 con reponerse P; reponendose N 1. — 6 f et cena N 1. — 14 dicta N 1; decto P. — 16 f *Der obige Text nach* N 1; P: in la Magna et Fiandre anche in Franza. — 20 ad loro N 1; alhor P. — 21 r[me] *fehlt in* P. — 21 f del predecto monsignor r[mo] legato N 1; di monsignor r[mo] de Auxi P. 22 leghe *fehlt in* N 1. — 31 con dentature *fehlt in* P. — de la P; di N 1. — 34 et belle strate P; et larghe strate N 1. — 35 vi *fehlt in* P. — 39 anche *fehlt in* N 1.

[1] Sorgues.   [2] Montdragon.   [3] Mornas.   [4] Auch.

cesco conventuali et observanti, de Carmelitani et Celestini, ne la ecclesia de li
quali è il corpo del beato Pietro Lusimburgo et lo sepulchro de pp⁴ Clemente III⁰ ¹,
chi construxe dicta ecclesia. Da un canto verso ponente vicino le mura dicta cita
ha il fiume Rodano, che corre violentissimamente, sopra il quale è un gran ponte
5 di pietre, che contiene XXIII archate, benchè dal canto de l'altra riva, che è
Lengua d'Oca et dominio del roy de Franza, ce siano VII archi in seccho; però
secondo dicano quando il fiume è grosso vi è acqua per tucti. Il decto ponte non
è sì largo come quello di San Spiritu, ne così drecto, che ja fa molte volte, credo per
resistere a la violentia de l'acqua, et tanto ben silicato et lubrico, che è malissime
10 cavalcare, come già è chiaro che pochi o nulli il cavalcano; et per la mesura
che feci pigliare me presente è lungo canne CCCCLXVI; ben vero che da la porta
de la cita donde se intra in dicto ponte infino dove dura la jurisdictione de la
Ecclesia non tira XLᵗᵃ canne; ne ho possuto intendere come non l'habbia in fine
a la metà, secondo pare conveniente, si non che li Ri Christianissimi per li tempi
15 passati se l'hanno usurpata; et in fine lla possano andare judei, quali passando
un piede sopra quello de Franza ponno essere ammazzati impune. El decto fiume
fa de molte insule, et veramente s'el corresse molte leghe come corre poche, imperochè da lacho de Genevra o Gebenna donde nasce in fine ad Marseglia vicino
dove sbocha alla marina è poca via, come adesso è grosso, saria grossissimo, al
20 pare di qualsivoglia gran fiume de la Europa, et rapidissimo come già è, che
da Tigre in po, quale come dicano historiographi da velocitate del corso è nominato
Tigre, che latine vol dire sagicta, non è fiume che corra più veloce, el che facilmente se dimostra in la villa de Leone in quel loco che se viene ad conjungere
con lo fiume Sona, che per la velocità sua sparte quella acqua, non altrimenti
25 chel mar tranquillo un gran delphino over un natatore excellentissimo. Da l'altra
parte verso oriente un mezo miglio distante li corre la Druenza ², che è un triste
fiume, benchè intra subito in Rhodano. Per dentro la cita vi correno tre rivi, et
uno per li fossi, che tucti sono del fonte Sorga ³, quale nasce in uno villagio decto
Vacluso ⁴ distante circha sei leghe, et l'origine de decto fonte, che nasce da una
30 ripa de un monte, è così grosso, che, si corresse unitamente, come si sparte in VI
o VII rivi, et uno di quelli fa il fiume Sorga, saria grossissimo fiume. Da la
parte di septentrione è il Monte Ventoso ⁵, che celebra messer Francesco Petrarcha,
distante IIII leghe, benchè tucta la città si può dire ventosa, che in effecto per lo
più tempo vi è vento crudelissimo. In quella se rege studio generale in tucte
35 facultà. Vi sono mercanti et gentilhomini assai. L'arcivescovato che sta al lato
del gran palazzo, constructo da sancta Marta (come dicano) sub vocabulo et invocatione di Notra Damma, è poca cosa et assai basso, che per li venti non lo possano
levare in alto, et per la qualità del loco non se ponno allargare. In dicta ecclesia
sono XX canonici ultra le dignità, et quando assisteno in divinis vestino le cappe
40 et rocchecti come quelli de san Pietro de Roma. In le cappelle del decto arcivescovato sono sepulti più pape, che morsero lli in quel tempo che vi era la apostolica
sede. Sopto il supporticale de la porta per dove se intra in dicta ecclesia ad man

1 ne la P; in la N 1. — 3 la detta ecclesia N 1. — 15 et *fehlt in* P. — 18 Marseglia N 1;
Merseglia P. — 21 de velocità N 1. — 25 chel P; del N 1. — un excellentissimo natatore N 1. —
27 benchè subito intra N 1. — 32 che P; qual N 1. — 42 per dove P; donde N 1.

¹ Klemens VI., 1342—1352.   ² Durance.   ³ Sorgues.
⁴ Vaucluse.   ⁵ Mont Ventoux.

dextra è una pictura di san Georgio nel muro, quale dicano haver facta fare messer
Francesco Petrarcha in quel tempo, che fu sequendo la corte apostolica in Avignone;
et la donzella che devea essere devorata dal serpente, come accade ne la historia,
vogliano molti che sia madonna Laura di naturale, quale sta genughione et con
le mane levate al cielo. Qualunche sia, mostra un gentil aere di villanella, et in 5
testa non ha ciaparone, come è il constume moderno di Franza, ma certa binda
con coda a la Napolitana. Et vi sono scripti o pintati li infrascripti versi del
predicto poeta, quali son directi ad san Georgio con supplicatione, che voglia extinguere le face occulte de le guerre, et quelli alcuni li intendeno amorosi, altri
chi hanno la hystoria de quelli tempi dicano che dicti versi forno composti per 10
certa guerra occulta, quale preparava il re anglico contra Franciosi.

Versus Petrarche.

Miles in arma ferox, bello captare triunphum
Et solitus vastas pilo transfigere fauces
Serpentis, tetrum spirantis pectore fumum, 15
Occultas extingue faces in bello Georgi.

Appresso del decto arcevescovato, dove è una gran piazza, che corre per
avante el gran palazzo, è un palazzecto a la moderna con certe torre assai
bello et bene inteso, facto per la felicissima et inmortal memoria di papa Julio,
al tempo che cardinale tenea quello arcevescovato et la legatione et ne fe dono 20
al decto arcivescovato. El palazzo grande, dove habitò tanti anni la sedia apostolica, è un mirabile edificio, tucto de pietre grossissime et in volte, con stantie
infinite, et in fortezza, che gia tiene in circuito sei gran torre, et ce ni è tale
come quella di Borges nel palazzo di san Pietro di Roma, ultra alcune altre
piccole vi son per dentro. Decto palazzo va in grandissima altura, con tanti 25
caragoli o lumache, scale et porte tucte de pietre, che pare un laberinto; et
benchè per non essere stato mai universalmente habitato do poi retorno la sedia
apostolica in Roma, è in molta ruina, pur vi sono anchora de belle sale, parte
in essere et parte ruinate. Dove se facea il conclavo, che è molto grande et lunga,
et quella del consistorio sono integre. La ruinata è la magiore de tucte, ne so, 30
ad che servesse, si pur non fusse stato deputata per le audientie publice. Vi è
anche una cappella più grande et più aerosa di quella di Sixto nel palazo di Roma,
quale ha di sotto una sala dove si tenea la Rota, assai bella; et sotto terra tucto
decto palazzo è vacuo et accommodatissimo de cantine et altri membri sotterranei.
Tiene anche un cortile quatro assai conveniente, nè in decto palazzo è fenestra 35
ne grande ne piccola, che sono infinite, che non sia ferriata de così grossi ferri
et spessi, che si extima una con le catene di ferro che son fabricate ne le volte
et mura et altri ferri chi legano le pietre grosse l'una con le altre ce siano
tricentomilia cantara di ferro. El che fo causato che essendo inpignata quella
cita et lo resto del contado a la Ecclesia da un signore de casa de Angioia, che 40
ni era allhora patrono, con pacto de far bone tucte le melioratiuni, il papa
di quel tempo fabricando decto palazzo ce fe quelle excessive despese, adcio il
decto signore non le potesse mai satisfare, per il che restasse la dicta cita con
tucto il contado a la Ecclesia, come successe. Monsignor r^mo de Auxi vi ha re-

3 ne la P; in la N 1. — 4 molti *fehlt in* P. — 7 ivi son pintati o scritti N 1. — 14 pilo P;
pilas N 1. — 39 f che essendo inpignata . . . P; che essendo quella cita et lo resto del contado
impegnato N 1. — 42 il *fehlt in* P.

sectato molte cose et resecta tucta via. La predicta cita se incatena tucta. Vi se stecte XIIII jorni per impedimento di fanti vasconi si retornavano da l'impresa de Urbino. Et l'ultima sera monsignor r^mo il legato fe un banchecto publico in palazzo, dove furno multe et belle dame et do poi cena se ballò in fine ad mezza
5 nocte con gran licentia de lascivie et di piaceri.

XX. Da Avignone do poi pranso se andò ad annoctare ad Arli[1], che sono septe leghe; et ad una legha perchè la barcha potesse accostare a la riva de la Druenza[2], besognò mandare inanti ad rompere li giazzi; et ad quattro leghe da Avignone è una villa del roy, quale è in Provenza, decta Taracon[3], dove è la ecclesia magiore
10 sub vocabulo di sancta Marta, et vi se vedde per transito la testa sua coperta de argento. Decta villa non è molto grande, ma tiene un castello di similitudine del castello nuovo de Neapoli, non però sì grande, quale fe fabricare il patre di re Raynero. La dicta Druenza anchor che non sia molto largo fiume, corre assai forte, et in tal di che la passaimo con la schiafa ad un miglio italiano da Vignone
15 come è decto, buctava molti pezzi de gyazi grossissimi. Dalla incomintia la Provenza et la jurisdictione de la Maestà Christianissima; leghe   VII

Arli è cita posta in piano, bene edificata con case tucte di pietre, grande et ornata di gentilhomini et gentildonne assai et belle. Ad man dextra andandose in Marseglia ha il Rhodano vicino ad un tirare di mano, quale al passare nostro
20 da Arli havea tucte due le rive agyazate per gran parte. Lli in la ecclesia di santo Antonio, dove sono fratri del medesmo habito che son quelli di sancto Antonio di Bienna, si vedde la testa de decto sancto, che è posta in argento; et la dicta testa si mostra con tucta la mascella de uno osso vivacissimo, el resto se supplesce con barba de argento. Et dentro una croce pur de argento danno ad basare
25 la carne de decto sancto. La decta ecclesia è piccola. Nel arcivescovato de decta cita, quale è assai bello, et vi è un grande organo, si vede la testa di sancto Stefano prothomartire, quale ha una saxata sopra il ceglio dextro, et secondo dicano la portò sancto Trophomo[4] primo arcivescovo de decta cita, quale venne da Hierusalem una con la Madalena et convertì a la fe di Christo il populo de Arli. El
30 capo de decto sancto coperto de argento è anche in decto arcivescovato. In tal loco conoscendose apertamente la confusione de le reliquie de christiani, per haverse visitato un corpo di sancto Antonio in la diocesi di Bienna, come è decto, et qui trovarsene un altro, mi pare expediente notificare, che quantunche in questo viagio habbiamo inteso et visto molti gerioni, hydre et mostri grandi di simili
35 reliquie, imperochè ultra il corpo di sancto Antonio, in la Sancta Ciappella de Parisi mostrano un'altra lanza de Christo, in Mianza[5] di Picardia un'altra testa de san Johanne Baptista, senza respecto che l'una et l'altra reliquia sia in Roma; in Sancto Stefano di Can in Normandia il cozzecto del capo di sancto Stefano prothomartire, in Burges parte desso et in Arli de decto sancto il capo integro;
40 molti brazzi et piedi de un medesmo sancto, infinite mane et diti; chiodi de Christo tanti, che la metà dessi fornerebbeno cento croci, et multe altre cose simili de reliquie inportanti duplicate et triplicate — che di legni de croci, anchor che se ne

---

11 di similitudine P; de la similitudine N 1. — 12 f di re P; del re N 1. — 14 con schiafa N 1. — 15 Et da lla N 1. — 20 da Arli P; da lli N 1. — Lli P; Ivi N 1. — 24 † P; croce N 1. — pur *fehlt in* P. — 25 decto sancto P; quel sancto N 1. — 30 f In tal loco *bis* S. 157, Z. 18 *fehlt in* N 2. — 42 † P; croci N 1.

---

[1] Arles.   [2] Durance.   [3] Tarascon.   [4] Trophimus.   [5] Wohl Amiens.

vedino assai pezzi, tambe la croce fu assai grande; et de spine de la corona benche
se ne trovano in molte parte, la corona anche secondo si è visto in la Sancta
Ciappella de Parisi è ben grande fornita de vimini et senza spina alcuna, de modo
che perciò non se ne può venire ad certa et vera experientia come de le altre
reliquie, dove è numero determinato — non di meno non volendo io determinare 5
quali di reliquie dupplicate sian vere et quali false, per non spectarmi, dirò ben
che tucte queste confusioni et ambiguità ne a la essentia divina, ne a la sancta
Trinità, ne a li X commandamenti de la lege, dove si commanda che si debia credere uno Dio, ne a li XII articuli de la fede preiudicano non pur un pelo. Perche
Dio è creatore, et tucti li sancti et sancte suoi son creature et ad tal grado sono 10
arrivate con gratia sua. El credere è cosa pia, et al venerare de reliquie ce si
può usar cautela, si son vere. Però tali errori son successi per incuria de pastori,
chi ne hanno havuta poco cura, quali in nullo modo doveano approbare reliquia
alcuna, che non fusse prima ben processata, non comportando ne li principii, che
vi fussero in christiani reliquie dupplicate; che do poi che la cosa è antiquata, 15
el bisogna necessariamente tollerare; perche molte cita, terre, et populi, chi hanno
alcuni devotioni et reliquie antiche, prima che privarsine, se fariano mille volte
ruinare et abrusare.

XXI.   Da Arli poi pranso se andò ad cena in Salon de Crao distante VII leghe,
dove era l' arcivescovo de Arli spagnolo, quale è signore de dicta villa in spiri- 20
tuale et temporale, et in castello dove sua paternità ha facto una bellissima
stantia, ne fè assai bona cera. Dicta villa è pocha cosa, et da Arli in fine lli se
cavalca sempre per una piana scrupulosa, tucta piena di lapilli.   VII

XXII.   Da Salon se andò ad cena ad Marseglia, che sono VIII leghe, cavalcando
sempre per rosmarine, di che son pieni tucti quelli monti; et ad mezzo il camino 25
è il mare di Berra[1], che fa mostra de un gran lagho, dove si fa del sale; et secondo dicano non è molto fondo, però la boccha è strecta ad due tirate di balestra;
et è decto di Berra da una certa villa chiamata Berra, edificata in lo capo de una
lengua di terra che fa decto mare, et da longe dice assai bella. Ad tre leghe da
Marseglia in certo luocho montuoso et saxoso, che gia tucta decta giornata è stata 30
di salita et scese, è posto un villagio nominato le Pene[2], et credo sia cussi decto
ab effecto, che colloro vi habitano verdaderamente non ce ponno havere troppo alle-
grezza per la mala dispositione del loco. Vicino ad Marseglia havemo trovato
olive assai, ma arbori piccoli. Sono leghe   VIII

Marseglia è cita posta in piano et per longo tra monti non molto aspri; lei 35
è strecta et lunga come è anche il porto che li intra per fianco, quale è assai
recluso et securissimo, essendo, come è decto, tra monti, et la boccha strecta ad
un tirar di mano, sopra la quale son fabricate due torre et se serra con catene.
Intrandose nel decto porto, quale non è molto grande maxime di larghezza, ma
profondo assai, havete la cita a la man sinistra, et da la dextra un arcenao capace 40
di nove galere et un altro nuovo appresso che fa fare questo roy, dove fornito
che serà potranno stare XX galere; è fabricato in fino a le volte, de quali anche

1 f benche se ne trovano in molte parte, la corona *fehlt in* N 1; *in* P *am Rande nachgetragen.* — 13 in modo niuno N 1. — 24 in Marseglia N 1. — 25 nel mezo del camino N 1. — 28 in
lo capo P; nel capo N 1. — 31 di saglite N 1. — 32 verdaderamente N 1; *spanisch.*

---

[1] Etang de Berre.   [2] Les Pennes.

ne son facte alcune di grossa muraglia, con fossi intorno pieni de acqua, con sue
torre a li cantoni et bombardere da fianchi, di modo che non è in poca fortezza,
quale è necessaria per essere dicto arcenao appartato da la cita, et facilmente
senza guardia et defensione posserse dannificare et abrusare. Dentro il porto pre-
5 dicto erano XIII galere francese, tra quali ne sono tre grosse et tucte dissarmate,
molte navi et galioni de foresteri, et signanter un bellissimo galione di fra Bernardino chi ha nome de Gran Corsaro, cavalliere di Rhodes, quale è proventiale,
et in quelli dì che fu ad cena con el signore era in Marseglia, dove tiene casa,
et vi ha un castello vicino, che li ha donato re di Franza; con sua s. ill^ma decto
10 fra Bernardino parlò più volte et di gran cose. Decto galione è grossissimo de
lignamo, nuovo et assai bene ad ordine, maxime de artelleria essendoce sopra
XII cannoni, XII falconecti et cento archibusi. El predicto cavalliero tenea anchora
lli una grossa nave pur bene armata, et una galera dissarmata. La cita in se
non è assai bella. In la ecclesia cathedrale è il sepulchro di san Lazzaro. In
15 quella si lavora molto di bernie de ogni colore et assai bene. In la banda dextra
poco più lla de li arcenai verso li monti è il monasterio di san Victoro, quale è
di monsignor rev^mo il cardinale di Medici, alias di monsignor rev^mo il cardinale
di Sanseverino di bo. me., dove è una bella ecclesia tucta in volte di socto et di
sopra, benchè non sia molto grande; è posta in fortellezza et defensione per causa
20 de mori ch' el sogliano dannificare. In quello habitano circha L^ta monaci del ordine di san Benedecto, quali hanno la mensa et intrate loro appartate. In la ecclesia di sopra è la testa di san Victoro, di san Martino, de le carni de Inocenti,
una costa di san Lazzaro molto grossa et longa più de doi palmi, per il che si
può comprendere che dicto sancto et sorelle fu de specie de giganti. Vi sono
25 anche una infinità de altre reliquie tucte legate et poste in tabernacoli de argento,
tra quali è un dente di san Pietro. A la banda sinistra del altare è il sepulchro
di papa Honorio V [1], che fu electo summo pontefice essendo stato abbate de dicto
monasterio et morse in Avignone. In quella di basso ho visto la croce di sancto Andrea,
quale è molto grande, coperta tucta de ferro excepto un poco dove si bassa per
30 devotione, che pur se serra ad chiave, ne si può cognoscere di che legno sia. Vi
sono anche sepulti una infinità de sancti, et maxime quactri corpi de li VII dor-
mienti, et l' oratorio dove la gloriosa Madalena stecte prima che andasse ad fare
penitentia sopra il monte de la Bauna, dove etiam si vedde il sedile cavato nel
saxo, in che la predicta sancta reposava suo benedecto corpo, da la longheza del
35 quale si può, una con le altre cose se diranno appresso, congecturare, che quella
come è decto fu gran donna, et in ogni modo è stata grande et gloriosa.

XXIV.   Da Marseglia se andò ad pranso ad Aureolo [2], distante cinque leghe; et
ad tre leghe da Marseglia è una villecta dicta Levagne, del vescovo de dicta
cita; et ad una mezza legha de Aureolo è un castello decto Castrovairo [3], sopra
40 un monte di saxo, tenendo sotto un certo burghecto, et tanto esso come dicta
villa de Aureolo, quale ha un castello sopra il monte, et le habitationi, quelle poche
che sono, parte in monte et parte in piano, sono del monasterio di santo Victoro,
quale ha molti altri castelli intorno Marseglia et una collatione di beneficii gran-

---

4 senza guardia et defensione N 1; senza la defensione P. — 17 f alias *bis* di bo. me. *fehlt*
in N 1. — 27 stato *fehlt in* N 1. -- 28 † P; croce N 1.

---

[1] Vielmehr Urban V.   [2] Auriol.   [3] Roquevaire.

dissima, et mi pare che fructa ad monsignor r^mo de Medici commendatario da circha duomilia ducati, et decta collatione si extende infine Spagna. Leghe V XXV. Da Aureolo se andò ad messa et pranso a la Bauna[1] et secondo alcuni Balna, che son due gran leghe; et se cavalcò sempre per monti nivosi, non però molto, ne per mala strata; al arrivare di quella se cavalcò una bella selva. Dicto 5 monte de la Bauna è ne la banda dextra, et lo più alto che sia in tucte quelle parti, tenendo tucta la Provenza et maxime la marina sotto piedi, et al più eminente desso ha certe ripe di pietra viva che vanno grandimente in directura; et in mezzo di quel saxo è una gran grocta, dove sancta Maria Madalena vixe in penitentia XXX anni non saputa nè mai vista da occhi humani. Lli nel corpo de 10 la dicta caverna son resectate alcune fabriche et factosi una porta, in modo de chiesiocta, et certe casecte et commodità per fratri chi dimorano lli in servitio di tanta devotione, quali son solamente cinque et de l'ordine di predicatori de observantia. In dicta ecclesia se mostra una cavernecta che è serrata con porta di ferro, dove la gloriosa sancta dormì tanti anni sopra del vivo saxo, del quale si 15 dona ad tucti peregrini per devotione de extinguere lo ardore de la febre, et certi cordoni de la mesura sua per lo partorire de le donne, quale mesura se piglia da una statua lingnea de dicta sancta che vi sta distesa, et la fe fare secondo dicano san Maximino di vera statura. Per tucta dicta ecclesia o speluncha piove, etiam che sia posta nel corpo del saxo, salvo che in detto loco dove dormia la predecta 20 sancta. Dentro la dicta grocta è una fontana di bellissima acqua, che sempre è in uno essere, et pur beveno de quella li fratri et forestieri, servendonose de lavare et de tucte l'altre cose necessarie. Da la dicta acqua, quale non scaturesce, ma è nel basso, ne bebbi il signore et tucti noi altri per devotione. In cima de dicto monte è una cappellecta, dove la gloriosa sancta era sullevata septe volte el 25 dì da l'angeli, et vi stava in oratione et in colloquio angelico, secondo fan fede li versi di messer Francescho Petrarcha, quale fu tre giorni et tre nocte in quel loco per sua devotione; et sono li infrascritti:

Versus Petrarche quos condidit existens in spelunca beate Marie Magdalene:

Dulcis amica Dei, lachrymis inflectere nostris 30
Atque humiles attende preces, nostreque saluti
Consule (namque potes), nec enim tibi tangere frustra
Permissum gemituque pedes perfundere sacros
Et nitidis siccare comis, ferre oscula plantis
Inque caput Domini preciosos spargere odores. 35
Nec tibi congressus primos a morte resurgens
Et voces audire suas, et membra videre
Immortale decus lumenque habitura per evum
Ne quicquam dedit etherei Regnator Olimpi.
Viderat ille cruci herentem nec dira paventem 40
Judaice tormenta manus, turbeque furentis
Jurgia et insultus equantes verbera linguas,
Sed mestam intrepidamque simul digitisque cruentis

10 f de detta caverna N 1. — 19 Maximino N 1; Maximiano P. — 22 servendosene N 1. —
24 N 1: per devotione ne bebbi ...

_____

[1] Ste-Baume.

Tractantem clavos, implentem vulnera fletu,
Pectora tundentem violentis candida pugnis,
Vellentem flavos manibus sine more capillos.
Viderat hec, inquam, dum pectora fida suorum
Diffugerent, pellente metu; memor ergo revisit
Te primam ante alios: tibi se prius obtulit uni.
Te quoque digressus terris et ad astra reversus
Bis tria lustra cibi numquam mortalis egentem
Rupe sub hac aluit, tam longo in tempore solis
Divinis contentam epulis et rore salubri.
Hec domus atra tibi stillantibus humida saxis
Horrifico tenebrosa situ tecta aurea regum
Delitiasque omnes ac ditia vicerat arva.
Hic inclusa libens, longis vestita capillis,
Veste carens alia, ter denos passa decembres
Diceris, hic non fracta gelu, nec victa pavore,
Namque fames, frigus, durum quoque saxa cubile
Dulcia fecit amor spesque alto pectore fixa.
Hic hominum non visa oculis, stipata catervis
Angelicis septemque die subvecta per horas
Celestes audire choros alterna canentes
Carmina corporeo de carcere digna fuisti.

5

10

15

20

Da lla al fine de XXX anni la predicta sancta fu conducta da angeli in Sancto Maximino, et lo dì de pascha di resurrectione communicata per mano de 25 decto sancto publicamente et reposata sopra certa pietra, chi è dentro la ecclesia di san Maximino, rendi subito il spirito ad Dio. Da la dicta Bauna, poi che si pranso parte de le cose de li fratri, quali non mangiano carne, et parte de la provisione che si portò da Aureolo, se andò ad Sancto Maximino; et ad meza legha da la Bauna di gran calata è una villecta sopra un monte saxoso dicta Nanze, 30 quale è pur del monasterio di sancto Victoro; sono leghe   V

Sancto Maximino è mediocre villa et nova, dove prima era la cita Aquense, la quale fu conversa a la fede christiana per la predicatione de la Madalena, et ne fu ordinato primo vescovo san Maximino predicto. Lei sta situata in piano ed è del roy. Ivi è la ecclesia del predicto sancto assai grande et bella, benchè non 35 sia del tucto compita, et si serve per più de LXXᵗᵃ fratri di quelli chi sono in la Bauna, exempti (secondo mi fu relato) dal generale di san Dominico, non reconoscendo altro superiore che lor priore. In una cappella sutterranea o più tosto grocta, quale è dentro dicta ecclesia, sopra lo altare è reposto in argento la testa de la gloriosa sancta predicta, con una maschera pur de argento, qual se leva, 40 et la testa se mostra coperta di un cristallino, per donde se vede chiaramente che in quella non è carne alcuna, si non sopra il ciglio mancho, quanto toccò nostro Signor Jhesu Christo con tre diti quando dixe: Noli me tangere; et veramente che tale reliquia è evidentissima et devotissima; et per la testa, quale è grandissima, dove è anche tucta la mascella, et certe mole, et per l'osso del brazzo,

6 Te primam N 1; te primum P. — 13 ac P; ad N 1. — 25 ecclesia P; chiesa N 1. — 27 di fratri P. — 30 sono leghe *fehlt in* N 1. — 36 relato P; referito N 1. — 39 predecta sancta N 1. — *se leva* P; si toglie N 1.

et per le cose predicte si può facilmente considerare, che la Madalena predicta fu grandissima donna di statura. In dicta cappella è anchora' dentro una cassa di ferro il corpo di san Maximino. Vi se mostra etiam del sangue di nostro Signore Jesu Christo, quale è dentro una carafecta et quella dentro un' altra carrafa più grande, et secondo affermano tucti di lla, de dicto sangue, quale recolse la 5 gloriosissima Maria Madalena sotto la sanctissima croce et lo portò sempre seco per devotione, se ne vedde experientia et miraculo evidentissimo, imperoche ogni anno nel venerdì sancto che fu l' acerbissima passione di Nostro Signore incomincia ad liquidarse et ferbere con tanta furia et sonito, che se intende fin da fora la dicta cappella, et come prima dicto preciosissimo sangue era misto con terra del 10 modo che fu recolto et duro como saxo, poi si liquefà tanto che esce fora da la carrafecta et intra ne la grande, pigliando in se continuo augmento secundo li misterii che furno in la predicta atrocissima passione; et subito che se arriva al hora de la morte, tucto quel sangue effuso se retira in la carafecta et se reduce ne la durezza et essere di prima; et ad così glorioso et stupendissimo spectaculo 15 concorre tucta la Provenza, et quasi la magior parte de li finitimi paesi. Dicta cappellecta se chiude con molte chiavi, per causa che non tenendose il capo de la prefata sancta con molta custodia un fratre del midesmo ordine paduano o secondo alcuni napolitano venendo ad stantiare in quel loco sub zelu devotionis tramò tanto che con el tempo hebbe commodità de intrare in dicta cappellecta, et 20 ne robbò dicto capo, quale non possendo per vero miraculo extraherlo fora da la ecclesia, fu constrecto retornarlo al loco suo, et tentato dal demonio, essendose discoverto in quello, ne volse pur togliere l' argento, quale tolto che l' hebbe se ne ando via; li fratri la matina retrovato un tanto excesso et advertitosi che era stato il fratre paduano o napolitano, se li posero ad andare appresso, et retro- 25 vatolo in un boscho ad una legha vicino, che non sapea andare ne inante ne adietro, il presero et lo fero justificare. Sopra lo altare magiore de dicta ecclesia in una cassecta de argento è il corpo de la Madalena et un brazzo posto in argento, quale per una fenestrella vi è lassata per basare se vede la grossezza del osso. Lli anche in un tabernaculo de christallino se son visti de li capelli de 30 dicta sancta più belli che oro, et secondo dicano, quelli solamente son preservati che toccaro li sanctissimi piedi di Jesu Nostro Signore; tucti li altri andarno in cenere et in consummatione. El brazzo di san Maximino; la testa del cieco nato et illuminato da Christo, de la donna che dixe: Beatus venter qui te portavit, di Ciffredo et Blasio discipuli de sancto Maximino et de Susanna che fu liberata 35 a fluxu sanguinis, tucte in argento assai ben lavorate et ricche son sopra il decto altare; quali sancti et sancte furno in compagnia de la Magdalena exposti sopra una medesma nave da infideli nel pelago senza altra gobernatione, per che se summersero, et quelli finalmente per aiuto divino arrivaro in Marseglia, nel anno do poi la passione di N. S. decimo quarto, come più diffusamente si può vedere 40 nel breviario ne la vita di sancta Martha. In la decta ecclesia ad honore de la prefata sancta Maria Magdalena erano affixi su certa tabella li versi qui infra-

2 f In detta cappella dentro una cassa di ferro è il corpo N 1. — 10 cappellecta N 1. — 13 atrocissima *fehlt in* N 1. — 18 prefata P; predecta N 1. — 19 sub zelu devotionis N 1; sub zelu de devotione P. — 21 f extraere da la ecclesia N 1. — 25 posero N; possoro P. — 35 de sancto Maximino P; di dieto sancto N 1. — 36 f son sopra il decto altare *in* P *am Rande nachgetragen; fehlt in* N 1. — 39 summergessero N 1. — arrivaro P; se condussero N 1. — 41 decta P; predecta N 1. — 42 prefata P; predecta N 1.

scritti, composti per messer Mario Equicola, maestro de la illustrissima signora
marchesana di Mantua, in quel tempo che la predicta signora ill^{ma} vi fu per sua
devotione[1]:

Versus endecasyllabi Marii Equicoli:

5   Salve presidium meum
            Magdalena tuo grata theandropo,
            Quare perpetuum tibi
            Debetur tanta laude silentium.
            Cui Ferraria patria,
10   Estensis genitor cuy inclitus Hercules,
            Mater sanguine Aragonum,
            Que cum Gonziaco coniuge Mantuam
            Princeps imperio regit,
            Hic tua dum voto supplex vestigia adorat,
15   Orabat dictis talibus Equicolus.

XXVI.   Da Sancto Maximino vista messa et pransato se andò ad cena in Luvo[2],
villa di monsignor de Solier, quale è stato ambassatore in Roma da parte di
Re Christianissimo, diocesis Foriuliensis, distante VII leghe lunghe et in qualche
parte di mal camino; et ad una legha da Sancto Maximino è una villa di poche
20 case con un burghecto che si passa per dentro dicta Torre[3]; et ad un' altra legha
è una villa quale ha un bel burgo che si chiama Berlignola[4]; leghe   VII

XXVII.   Da Luvo ad pranso et cena ad Frigius[5], latine Forum Julii, distante
VII leghe lunghe et in qualche parte de mal camino; et ad una piticta legha da
Luvo è una villecta posta in un monte dicta Canneto[6], quale è signoria; ad due
25 altre leghe un villagio che consiste in pocho più che una strata, qual si chiama
Miterban[7], et ad due altre leghe una villa dicta Muoio[8], pur signoria; et ad due
restante leghe è il Pogecto[9], poco villagio distante da Frigius una legha, et è di
quel vescovato; leghe   VII

In questa giornata anchora che non mi ricordo del nome de la terra ne pre-
30 cisamente del loco, pur mi va per memoria che trovaymo un gran monte, quale
secondo la relatione di quelle genti son molti anni che cascò et coperse integramente una bona terra per lo abbominabile et spuzulentissimo vitio de sodomia,
havendo piaciuto così ad nostro Signore Dio, quale multe volte in questo mise-
rabil mondo, per confirmatione de justi et exempio de peccatori mostra in manu
35 forti la potentia et justicia sua. Il decto monte sopra chi se cavalcò per un
mezo miglio italiano con gran difficultà appare quasi che sia de presenti ruinato.

Frigius non è gran cita et pocho civile. La ecclesia è bassissima et oscura
che pare una speluncha et male in ordine, benchè sia di bona intrata. Ni è vescovo
o perpetuo administratore monsignor r^{mo} de Flisco. Et dicta cita de fora poco
40 distante ha un theatro non molto ruinato con certe aqueducti et alcune altre

---

1 et composti N 1. — 4 Versus hendecasyllabi Domini Marii Equicoli N 1. — 19 di Sancto
Maximino N 1. — 23 qualche *fehlt in* N 1. — 33 così *fehlt in* N 1. — 34 confirmatione de
justi et *fehlt in* P. — 36 quasi che sia P; quasi sia N 1. — 37 f *Der obige Text:* La ecclesia *bis*
speluncha *nach* N 1; P: la ecclesia è bassissima che pare una grocta. — 38 in ordine P; ad ordine N 1.

---

[1] Vgl. Giorn. stor. di Lett. Ital. XV 411.
[2] Le Luc.   [3] Tourves.   [4] Brignoles.   [5] Fréjus.
[6] *Cannet.*   [7] Vidauban.   [8] Le Muy.   [9] Le Puget.

vestigie de antiquità facte da Romani, essendo stato gia quella parte in gran delitie et commercio de Romani, per il che fu decta provincia Romanorum.

XXVIII. Da Frigius se andò ad mangiare ad digiuno, che fu la vigilia di sancto Andrea, ad Canus [1], distante cinque leghe di montagne. Appresso Canus ad una legha se passò un fiume con la schiafa non molto largho ma profondo et 5 de bellissima acqua, dicto Liagno [2]. Dicta villa, in la quale fuimo recevuti da monsignor il vescovo di Grasso molto honorati et habundantemente con assai bona cera et copia di boni et grossi pesci, è de la abatia di sua s. dicta sancto Honorato; et anchora che la villa sia di poche case, per essere sopra il mare et di gran prospectiva è assai bella et di gentile aere. Lui ce ha fabricato un castello, 10 dove sono molte et commode habitationi. A l'incontro de dicta villa sono due insolecte per opposito l'una da l'altra; et in la più distante, che son duo miglia italiani, è il decto monasterio de sancto Honorato ordinis sancti Benedicti, dove stantiano XXIIII monaci, di valore de duo milia ducati l'anno. El signore con alcuni altri de nostri che vi furno una con decto vescovo diceva, ch'el predicto 15 monasterio è assai bello, et in forteza per causa de corsali et mori, che lli sogliano alcune volte venire, et che la insula è molto piacevole et amena. Lli el predicto vescovo si sta tucta la quadragesima ordinariamente, la magior parte del advento, et la quadragesima de ogni sancto, quali sua s. da bono religioso geiuna continuamente; et essendo quello ultra la nobilità del sangue et bona doctrina, che 20 già è doctissimo, de optima conscientia et vita et devotissimo, come appare per li peregrinaggi facti per esso in sancto Jacobo de Galitia, in sancto Thoma de Inglterra, in tucte le devotioni di Franza et de Italia, et per ultimo nel sancto sepulchro, ha resegnato dicto monasterio a la religione, che si lo possano godere post mortem suam; et fin da adesso per victo et vestito dona a li decti monaci 25 annuatim octocento ducati. Benchè sua s. con el vescovato suo et alcuni altri pezzi de beneficij che tene si dispende circa trimilia ducati l'anno.

XXIX. Da Canus uno con decto vescovo se andò ad pranso in Anthipoli [3], che è distante due leghe. In dicta villa, quale è assai bona et copiosa di perfectissimi muscatelli, dal nepote de decto vescovo quale vi è signore hebbimo assai 30 bona cera. Vicino decta villa è uno amphiteatro ruinato et ad due balestrate da quella, per la via che si viene da Canus, è uno archo di pietre con uno pezzo di strata largha ben silicata di pietre bianche grossissime. In decto archo erano certe lictere antiche, che non ho possuto legere, però dicevano che quelle cose furno facte da Hercules, quale, come si legge, fu in quelle parte. 35

Da Anthipoli se andò pur con decto vescovo et suo nepote, quale è un gentilissimo giovane di circha XX anni et ha una bella et agraciata muglie, el che rarimente interviene, ad cena in Nizza, che son tre altre leghe; et ad una legha distante da Niza è una rivera o fiume che si guazzò, etiam che ce fusse la schiafa, quale si chiama Lovalo [4] et parte Italia da Franza o vero da Provenza, che è 40 il medesimo.

17 P *nur:* è molto amena. — 20 f che già è doctissimo *fehlt in* P. — 26 con P; tra N 1. — suo *fehlt in* N 1. — 28 in P; ad N 1. — 36 f gentilissimo N 1; gentil P. — 38 rarimente P; rare volte N 1.

[1] Cannes.   [2] Siagne.   [3] Antibes.   [4] Var.

11*

Italia bella.

La cita de Nizza è sopra la marina, posta parte in monte et parte in piano, assai bella et grande, dotata de belle donne, l' habbiti de le quali tirano al genuese. Nizza secondo la opinione vulgare è decta perchè non sta ne za ne lla, zo è ne
5 in Italia ne in Franza, essendo quella in tanta extremità de confini, et ad tale effecto per arma fanno una aquila con un pie levato, che non posa in niun loco. Dicta cita ha un castello su il monte che è forte. Essa ha di buoni vini, copia de agrumi et cetra de le grosse che habia ancora viste. Signor ni è lo ill^mo signor duca de Savoya.

10   Non havendo possuto descrivere le qualità de Britagna, Normandia, Franza, Delfinato et Provenza distintamente, come ho facto de la Magna alta et di Fiandra et di quel pocho si è cavalcato di Picardia, per causa che più volte siamo usciti et intrati da una provincia ad l' altra, adesso, che ni retroviamo in la bella, dolce, amena, suave et morigerata Italia, mi par debbito di parlarne, et con la magiore
15 brevità mi sia possibile, lasso si dal viagio cussì lungo, come de la varietà de tanti constumi de diversi paesi et genti gia disformatissime da le nostre italiane. Et perchè dicte provintie per la magiore parte del essere son simili et conformi, le confundarò insieme con distinguere però l' una da l' altra in quello mi parerà necessario; incominciando principalmente dal modo dello allogiare. In dicte pro-
20 vintie generalmente se allogia bene, et tanto meglio de la Magna, quanto che per tucto quella se trovano tanti lecti per camera, quanto vi ni capino, et in queste in giascuna camera è un lecto per lo patrono et lo lectuzo per lo garzone, pur de pluma, con buon fuoco; et vi se fanno di buoni potagi, pastizi et turte de ogni sorte. Ben vero che come in la Magna in tucti lecti sono uno et duo vasi de
25 stagno da pisciare, et in Fiandre de octono politissimi, così in Franza per non havere dove, besogna pisciare al fuoco et cussi usano fare per tucto de nocte et di giorno, et quanto è più grande il gentilhomo e il signore, el fa tanto più aperta-mente et volintiere. Vi sono generalmente bone carne di vitelle et vacche, ma di montoni, zo è de castroni, le megliori; de modo che per una spalla de mon-
30 tone arrusta con guazzetti, come constumeno in tucta Franza, se ne lassaria qualsi-voglia altra carne delicata. Starne, fasane, perdici, pavoni, coneglj, caponi et pulli in quantità di buon mercato et bene apparighiati. Carne salvagine de ogni sorte et le più grasse se veddero mai, essendo loro usanza non cazzare mai ani-mali silvagi, si non ale stagioni sue. Però de tucte dicte provincie la meglior
35 che allogia et la più civile, per la conversatione di la Corte et gentilhomini, è la Franza. In tucte le dicte provintie, maxime in Franza, usano fabricare di gesso fenestre et porte et specialmente camini, che li fanno pomposissimi. Li habiti de li homini et donne son conformi, benchè in la Franza per la ragione sopra decta vestino più acconzi et di meglior panni. Le donne per tucto usano fodere ne le
40 gonnelle et communemente de agnini, et bianchi et negri, per li freddi grandi vi sono; et in testa sotto li ciapperoni o de velluto o de panni portano scuffie di tela actaccate sotto la gola, che sono assai calde; et in tempo di pioge in testa por-tano certe cappece di ciambellocto in fine al cento. Esse fanno ogni exercitio et vendeno tucte sorte de mercantie, come fanno anche in Fiandre et in la Magna.

3 et dotata N 1. — 6 in luoco niuno N 1. — 8 agrumi N 1; agruni P. — 11 *Das zweite* et *fehlt in* N 1. — 19 dello allogiare P; di allogiarse N 1. — 21 se retrovano N 1. — 33 usanza P; *constumi* N 1. — 37 et *vor* porte *fehlt in* N 1.

566

Non è hostaria che non habbia tre o quactre ciambrere. Le donne son generalmente belle, ma non quanto in Fiandre, piacevole, reverente, et si basano tucte per honore et cortesia. Et in più terre de le dicte provintie le donne radeno li homini et molto bene, con assai dextreza et delicatura. Usano di banchectare molto spesso; et tucte gentildonne che ve ne sono assai ballano tanto galanta- 5 mente et con intelligentia del suono quanto si possa dire. Lo idioma del parlare, anchora che sia tucta una lengua, da una provintia ad l'altra ce è differentia de alcune parole; et per la residentia di la Corte, come è decto, la vera Franza è più gentile et più politica de tucto il resto. Li huomini generalmente sono di poca statura et di mancha presentia, salvo li gentilhomini chi son gran numero 10 disposti et di bona cara [1], per la magior parte armigeri, et quelli chi non lo sono pur viveno con el Re Christianissimo, havendo lor pensioni, con sequir la Corte pro rata quactro mesi l'anno; et servito che si ha il gentilhomo il suo quartiero, se può andare ad suo piacere. Però la magior parte dessi il tempo che se exemptano da la Corte si vanno ad stare ad lor castelli o case tra boschi ad caccia 15 dove viveno con poca spesa et senza fruare li velluti. Decti gentilhomini son liberi da ogni pagamento et impositione, et li villani subiectissimi ditraciati et angariati più che cani et schiavi comprati. Tanto decti gentilomini como plebei, mercanti et huomini di qualsivoglia stato et condictione, pur che siano Franciosi, actendano ad triunphare et vivere allegramente, et tanto dediti ad bere, mangiare 20 et luxuriare, che do poi di quello son so come possano far mai cosa bona. Però concludendo de gentilhomini franciosi dirò, che tucti quelli che nascano ivi, per tante prerogative, privilegii et gratie che hanno ponno rengraciare Dio più che li altri di qualsivoglia parte, essendono certi, che come la natura lo fa nascere gentilhomo, non può morire de fame, ne fare arte vile, secondo fanno la magiore parte 25 de le baude nostre, che pochissimi viveno da veri gentilhomini, etiam che ne habiano il modo. Le terre o ville de tucte dicte provintie non son così belle et vaghe, si de piazze et strate, come di case et altre edificii puplici, per un gran pezzo como quelle de la Magna et di Fiandre, quali sopra tucto son fortissime di muraglie et di fossati larghi et per la magior parte con acque profunde o di fiumi 30 o de palude; pur generalmente hanno belle ecclesie et bene actese del culto divino; et non è cathedrale ne ecclesia magiore, che per tucto non habiano musica figurata, et che non vi se canta più che una messa il giorno, governando ciascuna desse sei et octi pucti chirichocti, quali inparano de cantare et serveno al choro con lor chiriche rase da fraticelli, dandoseli victo et vestito; però tucti hanno una 35 sopravesta di panno russo con cappuzzo, come usano canonici italiani; et lo simile si fa per tucte Flandra et in molte terre de la Magna. La Franza è quasi tucta piana, Britagna et Normandia similmente per la magiore parte, quali hanno molte terre sopra il mare occeano. Per Piccardia, Normandia et Britagna, ultra il stabio per ingrassare li terreni cavano ne le possexioni certa terra biancha come gesso 40 et la spandeno sopra dicti terreni; però la trovano in lochi assai profundi. In Britagna monsignor il vescovo de Nantes, monsignor ill.mo de la Valle et molti altri signori et gentilhomini affirmano, che ne li arbori de abeti de le navi che

5 f ballano tanto galantamente . . . dire N 1; P nur: ballano assai bene. — 15 o case fehlt in P. — 20 al bere N 1. — 24 essendo N 1. — 38 per la più parte N 1.

---

[1] cara = Gesicht, spanisch; it. cera.

se annecano in quelli mari del occeano, da la putrefatione dessi nascono certi
ucelli che tirano al berectino et li nominano in tre modi, anaveche, barnatie et
zopponi, quali stanno actaccati al decto abbeto con el beccho fin tanto che fanno
le plume che possano volare; de poi vengano fora da l'acqua et viveno in terra,
5 de quali anchora che se contradica a la philosophia, che vole nullo animale quale
ha pulmone posser vivere senza aere, in quelle parti se ne trova infinità et copia
grandissima, et così in tal caso la experientia contradice a la ragione naturale.
Dicti ucelli sono de grandeza de una grossa anatra et piacevolissimi. El signore
se ne hebbe duoi dal decto vescovo, et per incuria del carrectiero chi li con-
10 duceva in una cabia scoverta morsero di freddo vicino Marseglia, fin dove vennero
dicti carrectieri con certe robe et una reale lectica che sua s. illᵐᵃ haveva facta
fare in Bles et le inbarchò per Roma sopra un galeone con più di ducento cinquanta cani tra grossi et sottili sì de livreri come de sauri, che gia XXVIII cavalli cortaldi, ubini et acchinee quella havera mandati in Roma per terra fin da
15 che fuimo in Leone. In decto mare occeano secondo refereano si è visto che del
mese de aprile et magio dentro le ostriche se generano granchi, et però di tal
tempo non le mangiano; ne le cozze marine negre et lunghe granchi, et ne li
gammari di mare che hanno la cortice molle, quale noi chiamamo in terra de Bari
salepici, son retrovate palae over sole. In tucte dicte provintie è fertilità grande
20 di grani et biade, di vacche rosse come in la Magna; pecore assai di finissima
lana. Et benchè non siano senza boschi, non hanno gran copia di porci, pur
quelli che hanno son grandissimi, maxime in la Savoia generalmente rossi, et le
carne di quelli rarivolte le mangiano altrimente che salate. In Delfinato hanno
certa sorte di vacche et buoi grandi, tucti negri come un fine velluto. Et in
25 Avignone certe capre con le oreghie lunghe un palmo, grande et pezzate di varii
colori, et tanto lla come in tucte le dicte provintie, dove se hanno viste capre,
sono de cussi fino pelo, come le lane de le pecore nostre. In le dicte due provintie di Normandia et Britagna per li fredi grandi non hanno pur una vite, et
in cambio de vigne usano possexioni grandissime tucte piantate di pera et mela,
30 che ne cavano il succo, benchè appartato l'uno da l'altro, et lo beveno per tucto
l'anno, quale bevanda essi chiamano la cetra; al gusto è megliore de la cervosa
senza comparatione, ma non così sana; et de questa fanno una quantità grande,
torcendo le dicte pera et mela, do poi che so ben piste, ne li torculari, del modo
se cava l'oglio da le olive. Dicta cervosa è così sana perchè si fa de acqua
35 d'orgio, de avena et de spelta ben cocta, dove pongano in infusione fiori de lupuli,
quali son fastidiosi al gusto, ma freschissimi; et dicte semente coceno tre volte;
però de la prima coctura è la megliore; et le cervose di Fiandra generalmente
sono excellentissime et in gran quantita, usando essi le piantate de li lupuli con
soi pali et ben culte, non altrimente che le vigne nostre terrene, et veramente
40 che dicano assai vaghe et belle. Do poi de mela et pera vernie che li hanno
perfectissime, et maxime una specie che se chiama Buon Christiano, altri fructi
non vi è alcuno. La magiore parte non vi siando olive, usano oglio de nuci, che
ne hanno assai, et anche qualche arbore de nochie o avellane, et qualche pruno

---

2 anavache N 1. — 3 zoppini N 1. — 6 in quella parte N 1. — 9 se ne hebbe N 1; ne hebbe P.
— 14 urbini N 1. — havera P; havese N 1. — 17 marine *fehlt in* P. — granchi N 1; granci P. — 23 se
mangiano N 1. — 29 vigne P; vite N 1. — 31 bevanda *fehlt in* P. — 33 ben *fehlt in* P. — 35 ben
fehlt in N 1. — 37 coctura P; decoctione N 1. — 38 de li lupuli P; de lupuli N 1. — 38 f con soi
pali et ben culte P; con soi pali ben culte N 1. — 40 f obiges N 1; che li hanno per defectissimi P.

et visciole. Receveno gran commodità di tanti fiumi che hanno et tucti navigabili.
Da la Franza incominciano le vigne, quali fanno de optimi vini rossi et bianchi
benchè più rari. De cerasoli che lor dicano clarecti ne hanno assai, et son per-
fectissima bevanda, ligeri et freschi come habia mai altrove gustato. El medesimo è in Delphinato, et Savoya et in Provenza, dove sono anche bone fiche et   5
olive in quantità per la temperantia de la marina. In Franza sono ben più fructi
che in Normandia et Britagna, ma non fiche. Però in Avignone al tempo che vi
fuimo, che era de novembro, mangiaymo fiche negre perfectissime et certa uva
duracha tolta da la vite, che in Napoli et a la stagione sua non saria megliore.
Le leghe quelle de Britagna son magiori, et al judicio mio è quactro miglia ita-   10
liani l'una. In Normandia, in Delphinato et in Provenza, et in quel pocho che
passaimo di Savoya, tre l'una. Et quelle de Franza doi miglia, che gia sono le
più piticte et del meglior camino ve sia in tucto il resto. Et benchè per tucte
le parte o miglia o leghe o di quale altro vocabulo se possano chiamare, l'uno è
più grande de l'altro o per difficultà de camino o per lunga mesura, non però   15
le leghe de le dicte quactre provintie et regno di Franza confusamente si ponno
ponere tre miglia italiani l'una. Ne le strate per tucte le dicte provincie usano
erigere croci, ma non in tanto numero, ne quelli crucifixi de la Magna. Li morti do
poi de li nobili et ricchi son sepeliti fora de le ecclesie, et quello che è pegio,
che li cimiterii non sono serrati, de modo che in quelle ville loro per le cam-   20
pagne sono dispersi li sepulchri pur vicino a le ecclesie, non altrimenti che si
fussero de Judei. Per tucto vi si fa gran justicia, de modo che se trovano generalmente infinite forche, et tucte ben fornite. Alcune altre particularità lasso di
scrivere per haverle annotate ne li lochi proprii, dove le ho trovate.

Miglia italiani. 25

XXX.   Da Nizza do poi pranso se andò ad cena ad Monacho, che son nove
miglia de via, che non ce è un palmo di buono, tucta di monti asprissimi. Ad
uno miglio da Nizza è Villa Francha, pur del signor duca di Savoya, di poche
case, ma ch'è un bello et famoso porto, dove le navi stanno securissime, et tanto
fundo che se accostano tucti legni a la ripa del monte, per grossi che siano.   30
Benchè son doi anni che una nave grossa de Genuesi che andava in curso assai
bene in ordine de artellaria, con più di tricento huomini, se annicò dentro dicto
porto con tucti li dicti huomini, et anchora appare la cabbia del arbore maestro
che è fora da l'acqua circha due canne. Dicano tucti che mai altra nave o
vascello se perdì nel predicto porto salvo questa, che essendo insorta una borascha   35
o refulo de vento così subito et grande, che buctò da le radice molti arbori de
olive grossissime, per non poter girare se profundò incontinente, et quel caso si
hebbe da tucti per un miraculo, essendo il patrono et li compagni di dicta nave
corsari di gran tempo et di malissima vita. Ad duoi altri miglia in una pegna di
sassi vivi sopra il mare è posta una villetta di poche case, dicta Esa [1], quale è   40
pur del decto signor ducha; et in tucto questo camino da Nizza ad Monacho a le
pendice de li monti in fine quasi a l'acqua si son trovati una infinità de arbori

---

5 et Savoya P; in Savoya N 1. -- 6 per la temperantia de la marina *fehlt in* P. — 8 f et
certa uva duracha N 1; et una duracha P. — 18 † P; croci N 1. — 21 dispersi *in* P *über der Zeile
nachgetragen; fehlt in* N 1. — 29 ma ch'è un bello et famoso porto N 1; ma di un bel porto P. —
32 in ordine P; ad ordine N 1. — 35 predicto P; decto N 1. — questa P; quella N 1.

---

[1] Eza.

di vainelle over garrobbe con alcuni arbori de olive. Advertendo che da Nizza in fine ad X miglia dalla da Monacho terminano le Alpe, et poco inante incomincia lo Appennino, quale in fine ad Genua camina sempre sopra il mare. Da lla poi traversa per Italia. Miglia   IX

5   Monacho, quale è del fratello del vescovo di Grasso, è posta sopra un mon-
tecto o promontorio tondo, non poco alto, che per la magior parte è dentro il mare; et la terra è piana: le mura che son fortissime, molto ben intesi et forni-
tissimi de artellaria tengano tucto il decto monte; et in la porta che se intra, che non è più che una, ha un bello et fortissimo castello, dove sono assai commode

10   habitationi, et dentro il sasso ha tre o quactri mine facte ad forza, donde si può operare la artellaria senza timore di offensione alcuna, de modo che si per lo sito del loco et fortificatione di castello et mura de dicta terra, come per la moltitudine de artellaria de colobrine, cannoni et falconecti tucti di bronzo et bene in ordine et bona guardia ch' el signore ce tene, è stata judicata fortissima; et già

15   son più anni che non essendo così fortificata la predicta fu accampata da Genuesi, quali anchor che fussero stati in gran numero, vi forno dal decto signore frachas-
sati et ructi. Tra la guardia del castello et fornimento de una fusta ben grossa ch' el predicto signor vi tene per causa de andare ad scontrare tucti legni de octocento bocte in basso che vengano da ponente senza toccare la terra et pagare

20   ad sua s. il directo di duo per cento, quella continuamente pagha cento octanta huomini capati. Quel signore, quale non reconosce superiore alcuno, ad monsignore illmo nostro et ad tucti fe di gran carezze et molto bona cera. Fin lli venne in compagnia de monsignor predicto el vescovo de Grasso, quale non mi senteria mai sacio laudare, essendo così humano, liberale et virtuosissimo prelato come è.

25   Decembre.

P°.   Da Monacho poi pranso se andò ad San Remo, distante XX miglia di tri-
stissima via et passi extremissimi. Et ad tre miglia da Monacho sopra un monte è un castello del predicto signor di Monacho, dicto Rocchabruna; et ad doi altri miglia una villa pur del decto signore che vi passaimo per mezzo nominata Mon-

30   tone. Et al mezzo del camino tra Monacho et San Remo è una terra di San Georgio dicta Ventimiglia, posta sul monte, quale è grande et ha una bella strata largha et drecta con grandi et bellissime case, el resto non così bello et de pendino; uscendo la porta verso San Remo è un fiume, quale anchora che vi fusse ponte di legnamo et mal securo de cavalcare in quel tempo se guazzava. Et da lli per

35   duo miglia è una bella piana con molte vigne, olive et fiche, et al fine de quella è una villecta che se dice Bordeca [1], pur di San Giorgio, quale è una certa com-
pagnia in Genua come altrove il monte della pietà, et ha le intrate et negocii suoi appartati da quella communità. Et ad doi altri miglia è una villecta di San Remo dicta Roye, ad un miglio vicino la predicta terra di San Remo, quale è

40   parte in monte et parte in piano sopra il mare; sono li più belli, folti, grandi et fructiferi boschi de agrumi che habia anchor visto, et tanta quantità di palme che ne fornescano Genua, Franza, Firenza et Roma, et quelle fanno così bianche et

---

2 termino N 1. — 12 di castello P; del castello N 1. — 21 Quel signore P; Il detto signore
N 1. — 24 virtuoso N 1.

---

[1] Bordighera.

tenere, tenendole legate molto strecte per tucto l'anno; però li fructi che fanno non son boni.	XX

II.	Da San Remo do poi pranso se andò ad cena ad Porto Moriso [1], che è sopra il mare et in parte montuosa, distante XV miglia; et ad VIIII miglia dal decto porto è la Riva de Taglia [2], et poco più in lla meno de un quarto de miglio 5 San Stevano [3], et ad IIII miglia più in lla è San Lorenzo, che sono ville senza muro nel piano accanto l'acqua, et tanto esse come Porto Moriso sono de la comunità di Genua. Miglia	XV

III.	Da Porto Moriso pransato se andò ad cena ad Arascia [4], distante XV miglia di pessima via. Et ad un miglio da Porto Moriso è Uneglia [5], villa in piano sul 10 lito del mare, quale tiene messer Hieronimo Doria Capitaneo di tucta quella rivera. Ad tre altri miglia è Diano in la montagna, et al piano in la marina ha il suo Borgho; et ad un altro miglio è il Cervo in la marina posto parte in montagna et parte in piano. Ad IIII altri miglia è Andora in una valle sopra un montecto, et ad II altri miglia è Langueglia [6] in piano alla marina, tucte le dicte ville che 15 son assai bone sono di Genua. Miglia	XV

IV.	Da Arascia do poi pranso se andò ad cena ad Finale, distante XX miglia. Et ad cinque miglia da Arascia è una cita dicta Arbenga [7], posta in piano, distante dal mare mezzo miglio, de la quale ni era administratore monsignor r[mo] de Sauli. Vale da 700 ducati l'anno. Ad duoi miglia un'altra villa aperta dicta Ceria [8]. 20 Et ad doi altri miglia et mezzo è il Burghecto [9]. Son tucte in la marina et di Genua. A doi altri miglia et mezzo è Lodano [10] che è poca cosa, però la terra è in la montagna, et ne son patroni li signori de Flisco. Ad doi altri miglia et mezzo è Pria [11] murata in la marina, et ad un miglio è Burzzi [12], villecte in la marina che son di Genua. Si è cavalcato circa X miglia di piano, el resto tucto 25 de tristissimo camino, maxime ad tre miglia vicino Finale. Miglia	XX

V.	Da Finale ad pranso et cena ad Saona [13], che son XV miglia. Et ad un miglio da Finale è uno monasterio di monaci di Monte Oliveto dicto la madonna de Finale, che è devotissimo; et da Finale, quale non è molto grande, posto in piano su la marina, benchè habia un castello et certa parte de la muraglia in su 30 il monte, infine al decto monasterio, dove se va sempre in piano, è una strata di case quasi tucta continuata. Da decto monasterio ad quactro miglia de tristissima via è un locho dicto Vozzi [14], che son poche case sul monte; et ad doi altri miglia è Noli, cita in la marina molto anticha, et gia per tempi molto adietro riccha, et maxime de navi, che vi ni era un gran numero, però adesso, secondo intesi, 35 per certa maledictione havuta de la Sedia Apostolica, ad chi fu rebella et contraria, povera, ruinata per gran parte et senza nave alcuna. Ad doi altre miglia è Speotorno [15], et ad tre Invado [16], burghi a la marina. Miglia	XV

7 come P; quanto N 1. — 8 Miglia fehlt in P. — 11 tiene N 1; tine P. — 16 Miglia fehlt in P. — 19 ni è ministratore N 1. — 21 Das zweite et fehlt in P. — 21 f il Burghecto bis et mezzo è fehlt in N 1; — 26 Miglia fehlt in P. — 28 dicta P. — 29 et da Finale P; et de Finale N 1. — 34 tempo N 1.

[1] Porto Maurizio.	[2] Taggia.	[3] Santo Stefano.	[4] Alassio.
[5] Oneglia.	[6] Laigueglia.	[7] Albenga.	[8] Ceriale.
[9] Borghetto Santo Spirito.	[10] Loano.	[11] Pietra.	[12] Finalborgo.
[13] Savona.	[14] Wohl Varigotti.	[15] Spotorno.	[16] Vado.

Saona, quale non è piccola cita, assai allegra et ornata di belle strate et
case, è posta per la più parte in piano sul mare, dove ha un gran porto, che si
fa ad forza per un mole vi è fabricato assai bello, lungo et largho, quale il fa
molto securo. La ecclesia cathedrale è situata nel più alto de la cita sopra la
5 marina, et anchor che non sia molto eminente, è grande ecclesia, gli è pur assai
bella et bene intesa, tucta lavorata dentro et di fora ad liste de pietre bianche
et negre. In epsa è un choro relevato bellissimo adornato de colonnecte di octono,
quali il serrano in torno, dove è una bella, grande et riccha cona di pictura piana.
Sopto dicto choro è una cappella in volte sustentata da colonne molto aerose et
10 bella; et in torno ha certe logecte, che risguardano sopra il mare, di grandissima
vista et piacere. Avante dicta ecclesia, quale fu facta per la gloriosissima et
felicissima memoria di papa Julio II, chi hebbe decto vescovato essendo cardinale,
è una bella piazza mactonata, sopra la quale è fabricato un gentil palazzo com-
modissimo, bene in ordine con suo zardino assai bene inteso, et ornato si de pic-
15 ture, come di conzi tucti marmorei, pur facto per la predicta Sanctità al tempo
del cardinalato. Il predicto palazzo ha un cortile al mezzo tucto torniato de logge
assai aerose et belle. Lli monsignor nostro illᵐᵒ fu allogiato dal reverendo arcivescovo de Avignone et tractato opulentissimamente et con assai bona cera, come
è di costume di quel signore, chi è gentilissimo et liberalissimo. In dicta piazza
20 avante le scale del supporticale de la ecclesia è un quatro quanto correno le dicte
schale, lavorato ad modo de musaico, ma di certi lapillecti trovati naturalmente
in mare di diversi colori, dove è l'arma de la cita, quale si ben mi ricordo son
certe sbarre bianche et rosse et di sopra meza aquila negra con le ale spase et la
divisa Fragusa che è listata di biancho et nero, et sotto quella li infrascripti versi
25 in figure antiche pur de mosaico assai belle:

Versus.

Hoc Domine rerum casus servata per omnes
Stravit opus, meriti parva Saona memor.

In la predicta cita la fe. me. di papa Julio predicto principiò un gran palazzo
30 per honor de la patria et de suoi, in lo quale anchor che non sia finito è molta
fabrica, essendovi voltate tucte le lamie de le cantine et anche factove alcuni
appartamenti in piano grandissimi et sumptuosissimi. Dicta cita è circuita tucta
di belli borghi, et da fora ne le possessioni ha molti palazzi et belli per piacere
de citadini. Lli monsignor l'arcivescovo di Salerno venne da Genua con due
35 galere ad trovare il signore, et non possendose andar per mare, essendo stato
tempo contrario et fortuna grande, el predicto signore con lo decto arcivescovo
partì per Genua con una pioggia crudelissima per terra nel dì infra notato.

VIII.   Da Saona, havendo il signore facta colatione inante giorno per non havere
cenato la sera, se andò ad cena in Genua, che son XXX miglia di pessima via.
40 Et ad doi miglia da Saona è Arbizola¹, ad tre Cele², burghi in la marina; ad doi
altri miglia Varaggio³, terra murata a la marina; ad tre altri Arenzin⁴, ad cinque

---

1ῖ *bis* 17 belle *Text nach* P. *In* N 1: . . . marmorei, et lo cortile che è nel mezo tucto
torniato de logge assai aerose et belle. Quello fu facto da la predecta Sanctità al tempo del cardinalato. — 19 è di costume *fehlt in* N 1. — 30 et de suoi P; di suoi N 1. — 33 ne *fehlt in* N 1.
— 37 per terra *fehlt in* P. — 41 N 1: Vataggio? — terre murate N 1.

---

¹ *Albissola.*   ² *Celle.*   ³ *Varazze.*   ⁴ *Arenzano.*

Butri [1], che son doi grandi et ricchi burghi, donde la strata è tucta habitata in fine ad Genua; et ad cinque altri miglia è Sestri, ad doi Cornaghieno [2], ad doi altri San Piero de Arena, dove se fanno tucte le carracche di Genua et ad quel tempo erano lli per bararse et ponerse in acqua due nove grossissime, l' una secondo la relatione di patroni de MMCC butte et l' altra di MMMM. Per tucta quella 5 rivera si cavalca per monti asprissimi, et quelli che non son aspri hanno certe vie et semite così strecte et precipite in altura grandissima sopra il mare, che cavalcarvi è il magiore periculo del mondo, et gia ce se cavalca rarissime volte. La magiore parte de le terre se trovano poste in piano in la marina, et si qualche una ni è in la montagna, de quali parte ne toccano l' acqua et parte no, hanno 10 li burghi in la marina, dove è tanta amenità de aere et abundantia de fructi da frumenti in po, che pare un paradiso terreno. Ben vero che questo camino è di sorte, che in tale giornata di XV miglia solamente le bestie se besognarno ferrare quactro et cinque volte. Et per tucta la decta rivera se trovavano olive, vigne et fiche in quantità et altri fructi con aere caldo et temperatissimo, et dove pian- 15 tano le vigne per esserno poste ne le pendice di monti, son facti certi pareti ad schale per che l' acqua non li ruinasse. Miglia   XXX

Genua è cita posta sopra il mare in forma curvata, de modo che vogliano alcuni vulgari che da genu sia decta Genua. Lei è molto populosa et bella. Et benchè le strate siano state edificate strecte da principio per defensarse più facil- 20 mente da mori et corsari chi la solevano invadere, però le case, che sono equalmente altissime, superbe et bonissime intese, le fanno parere assai più strecte che non sono. La magior parte dessa cita sta locata in monti, et le mura chi correno gran spatio abrazzando più monti et valli, vanno dentro et fora di modo assai bizzarro. Il castello è fabricato dentro la cita sopra un monte vicino San Fran- 25 cesco, chiesa assai bella facta dal avo del signor governatore Octaviano Freguso chi de presenti domina: qual castello può far gran dampno alla decta cita, et lo tengano Franciosi. Ma molto più ne possea fare la Linterna, perchè la importantia di Genua è la marina, et quella per non possere intrare dentro il porto legno alcuno senza sua licentia era veramente una briglia et ben aspra di quella 30 cita. La dicta Linterna era un castello fabricato per Ludovico re di Franza sopra un scogliecto che si extende un bon pezzo fora il mare, et sta sopra il porto et ad quella parte de la cita chi è posta in la marina come un falcone; è decta Linterna, perchè altri tempi ce era un pharo con una linterna alumata di nocte per notificare la via del porto ad naviganti. El predecto signor governatore come 35 bon figliolo di quella patria, prima che la summictesse ad Franciosi, fingendo il non possere obiare ad furor di populo, la fe ruinare del tucto. Il porto è posto per ponente et se fa per un mole facto ad forza, che va molto dentro l' acqua, et vi se spende ogni anno assai ad ripararlo che non ruina, facendoce le onde violentia grande. In porto erano ad quel tempo diece navi. La ecclesia cathedrale 40 è grande, ma non per tanto populo come è quello. Lei è locata nel alto et un buon pezzo distante da la marina. In la sacrestia de dicta ecclesia a li XI per il signore et per noi altri fo visto il Sangradalo o il catino dove mangio Christo

4 bararse N 1; bararise P. — 5 tucta N 1; tucto P. — 10 ni è P; vi è N 1. — 14 trovano N 1. — 17 Miglia *fehlt in* P. — 20 defenderse N 1. — 33 in la P; ne la N 1. — 36 patria P; parte N 1.

[1] Voltri.   [2] Cornigliano.

con li discipuli, dove fu presente il predicto signor governatore, l'arcivescovo di
Salerno suo fratello et molti altri gentilhomini. Da parte di quel signore lli dentro
furno emanati doi bandi sotto pena de la vita, l'uno che niuno vi devesse stare
con arme, et l'altro che non se tirasse cosa alcuna fora da la fenestra, perchè si
5 potesse dannificare el decto vase. Quale è di smeraldo transparentissimo piano
ad sei fazze di for via, de più de un terzo di palmo l'una, con doe manichecte
tonde et con un pedecto di lavoro molto bello; però di dentro il decto vase è
tucto liscio et senza fazze. Decto catino se dimostra sopra un certo armario che
ha due fenestre da le spalle per mostrare la perfectione del decto vase, et si con-
10 serva dentro quello che è serrato con XII chiavi, per causa che tenendose prima
secondo la relatione de Genuesi sopto due chiavi, quali erano in potere di citadini, l'uno dessi requesto secretamente da la signoria de Venetia con promissione
di molti migliara de ducati per che li facesse havere decto catino, condusse la
practica tanto al strecto, che da Venecia ne hebbe un altro simile contrafacto,
15 per supponerlo in loco del vero, et essendo quel citadino virtuoso et persona da
bene, notificò il tucto a la communità sua, che se havesse ad providere in futurum,
et cosi furno ordinate le dicte XII chiavi. El signore salì sopra dicto armario
et manigiò el prefato vase, fandone juditio che sia un smaraldo perfectissimo, al
quale non si può donare prezzo alcuno; et il simile juditio ne fe monsignor r^{mo}
20 et ill^{mo} il cardinale da Este, qual vi fu prima de monsignor nostro cinque o sei
anni, et con certa dextreza tirando su l'armario, dove non sol salire mai altri
che gran maestri, un suo gioelliero excellentissimo, il fe toccare di bolino. Dicevano che con decto catino da levante haveano havuto le cenere di san Johan
Baptista, quali conservano con la debita veneratione. Il palazzo del comune,
25 dove alloggiò sua s. ill^{ma} una con el predicto governatore et l'arcivescovo predicto,
è vicino al'arcivescovato et anticha cosa con molte habitationi, et dinante ha una
gran piazza con certi supporticali o loggie intorno et stancie sopra dove allogiano
li soldati de la guardia; et in dicta piazza se intra per quactro strate, quali son
serrate con rastelli dupplicati, che prima erano singuli; però la causa de la dup-
30 plicatione fu, che son circa diece anni, ch'el signor Hieronymo Adorno contrario
de Fregusi retrovandose fora, una nocte accompagnato da molti soldati, tra quali
ni erano alcuni gentilhomini napolitani, con la intelligentia de la parte sua entrò
in Genua, et assaltò il rastello con tanto impeto et sforza, che s'el decto signor
governatore non era, quale se levò in camisa con una brazzatora et spada in
35 mano, et rebuttò li inimici, il palazzo se perdea, per il che sua s. et tucti li
complici et sequaci sariano mal capitati. Et perche dicti rastelli, quali son certe
porte ad uno huscio de grossi travi cancellati, et se serrano con chiavi guardati
ordinariamente di giorno et de nocte da li dicti soldati, per che non potessero
intrare cavalli et gente ad invadere el prefato palazzo, dove allogiano sempre
40 li capi parte, et serve per un castello, se potessero megliore guardare et defen-
sare, come è decto furno dupplicati con distantia de più de X passi l'uno da
l'altro; advertendo che li primi rastelli et antichi sono nel sboccare de la decta
piazza. Lli se stecte quactro jorni integri con molte carrezze et honorate spese.

4 et fehlt in N 1. — da le fenestre N 1. — 7 però di dentro il decto vase . . . N 1; però il
predecto vase di dentro e . . . P. — 8 Decto catino P; Il predecto catino N 1. — 9 decto fehlt in
N 1. — 10 tenendose N 1. — 12 dessi N 1; desso P. — 18 prefato P; predicto N 1. — 21 dextreza P; dexterità N 1. — 29 serrate P; furrate N 1. — 31 Fregusi N 1; Freusi P. — 32 ni P; vi
N 1. — 33 il rastello N 1; un rastello P. — 37 ad uno huscio fehlt in P. — et ebenso. — 39 pro-
fato P; predecto N 1. — 41 con distanti N 1.

L'arcivescovo predicto mangiava sempre con sua s. ill^{ma}, per che il signor gobernatore facea quadragesima de advento et geiunava ogni giorno. Et veramente che sua ill^{ma} s. ultra il valor de le arme et magnanimità che quella uso al predicto signor Hieronymo Adorno suo contrario in la prenarrata nocte, imperochè essendo stato esso pregione con una ferita ad morte, non obstante che sua signoria 5 prefata in quel conflicto per una bocta de scoppecte fusse stato stroppiato de la man sinistra, lo fe sempre curare et governare con visitarlo de continuo da verdatero fratello, et guarito che fu non solo li donò la vita, ma migliara de ducati con altri doni et lo mandò via ben accompagnato, per fin che se condusse in loco tuto: è tanto virtuosa, litterata, iusta, liberale et gentil persona che la iudico 10 degna de ogni conditione et bene. Lli mangiammo un pero che nasce in quella rivera, quale essi chiamano bergamuto, non molto grosso, che da fora è crespo et di mala scorza, et dentro è tenero et per pero de inverno excellentissimo.

In decta cita se lavora di gran copia de velluti et finissimi, di prezzo li negri di VIII et X ducati d'oro la canna; così anche di ogni altro artificio, maxime 15 di lavoro de coralli finissimi, lavorati ingeniosamente, et similmente de zibei che non son così fragili come coralli, etiam che siano de la medesma specie; et se ne trovano di nigri, leonati, barrectini et di molti altri colori; et quelli se piscano ne li mari de Sardegna. In la predicta cita constumano li homini de la midesma fameglia per star gionti et non habitare divisi, havere loro habitationi contigue 20 in un medesmo loco, dove tengano piazze in le quali convengano et se godeno tra essi de continuo. Non però dico che tucte le casate di Genua han questa tale commodità, ma solo quelle che son grandi et ricche, come sono Spinoli, Loria [1], Lumellini, Sauli, Grimaldi et alcune altre simile, che le dicte piazze nominano da li cognomi loro, zo è la piazza Spinula, la piazza Loria etc. Le donne general- 25 mente son grandi di statura, disposte di bellissimi denti et capegli veramente d'oro, quali portano tal disciolti et tali involti in certa foggia che dicano assai bene, senza veli in testa ne coprimento alcuno, salvi cordoni et altri ornamenti d'oro, che esse l'usano molto, dicti capegli quando non li hanno naturalmente, li tengono postizzi et mentiti, usando in quelli ogni loro diligentia. Su le spalle 30 le matrone portano una stola quanto è largho il taffecta, di color negro, che batte in fine ad terra, et quelle che guardano et portano duolo le tengano di tela biancha. Et indubitatamente nel corpo de dicta cita, non parlando de la rivera, che son bructissime, se veddeno generalmente le più belle possiante et agraciate donne de Italia, benchè in Saona anche ce siano alcune belle; et gia hanno incominciato 35 ad lassare li habbiti soi et quasi universalmente vestino alla spagnola et de ogni altra fogia galante et lasciva. Usano de fare le veglie più tempi de l'anno in casa de più gentildonne, dove concorreno molti giovani et giovene, et vi se sta ad piacere in fine a le cinque et sei hore de nocte; ultra che generalmente le donne etiam de inverno pur che non piova stanno ne le strate ad quattro, ad 40 cinque et sei, secondo occorre, ragionando tra esse et giovani de la cita, perchè con forestieri non vi se impaccino volentieri.

4 contrario P; adversario N 1. — 6 prefata P; predecta N 1. — 7 f verdatiero N 1. — 12 non ... crespo *nach* N 1; P: non grosso, da fora è crespo. — 16 di lavori di corallo perfectissimi N 1. — ingeniosissimamente N 1. — 25 la piazza Spinula *fehlt in* P. — 26 di bellissimi P; con bellissimi N 1. — veramente *fehlt in* P. — 26 u. 29 capegli N 1; capeghi P. — 30 f Su le spalle ... por- tano P; Le matrone portano su le spalle N 1. — 37 veghie P.

[1] d. h. Doria.

XIV.   Da Genua do poi pranso se andò ad cena ad Votagio [1], distante XX miglia; et se retornò in fine ad San Piero de Harena per ponerce in camino; et per via, dove discostati da la marina trovaimo in fine ad Milano più di cinque palmi de neve et così excessivi freddi, che ne agiazzavano le sole de li stivali a le staffe,
5 de modo che non ni posseamo cavare li piedi, erano quactro o cinque borghi, de quali doi ne sono de Spinoli. Et in fine ad lo predicto castello de Votagio, che non è gran cosa, el predicto signor governatore mandò inante alcuni de suoi che ne ferno bone spese. Miglia   XX

XV.   Da Votagio ad cena in Alexandria de la Paglia, che sono XXIIII miglia;
10 et ad XV miglia da Votagio è una terra dicta Gai [2], che è l'ultima de Genuesi, quale è posta in piano, non molto piccola, et ha il castello su il monte vicino ad doi tracti di mano; detta terra si guarda assai; et per via fine lli son molte villecte de Spinoli et similmente in fine ad Alexandria de li Bisconti, de le quali, anchora che alcuna ne fusse murata, le case generalmente son fabricate di terra.
15 Miglia   XXIIII

     Alexandria è gran cita piana, ma molto dissabitata per lor parti et per essere stata sacchezzata da poco tempo in qua più volte. Distante mezo miglio da la porta che se intra venendose da Genua è un fiume dicto Bormia [3], quale di quel tempo con difficultà si guazzava; et in la dicta porta ha una citatella con fossati
20 d'acqua che è assai forte.

XVI.   Da Alexandria do poi pranso ad cena in Casale, che è distante XII miglia; et uscito la porta se passò per un bel ponte di pietra, quale è sopra il fiume Tanare [4]; et dalla del dicto ponte è un grande et bello borgo, dove è una largha strata di belli et sumptuosi palazzi. Ad cinque miglia da Alexandria è un loco
25 che se chiama il Castellecto, et ad due tracti di balestra da quello è una bona terra dicta San Salvatore con uno gran borgho, benchè le case siano per la magior parte lavorate di terra. Si quella come alcune altre villecte sonno del ill[mo] signor marchese de Monferrara.   XII

     Casale è cita posta in piano, quale di sito et mura che sono assai bene in-
30 tesi è fortissima, ben fornita de artellaria, ornata de belle piazze et palazzi, fra quali è quello del Gambera che fu camerero de la fe. me. di papa Innocentio VIII, assai ben inteso et molto magnifico. Dicta cita è tucta silicata, et benchè per essere il tucto coperto di neve non potesse molto delectare, pur per la larghezza de le strate et sito de la cita se mostrava essere bella et piacevole. Monsignor
35 nostro ill[mo] allogiò con el prefato signor marchese in castello, quale è bello, com-modissimo et forte. Lli si stecte doi giorni ad piacere, dove dal predicto signore, che è gentilissimo et disposto giovane da circha XXXVI anni, benchè per il male suo de le gambe poco si possexe fruire, et da la ill[ma] signora sua consorte fran-cesa, sorella de monsignor di Lanzon, quale è bella et agraciata molto, si hebbe
40 gran cera; et veramente che il predicto signor ill[mo] ultra messer Andrea Cossa, che è fora dal grege, ha una bella famiglia et di molti gentilhomini bene in

     5 de modo che non ni posseamo N 1; et non ne posseamo P. — 6 ad lo P; al N 1. — 12 assai *fehlt in* P. — 13 de li Bisconti P: de Bisconti N 1. — 16 dissabitata N 1; dissabita P. — 17 in qua P; in za N 1. — 22 di pietre N 1. — 27 lavorate *fehlt in* P. — 30 è P; et N 1. — 35 prefato P; predecto N 1. — 39 et sorella N 1.

     [1] *Voltaggio.*   [2] Gavi.   [3] Bormida.   [4] Tanaro.

ordine, valenti huomini et da fare honore ad qualsivoglia gran prencipe. La casa sta molto bene adobbata, et ce se vive opulentissimamente. Il stato di sua ill^ma signoria (secundo dicevano) fructa ordinariamente da LX^ta milia ducati l'anno. Lli se vedde la figliola mogliere del ill^mo signor Federico de Gonzaga figliulo del ill^mo signor marchese di Mantua, de circha nove anni, assai bella. Et una galante 5 stalla molto ornata di lochi et partimenti, dove erano LV^ta cavalli, et in due altre stalle da XXXV altri, la magior parte corsieri facti et polletri di quactro in cinque anni, acchinee, cortaldi, frisoni, ginecti et turchi.

XVIIII.   Da Casale se andò ad cena ad Vigeveno ¹, che son XX miglia; et ad IIII miglia da Casale se passò il Po con schiafa, quale va vicino la dicta cita ad 10 una balestrata, et ad un altro miglio più lla se passa un' altra volta Po pur con schiafa, benchè per essere il porto agiazzato per li excessivi freddi besognò passarlo ad guazzo in certo passo dove era rocto il giazo. Ad VII miglia da Vigeveno trovaimo una terra detta Mortaro, che è del ducato de Milano; et per via sono alcune villecte di gentilhomini, tra quali una ni è di Gallarani. Miglia   XX 15

XX.   Da Vigeveno, quale è terra del signore Johanne Jacobo Trivulzo ², et li fructa XX milia ducati l'anno, se andò ad cena in Milano, che son XX miglia. Et ad VII miglia da Vigeveno è Biagrassa ³, assai bona terra pur del ducato de Milano. Ad duoi miglia da Vigeveno si passò per schiafa il Thesino. Et da Biagrassa è un canale facto ad forza ben largo, quale va de directura fine ad Milano, 20 et da l'una riva et da l'altra sono habitationi assai; quello chiamano navilio, et se tira dal Thesino XX miglia distante da la predicta terra de Biagrassa; benchè in Milano se conduca un altro canale ben grosso dal lagho de Como, da quali canali quella gran cita receve commodità grandissima. Miglia   XX

Non essendo stato l'intento mio de fare annotamento de le cita et terre de 25 Italia, si bene ho scripto di Genua longamente, per essere cita non tanto conversata et molto appartata da li constumi de le altre, dirò de Milano, che havendola considerata bene di sopra il campanile del domo, non è ad mio juditio meno di Parisi maxime di circuito. Ha un gran domo, et un gran castello, et forse il magiore non solo de Italia, che è certissimo, ma di christiani, et per fortellezza 30 in piano senza dubio la più forte che huomo si possa imaginare, con tante mane di fossi pieni d'acqua, muraglie grossissime intese grandissimamente, con molte cave et contramine. Ultra il castello ha la Rocchetta et tanto ben provvisto de artellaria et monitioni, come si è visto particularmente, essendove stato il signore un giorno convitato ad pranso dal castellano, che tucto il resto de Italia ad mio 35 juditio non bastaria farne un simile in cento anni. Il quale quanto più si è considerato et oculatamente visto, tanta magior colera et odio excita contra chi se ne usci fora et lo donò in potere di Francesi. In dicta cita se alloggiò in Sancto An-

6 LV^ta P; L^ta N 1. — 7 f di quattro o cinque anni N 1. — 10 vicino a la dicta cita N 1. — 11 piu in lla N 1. — 12 f passarlo P; passaro N 1. — 16 Trivuzi N 1. — 19 ad duoi miglia N 1; ad un miglio P. — 20 fine ad P; in fine ad N 1. — 26 ho P; habbia N 1. — 32 d'acque N 1. — 35 f ad mio juditio fehlt in P.

—

¹ Vigevano.
² Gian Jacopo Trivulzio, Markgraf von Vigevano, geb. 1448, † 5. Dezember 1518. Vgl. Nouvelle Biographie générale XLV 650 f.
³ Abbiategrasso.

tonio, recevuti molto honoratamente tanto sua s. ill^{ma} come tucto il resto da lo abbate de dicta ecclesia fratello di monsignor r^{mo} il cardinale Trivulzo, quale è molto gentil persona. Vi si stecte X giorni, et ultra che dal Gran Cudiero, dal arcivescovo di Bienna et da tucti signori et gentilhomini, chi ad quel tempo se
5 trovorno in Milano, sua s. ill^{ma} receppe visitationi, banchecti et honori grandissimi, da monsignor ill^{mo} de Lutrech generale gobernatore del Stato di Milano et di tucti pensionarii del Re Christianissimo in Italia si hebero grandissime carezze, obsequii, continua visitatione et dimostratione di summa benivolentia. Al penultimo dì del partire da sua s. ill^{ma} fo facta una giostra nel largho del castello,
10 dove furno molte carrecte di donne, et quella di meglior mostra che di facti, perchè giostrandose ad scontro con ferri molati, non solo non ce fu desastro et ferita alcuna, ne bocta honorata, ma la magior parte di cavallieri che giostrarno, per esserno stati tirunculi et novi al exercicio, non se incontraro. Le dicte carrecte erano pomposissime, fornite non solo di brave et adobatissime gentildonne, ma
15 anchora d'oro et de coperte tucte o di seta di varii colori o di borcati, tirate da cavalli belli et sforgiatissimi. La sera sua s. ill^{ma} fe uno opulentissimo et honoratissimo banchecto in casa sua, dove convennero da quaranta gentildonne, si non universalmente belle, tucte però apparate ricchamente et gratiose. In lo monasterio di Santa Maria de le Gratie, quale fo facto dal signor Ludovico Sforza, assai bello
20 et bene acteso, fo visto nel refectorio de fratri, che son del ordine di san Dominico de observantia, una cena picta al muro da messer Lunardo Vinci, qual trovaimo in Amboes, che è excellentissima, benchè incomincia ad guastarse, non so si per la humidità del muro o per altra inadvertentia. Li personaggi di quella son de naturale retracti de più persone de la corte et di Milanesi di quel tempo,
25 di vera statura. Lli anche si vedde una sacrestia ricchissima de paramenti de borcato, facti pur dal predicto signor Ludovico di bo. me.

XXX. Da Milano do poi pranso se andò a la certosa de Pavia, distante XV miglia, la quale anchora che non habbia tanto numero de habitationi come la Gran Certosa che è in Delphinato, è molto più bella et megliore intesa, si de claustri
30 et stancie per monaci, come per seculari, et altre commodità necessarie. Do poi oltra questo ha una ecclesia la più bella, la più lustra et la più vagha, che habiamo vista in tucto il viagio, si del corpo de dicta ecclesia, dove son cose assai di marmore et di excellenti picture con un pavimento bellissimo, de cose de avorio, maxime la cona del altare magiore et doi vasi ben grandi con una infinità de
35 intagli et figure, dentro de li quali se conserveno reliquie, come di cappelle, che tirano gran numero, quanto è lungo il corpo de la ecclesia, da un lato et da l'altro, et a la parte che respondeno dentro quella son serrate del tucto de ferriate de grosso octono, con un medesmo ordine, havendo le porte che passano da l'una ad l'altra, così ben finite de altari, cone et ornamenti, come siano anchor viste
40 in qualsivoglia parte; et in le dicte prime due cappelle si entra da le porte che respondeno a la croce che è vicina al coro de dicta ecclesia. La facciata de la quale, che non è ancor finita, è tucta di marmi negri et bianchi, con molte figure di relievo, tondi et quatri di porfidi et serpentini assai ben lavorati, di modo che

per una facciata de ecclesia è sumptuosissima. Avante quella è un gran cortile, in lo principio del quale son certe stantie belle con supporticale ben alto dove è la porta de l' intrata del decto cortile, molto ornata et superba. Decto monasterio fu fundato et dotato in septe milia ducati parte per lo victo de monaci et parte per la fabrica et cose necessarie de la ecclesia et elemosine ad poveri, dal ex-   5 cellentissimo signor Galeazzo Visconte de fe. me., duca de Milano, il corpo del quale è sepulto ne la decta ecclesia in la man dextra, prima che se intra nel choro, in un sepulchro marmoreo assai bello, sopra dove lui è in relievo di naturale con una barbecta di pochissimi pili longhi et crespi, di modo il più bizarrescho potesse produrre mai natura, et gia l' aere de dicta statua non mostra che decto 10 signor passasse XXX anni. El predicto monasterio per esserno aumentate le possexioni che furno lassate dal decta duca per la dote di quello, de presenti fructa più de XVI milia ducati, et vi stanno molti monaci. Miglia   XV

Ult°. Da la certosa, dove se allogiò commodissimamente et con gran carezze, se andò poi pranso ad Pavia, distánte cinque miglia; et inmediate uscendo da essa 15 se intrò nel parcho grande et da quello al piccolo, per dove se cavalcò infine ad Pavia; et benchè dicti parchi siano in molta ruina, non però facilmente demostrano esserno stati in altri tempi cose assai regali.   V

Pavia è gran cita, posta in piano, come la magior parte de le altre di Lom-bardia, ha un bel castello, non gia di fortezza, ma di commodissimi et pomposissimi 20 allogiamenti. In una piazza avante al domo, quale è molto piccolo, sutterraneo et scuro, sopra un pogio o base marmorea ben lavorata è una statua de metallo su un cavallo, che sta nel acto di quello di san Johanne Laterano in Roma, molto anticha et bella ma piccola; dicano che alias decta statua era in Ravenna et che in Pavia fu transportata per Gothi.   25

Per avante una porta de dicta cita corre il Thesino, sopra il quale è un gran ponte di pietre coverto de tecto. Nel convento di sancto Augustino dentro una gran cappella o sacrestia è una archa o sepulchro marmoreo molto grande, quale è distante dal muro circha quactro palmi, et la grossezza sua è di tre piedi con assai lavoro et infinità de figure lavorate delicatissimamente, et sopra tucto 30 una politeza et lustro di quelli marmi che passa da alabastri, de modo che non è alcun maestro moderno che vi possa arrivare; et decto sepulchro è tenuto da ex-perti de le più belle cose de Italia, che de ultramontani non besogna parlare, im-perochè quello non se trova in essa, non se cerchi altrove. Sopra il cantaro, che sta locato dentro certo archecto, il vacuo del quale passa da una banda et da 35 l' altra del decto sepulchro, è il glorioso sancto de relievo; alcuni dicano che il corpo suo sia in decto cantaro, altri dentro l' altare del succorpo o cappella in volte che è socto il choro de la ecclesia magiore, quale si serve per li fratri de decta religione.

Genaro [1518].

P°. Da Pavia se andò ad cena al Hospitalecto, distante XX miglia; et ad tre 40 miglia da quello se passò un porto de un fiume, decto Ambro[1] per antiphrasim, essendo turbidissimo, ne molto largho. Lli se annoctò in un monasterio del ordine

---

18 esserno stati P; che sono stati N 1. — 21 al P; il N 1.

---

[1] Lambro.

di san Hieronymo, de chi è lo dicto Hospitalecto, dove si stecte assai commodamente. In lo dicto monasterio, ch' è assai bello, vi stanno de molti fratri. Et tra
le altre vi è una stantia in quatro, in la quale son quactro camere, una per cantone, con suo retrecto, et nel mezzo resta una salecta crociata con tre fenestre
5 ferriate et una porta con una cuppula o lamia ad spicoli in mezzo, et le croci di
lamia ad botte o sequite ad doi solari, ultra le cantine che son tucte in volte
con quactro pilastri grossi, sopra li quali se posano le lamie de tucti doi dicti
solari; de la quale stantia o palozzocto el signore ne pigliò modello, senza il quale
verdateramente per qual se voglia accurata discriptione difficilissima cosa è possere
10 ad lectori demostrare la commodità et ingenioso artificio di quello.   XX
II.   Da lo Hospitalecto ad cena in Cremona, che son XX miglia; et ad X miglia
in Piccichitone[1], terra del signor Theodoro Trivulzo, se passò Adda con schiafa,
dentro la quale fu facta una colationecta de confectioni per messer Jacobo Cippella
cortisano romano, chi è di decta terra, quale per lo decto fiume li va intorno è
15 fortissima.   XX
III.   Da Cremona, dove se arrivò tardo et si partì di bona matina, per il che
non se ne può dare altra relatione si non di quanto se cavalcò per dentro, che è
assai bella, et vi è una torre altissima, se andò ad pranso, una con el vescovo
de Nizza, chi venne con sua s. ill^{ma} da Milano in fine ad Mantua, a la Pieva di
20 san Jacomo che sono VIII miglia, et da lla ad cena in Bozzolo, che sono XVI
miglia; in tucto   XXIIII
In Bozzolo, quale è una villa aperta, benchè ce siano di boni palazzi, et
maxime le stantie del castello, dove el signore Federico de Gonzaga vi sta commodissimamente con la signora donna Joanna Ursina sua consorte et nepte del
25 predicto monsignor nostro ill^{mo}, se dimorò un giorno integro; dove da Gazolo
venne la signora Camilla sorella del predicto signor Federico, quale è così gentil
signora disposta, bella, virtuosa et musica, come qualsivoglia altra di Lombardia,
et quando dicesse sopra tucte le altre, non diria buscia.
V.   Da Bozzolo con el signore Federico, sua consorte et sorella predicte il signor
30 nostro ill^{mo} do poi pranso in carrecta andò ad cena in Gazolo, distante septe
miglia, dove era madama Antonia del Balzo[2], sorella de la serenissima signora
regina Ysabella et matre del signor Ludovico, signor Federico et signor Pirrho
de Gonzaga, et anche de la signora marchesa di Botonto[3] et de la signora contessa de Gulisano[4]; et benchè il predicto signor Ludovico fusse in Castel magiore,
35 che ha novamente comprato, lli in Gazzolo era la muglie et le figliole, che son
bellissime; et la grande, che è uno excellente et agratiato pezzo, è gia maritata.
Lli se tardò una nocte con longhi et belli balli et carezze assai. Miglia   VII
VI.   Da Gazolo do poi pranso se andò ad cena in Mantua, che son XII miglia;
et ad una tirata di mano da Gazzolo, che non è tanto habitato come Bozzolo, se
40 passò per schiafa l' Oglio fiume che corre per avante il castello; miglia   XII

---

5 cuppula N 1; cupule P. — In mezzo P; nel mezzo N 1. — 6 lamie N 1. — 7 dieti P; li
detti N 1. — 10 lectori N 1; lecturi P. — 12 Trivulzi N 1. — 13 Cippella P *im Text und am Rande;*
Ciappella N 1. — 16 di bona memoria N 1. — 20 f che sonno XVI miglia; in tucto XXIIII P; che
son XVI, in tucto XXIIII N 1. — 23 sta P; sa N 1. — 25 se P; ce N 1. — 40 fiume *fehlt in* P.

---

[1] Pizzighettone.   [2] Vgl. Arch. stor. Nap. I 116.
[3] Dorotea Gonzaga; s. Arch. stor. Nap. a. a. O.   [4] Susanna Gonzaga; s. ebd.

Mantua è cita, che non solo quei che amano il studio poetico, per haver producto quel gran poeta, ma ogni spirto gentile è obligatissimo observarla, commendarla et extollerla in fine al cielo, et io maxime ho debito grande de amarla, predicarla et anche venerarla. Ne bastando le exigue forze de l'ingegno mio pensare, non che exprimere tante lode quante ella meritarebbe, dirò brevimente, 5 che ad me piace et contenta quanto cita di Lombardia, dove tanti strenui et valorosi capitani di casa Gonzaga, dove si vedeno tante lizarde, belle et virtuose madonne, et principalmente la ill^{ma} et ex^{ma} signora marchesana, da la quale basandoli sue mane reverentimente me ne passo con silentio, perche parlar di lei è cosa più che humana; dove finalmente tucta la nobilità et virtù de Italia si vede unita. 10 In brevi dunche concluderò che essendo questa cita circundata tucta da lagho et fundata in acqua, dentro non vi se sente ne vi se vede altro (ver miraculo di natura) che dolce fuocho, fiamme, incendio et suave ardore. Qui se allogiò in castello con la predicta signora ill^{ma}, et vi se demorò XX giorni con le solite carezze, balli, feste et in continui piaceri. Ivi anche se giostrò un giorno, et per 15 lo ill^{mo} signor Federico de Gonzaga, figliuol primogenito del excellentissimo signor marchese, et per quelli altri signori et genthilomini benchè giovani fu facto assai bene et valorosamente.

XXVI.   Da Mantua sua s. ill^{ma} con la magior parte de suoi partì per acqua (che li altri ad chi piacque parterno el dì in ante per terra), et la sera ad una hora di 20 nocte se trovò ne la inclita città de Ferrara, et in tal jornata se navigorno miglia L^{ta}

Da Ferrara, essendo et per se et per lo valore et grandezza del excellentissimo signor duca suo signore et del ill^{mo} e r^{mo} cardinale da Este suo fratello cita notissima et famosissima, si anche per non incorrere in ragionamento de la calamità et miseria di quella infelicissima regina Isabella [1] et soi ill^{mi} signori figliulo et figliole, 25 che vi fanno incolato, non cercarò farne particulare descriptione, finendo lo presente itinerario in essa, donde ad descriverse fu incominciato. Da llà el signore, do poi statovi XX di con podagra, se parti per Roma, dove per gratia di N. S. Dio con tucta la comitiva incolume et superstite arrivò alli XVI di marzo de MDXVIII [2].

Continua.   30

La compagnia di monsignor ill^{mo} et r^{mo} furno X gentilhomini suoi con uno garzone per uno, tra quali fu el vescovo de Anglone [3], suo medico, et il reverendo fra Anibale Monsorio, abbate di Banza, magiordomo di sua s. ill^{ma}; duoi forrieri, duoi coci, un spenditore, uno interpetre, duoi parafrenieri et tre muzzi de stalla, tucti ad cavalli; quali conducevano tre fini rozzini ad mano per la persona del 35 predicto signor ill^{mo}, et duoi muli, l'uno con la fiambra et certo argento in doi sportonecti, et l'altro con uno lectuzo in duoi fardellecti molto expeditamente, de modo che in tucto con le bestie ad mano eramo per fine in Franza da XXXV cavalcature; da lla con musici et montieri, quali condusse sua s. ill^{ma} in Italia per suo servitio et piacere, fuimo più de XXXXV. Quella andò sempre diffarzata et 40

---

4 de l'ingegno P; de ligno N 1. — 5 non exprimere N 1. — 21 se retrovò N 1. — 29 de P; de ll N 1. — 32 il reverendo *fehlt in* P. — 33 forrieri N 1; ferrieri P. — 37 spontonecti N 1. — 40 et piacere *fehlt in* P.

[1] Witwe des Königs Federigo von Neapel.
[2] Sanuto XXV 305 gibt irrig den 14. März an.
[3] Giovanni Antonio Scotti, 1511—1528 Bischof von Anglona; vgl. Gams 850.

mai nel habito suo, si non a le due corte di Re Catholico et del Christianissimo. Però di camino tanto sua s. ill^{ma} come tucto il resto vestivamo sai di rosa sircha fasciati de velluto negro; et famegli vestiti del medesmo colore et fogia ma senza fasce de velluto.

5   Da Ferrara per tucto il transcurso del viagio et al retorno pur in fine a la decta cita son cavalcati quactrocento septanta sei miglia italiani et ducento et uno todeschi, intendose etiam quelli che son facti per acqua, che ad ragione de cinque milia italiani l' uno sono mille et cinque. Le leghe cinquecento sexanta cinque, quali ad tre miglia italiani l' una summano mille et seicento et cinque,

10 et in tucto de miglia italiani vogliono dire   3176

Ultra lo cavalcare da Roma in Ferrara et retornare, che son circha miglia   400

Finita la presente transcriptione in Melfecta per me Doño Antonio de Beatis a dì 29 de maggio nel anno del Signore M.D.XXI.

2 sircha P; seccha N 1. — 3 fameghi P. — 6 f ducento et uno P; cento novanta octo N 1. *Die Angaben von P hier und Zeile* 6 *u.* 7 *sind nachträglich korrigiert auf Rasuren: die folgenden Worte:* intendendose bis per acqua, *in P ebenfalls auf der Rasur, fehlen in N 1.* — 8 mille et cinque P *auf Rasur;* novecento novanta N 1. — 10 3176 P *auf Rasur;* 3161 N 1. — 11 lo P; ll N 1. — 14 29 de maggio *das Datum von P;* N 1: XXI de agosto.

Perſonen- und Ortsregiſter.